「市民社会」と共生

東アジアに生きる

古川 純【編】

日本経済評論社

はしがき

　本書『「市民社会」と共生——東アジアに生きる——』の企画の趣旨は、第1には編者＝古川の定年退職（2012年3月）を記念する意義をもち、第2には古川が理事長を務めるNPO法人「現代の理論・社会フォーラム」の会員で本書テーマに関する問題関心を共有してきた親しい方々に「市民社会」論を系統的にまとめていただくことであった。新しい「市民社会」論への関心は「市民社会ルネサンス」ともいわれる。歴史的には1989年の東欧革命（20世紀の「市民革命」）を境とし、日本では1995年1月の「阪神淡路大震災」救援・復旧における広範なボランティア団体の登場からNPO（非営利法人）法の制定に至る過程を「市民社会」を構成するアソシエーションの誕生として評価する議論が起こり、2011年3月11日の「東日本大震災」における数多くのNPO諸団体による救援・復旧ボランティア受け入れ・組織化の評価が注目され、さらにその後のNPO法の改正・税制改正が本格的なアソシエーション結成から広範な「市民社会」形成を展望できる地平を拓いたように思われる。

　タイトルに含まれる「共生」はsymbiosis（生物の「共棲」「共生」）に由来し、symbiotic relationsとは生存利益享受の上で相互依存が不可欠な関係を意味する。「市民社会」を論じるとき、古い共同体的規制から解放された「独立した個人」の「自由な意思」により「市民社会」がつくられることを強調しがちであるが、現実の市民社会は「個人の尊厳と人格の平等」を基本とした個人の相互依存による諸関係として、アソシエーション関係として形成される。「3・11」後にあらゆる場面で強調される「絆（キズナ）」はこの意味での「共生」を意味すると考えたい。また「共生」は、社会の主流民族の先住民族および少数民族に対する不可欠な相互依存関係を意味するコンセプトでもある。さらに「共生」は、地理的には「隣人を選ぶことのできない」東アジアに生きる私たちの諸隣国・地域との「共存」を基礎づけるコンセプトでもあろう。

こうした視座のもとに編者は、NPOの研究会報告者や月刊NEWSLETTER、季刊FORUM OPINIONの論稿寄稿者を中心に、問題関心を共有する会員に本書へのご寄稿をお願いした。目次にあらわれた論稿編集の枠組みは、「市民社会」論の理論的変遷を跡付け社会変革の新しい見通しを考える、国の基本法である憲法と社会の基本法である民法から歴史的に「市民社会」を考える、「共生」の課題との関連で琉球先住民族論と琉球・ヤマトの祭祀を考える、「東アジアに生きる」私たちからソウル新市長を誕生させて新しい風を起こした韓国「市民社会」に学ぶ、「市民社会」と対立し絶えず崩壊させる日本の「世間」の論理を考える、そして最後に編者と山田 勝氏との〔対談〕で「変革の主体としての社会」論から「3・11東日本大震災・福島原発過酷事故」後の復旧・復興を課題とする日本社会における「市民社会」論の果たすべき今後の役割を考える、というものとなった。次に、上のような枠組みにおける本書各寄稿者のNPO寄稿論稿との関係を簡潔に紹介しておきたい。

鈴木信雄氏は、「古典を読む」をNEWSLETTER 2008年10月号の増田四郎『都市』『ヨーロッパとは何か』『社会史への道』を第1回として以後隔月連載、第2回がF.ベーコン『学問の進歩』『ニューアトランティス』『ノヴム・オルガヌム』、第3回ジョン・ロック『統治二論』、第4回ジャン=ジャック・ルソー『人間不平等起源論』、第5回アダム・スミス『道徳感情論』、第6回マックス・ウェーバー『プロテスタンティズムの倫理と資本主義の精神』であった。本書論稿には鈴木氏の一貫した古典への視野があらわれている。

山田 勝氏（NPO理事・運営委員）はNPOの研究会「新しい変革の理論を考えるオルタクラブ」の企画の中心にあって2011年5月から1年間「市民社会」論のテーマのもとに研究会運営をしているが、「変革の主体としての社会」論稿を季刊FORUM OPINION 14号（2011年10月）から連載中である。

内藤光博氏には、NPOの「憲法・平和研究会」報告「日本国憲法と民主主義——ドイツの『たたかう民主主義』との違い」がある（FORUM OPINION 6号、2009年8月）。

木幡文徳氏には、論稿「選択的夫婦別姓論議の基本問題 家族関係法と戸籍

制度の相互容認が必要」（NEWSLETTER 2010年5月号）がある。

　渡名喜守太氏はNPOの沖縄研究会の企画責任者であるが、研究会報告の論稿としては「沖縄戦における日本軍の法的責任について」（FORUM OPINION 3号、2008年10月）および「琉球先住民族論」（同7号、2009年12月）などがある。

　樋口 淳氏には、「〔書評〕後田多敦『琉球の国家祭祀制度』」（NEWSLETTER 2010年7月）および「〔書評〕後田多敦『琉球救国運動——抗日の思想と行動』」（同2011年4月）がある。樋口氏には琉球—韓国—ヤマトを比較する民俗学の視野がある。

　丸山茂樹氏は韓国「市民社会」「市民政治」ウォッチャーであるが、NPO「サロン型研究会」報告論稿に「転換点に立つ韓国の社会運動と李明博政権」（FORUM OPINION 9号、2010年6月）および「韓国の政治・社会の現局面と新しい生協法、3年目の社会的企業育成法」（同11号、2010年12月）があり、同題に関するシンポジウム「日韓市民社会形成と人権・平和・共生」報告（同12号、2011年3月）がある。

　編者＝古川には、NPO「オルタクラブ研究会」報告「『市民社会』論と『世間』論の交錯」があり、本書所収論稿のもとになった。

　本書の性格は純粋に学術的なものではなく、「市民社会に公共の言論空間を創出する」という結成・活動目的を掲げるNPO「現代の理論・社会フォーラム」（このNPO自体が小文字の「市民社会」である）の会員、諸研究会（合計7研究会が運営されている）の参加者に問題意識を共有することを訴え、今後の研究会での論議を期待する問題提起の書である。

　編者の努力不足を上回る寄稿者のご協力があり、予定よりも本書発行が遅れたものの、各寄稿者＝会員が属するNPO「現代の理論・社会フォーラム」の2012年度通常総会前に刊行ができた。日本経済評論社編集者の谷口京延氏のご配慮に感謝申し上げる。

　　2012年4月

　　　　　　　　　　　　　　　　　　　　　　　　編者・古川　純

目　　次

はしがき　i

1　スミス・マルクス・グラムシと「市民社会」……鈴木信雄　1

はじめに　1
1．商業社会としての市民社会　5
2．マルクスの市民社会認識と市民社会派マルクス研究　11
3．グラムシの市民社会論の先駆性　16

2　変革の主体としての社会
　　　　――「社会をつくる」思想の源流と歴史――………山田　勝　27

はじめに　27
1．3・11大震災と市民の社会形成の経験――「助け合う社会」の出現――　28
　　(1) 非常時に再生した大震災の経験とボランティア社会　28
　　(2) 復興にも活きた市民の信頼と輪　30
　　(3) 「日常社会」が「非常時社会」を拒否し、排除する　31
2．「災害ユートピア」――震災時のボランティア経験の普遍的意義は何か？――　32
3．いま、改めて〈社会〉を問い直す　34
　　(1) "社会の発明"と近代市民革命　35
　　(2) 社会の発見（経済社会＝市民社会）と経済学の功績　38

（3）ヘーゲルとマルクス──「空想から科学へ」の功罪── 40

　　（4）封印された「空想的社会主義」の社会思想＝協同の思想 42

　　（5）コミュニティーの再発見：市民社会と共同体社会について 44

　4．日本の社会像と世間論の意義 46

　　（1）〈世間〉とは何か？ 47

　　（2）個人の成立と近代への2つの道の分岐 50

　　（3）日本の社会の特徴をどう見るのかという問題 52

　　（4）個人を取り戻す道はあるのか──〈世間〉と闘うこと── 53

③　「新しい市民社会」形成と日本国憲法の課題
　　　　　　　　　　　　　　　　　　　　　　　　　内　藤　光　博 57

はじめに 57

　1．伝統的「市民社会論」の2つの系譜 59

　　（1）「市民社会」の歴史性 59

　　（2）伝統的「市民社会論」の2つの系譜 59

　　（3）戦後日本の「市民社会論」の特質 61

　2．1990年代の「新しい市民社会論」の登場──ハーバーマスの「市民的公共圏」論を中心に── 62

　　（1）「市民的公共圏」と「新しい市民社会」 62

　　（2）討議民主主義と「新しい市民社会」論 64

　　（3）ハーバーマスの「新しい市民社会論」に対する評価 65

　3．日本の民法学における1980年代以降の2つの市民社会論 66

　　（1）広中俊雄の市民社会論 66

　　（2）星野英一の市民社会論 68

　　（3）小活 70

4．市民社会形成と日本国憲法の課題　72
　　　　(1) 日本における「市民社会」の形成と日本国憲法　72
　　　　(2) 市民社会形成と日本国憲法の課題　73
　　おわりに　77

4　民法における家族と市民社会
　　　——家族の個人性と団体性——……………… 木幡　文徳　81

　　はじめに　81
　　1．わが国の民法における家族　81
　　　　(1) 明治民法における家族　81
　　　　(2) 現行民法における家族　84
　　2．夫婦別氏論議の検討　91
　　　　(1) はじめに　91
　　　　(2) 氏の団体性　91
　　　　(3) 氏の身分性　92
　　　　(4) 氏の性格の変容と氏の慣習的受容　92
　　　　(5) 家族法の基本理念と夫婦別氏論議　94
　　　　(6) 別氏論と同氏論の主張の理由　95
　　　　(7) 選択的別氏のパターン　96
　　　　(8) 若干の提案と展望　96
　　おわりに　98

5　琉球先住民族論 ……………………………… 渡名喜 守太　101

　　はじめに　101
　　1．現在の沖縄までの経緯　104

（1）琉球併合　104

　　　（2）沖縄戦　106

　　　（3）戦後の琉球「処理」　111

　3．琉球人の意識の問題　112

　4．おわりに——今後の展望——　117

6　ヤマトと琉球のマツリとマツリゴト ……………　樋口　淳　121

　1．マツリとマツリゴト　121

　　　（1）卑弥呼と男弟　121

　　　（2）あの世とこの世をつなぐ　122

　　　（3）斎宮の制度化とその衰退　123

　2．古琉球の宗教政策　125

　　　（1）王と聞得大君の伝承　125

　　　（2）〈古琉球〉のマツリとマツリゴト　129

　　　（3）オナリとエケリの行方　133

　　　（4）尚真の八重山征伐と尚清の大島征伐　135

　　　（5）八重山征伐と大島征伐の帰結　138

　3．国家神道と琉球処分　140

　　　（1）国家神道の誕生　140

　　　（2）琉球処分と聞得大君制度の消滅　141

　　　（3）沖縄神社の創建と御嶽　142

7　韓国の「市民社会」の現段階とヘゲモニー闘争
　　　………………………………………　丸山　茂樹　145

　はじめに——政治と市民社会と選挙戦——　145

1．市民社会とヘゲモニー　146
　　2．朴元淳ソウル市長の誕生　147
　　　　世代別・男女別・地域別の支持の特徴　150
　　3．野党・市民運動の統一候補の実現　153
　　4．朴元淳氏の歩みと戦略的思考　154
　　5．政党の再編成とヘゲモニー闘争　159
　　おわりに――アジアの市民社会の展望の中で　161

⑧　「市民社会」論と「世間」論の交錯 ………… 古川　純　163

　　1．「市民社会」論事始　163
　　　（1）総論――「市民社会」への問題関心――　163
　　　（2）「中間団体」の意義　175
　　2．「世間」論事始　180
　　3．「市民社会」論と「世間」論の交錯を考える　187

【補論1】　人権の「普遍性」と「文化拘束性」
　　　　――アジア人権憲章への可能性――………… 古川　純　195

　　はじめに――問題関心――　195
　　1．アジア太平洋地域における人権憲章等の構想に関する論議　199
　　　（1）アジア・太平洋国内人権機関フォーラム（APF）の年次会合について　199
　　　（2）アジア太平洋の地域的取極めとアジア諸地域人権憲章・宣言等の動き　201
　　　（3）香港権利章典（1991年6月8日）　207
　　　（4）「アジア人権憲章」の採択（韓国・光州、1998年5月18日）　211

2．「バンコク宣言」の特徴　214
　　（1）「バンコク宣言」（1993年4月2日）　214
　　（2）人権の「普遍性」と「文化拘束性」　214
3．中国の改革開放政策および市場経済の活性化と「市民社会」成立の方向　216
　　（1）中国の「市民社会」研究　216
　　（2）在米中国人（Chinese-American）研究者の「官」「公」「私」3分論　217
おわりに　218
4．資料編　221

【補論2】　日本国憲法の制定と「外国人」問題
……………………………………………………………… 古川　純　231

1．敗戦で植民地を喪失した「日本」の憲法制定過程と「外国人」の権利　231
　　（1）外国人の人権保障条項消滅の顛末　231
　　（2）明治憲法下の法制——「外地法」の形成、「外地人」と「内地人」——　233
2．「国籍」と「戸籍」　237
　　（1）「内地」居住旧「外地人」の参政権停止・喪失　237
　　（2）外国人の人権享有主体性について（学説・判例の「性質説」）　238
3．戦後補償問題——「戸籍」による差別——　239
おわりに　241

9 【対談】山田勝＝古川純
　　——「変革の主体としての社会」論と現代日本社会——……243

1．井汲卓一論文「変革の主体としての社会」の背景、その要点と狙い　243
2．コミュニティ論をどう理解するか　253
3．現代日本社会において「市民社会」論と「世間」論の関係を論じる意味は何か　260
4．「3・11東日本大震災」後の「市民社会」論の役割を考える　269

1 スミス・マルクス・グラムシと「市民社会」

鈴木 信雄

はじめに

　市民社会（civil society）という言葉は、マイケル・ウォルツァーが指摘しているように、20世紀後半のソ連・東欧圏の混乱・崩壊期に、社会主義や共産主義と相容れない言葉として、また資本主義の優越性を示す言葉として、中欧・東欧の反体制派の知識人たちが復活させた言葉であり、西欧社会では、スコットランド啓蒙以来、またヘーゲル以来、「事情通の人々には知られてきたのだが、……ほとんど他の誰からも注目を浴びることがなかった」[1]ことからすれば、戦後から1960年代にかけての日本における「市民社会論」の隆盛は特異な世界史的事実であるかもしれない。事実、西欧における「市民社会論」の研究者であるジョン・キーンは、内田義彦の『日本資本主義の思想像』や平田清明の『市民社会と社会主義』に言及しつつ、内田らの市民社会論を現代世界における市民社会論復興のはじまりのひとつとして評価している[2]。

　だが最近では、日本的「市民社会論」に対して日本の研究者の間で懐疑的な論調が結構目立つようになってきている。ひとつは、戦後の市民社会論を担った人々があまりにも都会派的・西欧派的にすぎるという点に向けられている。例えば、植村邦彦は、『市民社会とは何か』のなかで、「四方を山に囲まれた奥三河の農村の出身」者である自分にとって、日本における「市民社会論は農地改革と高度成長を経た農村の実情についてほとんど知らない都会の言説のよう

に……（また）あまりにもエリート的で西欧派的であるように思われた」（カッコ内引用者）3)と書いている。この点は、植村よりも以前に、山口定が、『市民社会論』のなかで言及していることであるが、山口も、市民社会論を担った人たちは「東京を中心とした大都市の都市生活のそれなりの繁栄（ある種の「市民社会」的状況）を体験できる余裕をもった人々であり、そこから彼らが揃って無類の音楽好き映画好きであり、西欧的教養の持ち主であった」4)と書いている。この指摘は、無論、「市民社会青年」というシティー・ブレッドの青年に対するカントリー・ブレッドの人たちの羨望と反撥を表明しているのではない。そこには、「市民社会」が構想された時代の歴史認識を色濃く映し出している日本的「市民社会論」の特殊性が深く関わっている。すなわち、日本は資本主義であるが「一物一価」の価値法則が貫徹していない「半農奴制的零細農耕をもつ特殊的、顚倒的」資本主義であるという山田盛太郎の『日本資本主義分析』に端を発する「講座派的」な日本資本主義理解の「市民社会論」への影響である。というのは、講座派的な日本資本主義に対する理解によれば、半農奴的状態を強いられている農村の小作人の存在は「封建制社会」の象徴的存在と理解され、また「一物一価」の価値法則の貫徹する市場的に平等な「市民社会」はそれに対比される資本主義の開明的側面と理解されるからであり、市場経済を通じての封建的な農村共同体の解体と近代化（＝都市化）がこうした市民社会論の政策的インプリケーションとなるからである。植村が言う「市民社会論は農地改革と高度成長を経た農村の実情についてほとんど知らない都会の言説」とはこうした主張に向けられたものと見ることができる。

　いまひとつは、現在、「市民社会」論の一部がどのような文脈で語られているかに関わるものである。例えば、「市民社会とは、基本的には自由な市場や個人の自由を拡大することで社会における政治の役割を減じることを意味する」5)といったワシントンDCにある完全自由主義を標榜するケイトー研究所の主張に典型化される市場原理主義の政策的スローガンとしての「市民社会論」がそれである。市民社会（civil society）の自律性を市場の自律性と同一視するこうした「市民社会論」においては、所得の再分配政策は悪平等政策と

して批判され、経済活動の諸々の規制からの自由と優勝劣敗の競争は人間社会における人間本性に即した基本原理であると高く評価されることになる。日本的「市民社会論」に批判的な論者は、市場原理主義の謂わば社会哲学になっているこうした「市民社会論」も、結局は、日本的「市民社会論」者たちがその理論的出自とした市民社会論と、すなわち「国家」的規制からの経済「社会」の自立と「封建制」や前近代的な「共同体」からの個人の自立を骨子とするアダム・スミス的「市民社会論」と同根であるとするのである。言うまでもなく、「自然的自由の制度」の確立を主張するスミス的市民社会論の核心は、封建的特権階級に対抗して「一物一価の法則」が支配する産業社会を構想し、「上流社会」の利己心の反社会的内容を示すことにあった。しかしながら、スミス的市民社会論の根幹をなす平等の原理のひとつとしての、その意味で封建的差別を否定する原理としての「財産の支配に対する能力の支配」という「能力主義」は、競争を結果させるものである限りでは、必ず「勝者」と「敗者」を社会的に生産することになり、「勝者」は自己利益の保持のために「財産の支配」を新たに確立しようとする。それ故、市場経済とのみ結びついた能力主義は、「切り捨て能力主義」となり、能力による差別の原理になってしまう可能性がある。だから、市場原理主義者の市民社会論もスミス的市民社会論に出自を持つものとして充分理解可能なものであると言ってよい。また、市民社会は階級社会であるという認識はスミス自身にもあった。それが、「階級的不平等にも拘らず生産力が上昇する」ことによって下層階級まで富の分配が行き渡るとするスミスの社会認識である。無論、これは、後に、マルサスによって「アダム・スミス博士は、……一国の富が増加しても、それに応じて労働者階級の快楽が増加しない場合がありうることに考えが及ばなかったらしい」[6]という批判を招くことになる。

丸山真男は、市場経済とのみ結びついた自由主義（市場原理主義＝切り捨て能力主義）は、他者の尊重を基盤とした多元性の原理を保証し機能させる「寛容」という「政治的自由主義」の要を破壊することになると批判しているが[7]、ハーバーマスも、『公共性の構造転換』の「1990年版への序言」のなかで、

〈Bürgerliche Gesellschaft〉としての市民社会という概念に代えて〈Zivilgesellschaft〉としての市民社会という概念を新たに提起し、

> 近代を特徴づけるものとしてのヘーゲルやマルクス以来慣例になっている〈市民社会〉（societas civitas）から〈市民社会〉（Bürgerliche Gesellschaft）への翻訳とは異なり、〈市民社会〉（Zivilgesellschaft）という語には、労働市場・資本市場・財貨市場を通じて制御される経済の領域という意味はもはや含まれていない。……〈市民社会〉（Zivilgesellschaft）の制度的核心をなすのは、自由な意思にもとづく非国家的・非経済的な結合関係である。……いくつかの例を挙げれば、教会、文化的サークル、学術団体をはじめとして、独立したメディア、スポーツ団体、レクレーション団体、弁論クラブ、市民フォーラム、市民運動があり、さらには、同業組合、政党、労働組合、オールタナティヴな施設まで及ぶ[8]

と述べている。また、佐藤慶幸も、まず、アソシエーションとは、「人々が自由・対等な立場で、かつ自由意思に基づいてヴォランタリー（自発的に）、ある共通目的のために結び合う非営利・非政府の民主的な協同のネットワーク型集団である」と定義した上で、「市民社会には、市場によって方向づけられた経済も、国家によって方向づけられた経済も含まない。市民社会に含まれる経済は、アソシエーションとしての社会経済であり、……本書で言うところの〈市民社会〉とは、資本主義的社会（国家も含まれる）における非資本主義的構成要素としての〈市民社会〉である」[9]と述べている。「市民社会」という言葉の市場原理主義者的使用法を無化すべく、ハーバーマスや佐藤が主張する、こうした自由な意思に基づく非国家的・非経済的な結合関係としての市民社会という概念は、都築勉が『戦後日本の知識人』のなかで「目標概念としての市民社会」のひとつとして挙げている大衆社会ならびに管理社会との関連で個々人の「自立」を恢復し、公共社会を「下から」再構成するという意味での「個々人の自立と公共社会の回復」を内容とする市民社会論とも通じるものであると

同時に[10]、グラムシの自律的公共圏としての「市民社会」という概念とも近接する概念と見てよいであろう。その意味で、グラムシの市民社会論は市民社会の自律性を市場の自律性と同一視する市場原理主義的「市民社会論」を相対化し、無化する作業において有効な指針を与えてくれそうでもあるが、また他方で、グラムシの市民社会論は、ファシズム、ソ連型社会主義、フォード主義と同様に、社会的なものの一切を自らの内に把握し尽くそうとする国家、自ら社会の自己組織たらんとする国家、すなわち「全体主義」あるいは「全体国家」を模索したものであるとする上村忠男のグラムシ理解も存在している[11]。こうした上村の主張は、戦前・戦中の日本の市民社会論は総力戦体制の思想であるとする中野敏男などの議論と通底するものである。以下、スミス、ヘーゲル、マルクス、グラムシなどを考察対象として、市民社会論の変遷を一瞥しつつ、現代社会における「市民社会論」の位相を考えてみたい。

1. 商業社会としての市民社会

植村邦彦によれば、16世紀に書かれたフッカーの『教会統治法』（1593年）において civil society という用語が英語で初めて使用されたようであるが[12]、ソキエタス・キウィリス（societas civilis）の翻訳語である市民社会（civil society）という言葉は、市民社会を商業社会として捉え、国家と明確に区別したアダム・スミス的用法とは異なって、「国家」と同義のものであった。つまり、リーデルが指摘しているように、「古典・古代的」市民社会論においては、「市民社会＝国家」であり、アダム・スミスにおいて初めて「非国家的」で「経済的」で「社会的」な市民社会論が誕生したと言ってよい[13]。

「市民社会論」におけるスミスの直接的先行者であり、『市民社会史論』（*An essay on the history of civil society*）の著者であるアダム・ファーガスンも、市民社会を「未開民族」（rude nations）との対比で「文明社会」（civilized society/polished society/polite society/refined society）として定義し、社会発展は「商業社会としての市民社会」において絶頂期を迎えると理解していた[14]。

その意味で、ファーガスンも、市民社会を商業社会として捉え、それを肯定的に評価したという点ではスミスと同様な立場に立っていたと言える。だが、例えば、青木祐子が指摘しているように、市民社会と国家を同一視している点では、ファーガスンはスミスと異なって伝統的な古典・古代的市民社会論の立場に立っていたというように過渡的な存在であった[15]。また「history」という言葉には「歴史」という意味のほかに「記述」とか「物語」という意味が、また「civil」という言葉には「市民的」という意味のほかに「世俗的」、「文官的」、「庶民的」という意味があるのだから、佐々木純枝が指摘するように、ファーガスンの An essay on the history of civil society は『市民社会史論』と訳すこともできれば、『世俗的社会の事象記述の試み』と訳すこともできる。佐々木は、「むしろ、『世俗的社会の事象記述の試み』という訳の方が本書の内容を歪曲することなく伝えることができるかもしれない」と述べ、次のように指摘している。「本書は聖職者ではない世俗の人間が築き、発展させていく社会のさまざまな事象を記述したものである。本書において、ファーガスンは、社会やその制度は特定の個人の計画や意図から独立したところでつくられるのであり、世俗の人間（市民）の不断の積極的能動的働きが社会を発展させるのだという視点を打ち出している」[16]と。

ファーガスンは「世俗の人間が築き、発展させていく社会のさまざまな事象を記述した」という佐々木の指摘は、ファーガスン解釈として的確なもののように思うし、スミスの市民社会論を理解する上でも有効な視点である。というのは、この指摘は、中世から近代にかけての「神中心の世界」から「人間中心の世界」への移行と相即的に、人間を「聖の世界」に生きるホモ・リリギオス（homo religious）としてではなく、「俗の世界」に生きるホモ・エコノミクス（homo economicus）として捉える視点の変化を的確に捉えた発言であるとともに、「国家」的規制からの経済「社会」の自立と「封建制」や前近代的な「共同体」からの個人の自立を骨子とするアダム・スミスの「市民社会論」が成立する場である世俗の世界を的確に言い当てているからである。アダム・スミスは、人々を富裕化する世俗に生きる人々の日々の経済行為が、社会秩序を形成

1　スミス・マルクス・グラムシと「市民社会」

し維持するうえで根幹をなしているという認識を手に入れることによって、つまり、人間を「経済人」（homo economicus）として捉えることによって、宗教的言説や政治的言説から独立した言説としての経済的言説によって社会を分析することができた。それが「交換」＝「分業」をキー概念とするスミスの商業社会論＝市民社会論である。

スミスは、現代の経済学者のように合理的で利己的な個人が双方有利化を求めて市場を支える「交換」関係に入ると考えないで、交換行為を引き起こすのは人間本性内部における「交換するという直接的な性向」であるとしている。その意味で、彼は、交換という人間の行為を、第一義的には、利己心とは無関係な行為として理解していると言ってよい。だから、スミスの交換性向論には利己心が介在しなくとも交換は成立するという論点が含意されている。さらに、スミスによれば、人間がまさに社会的存在であることを示す交換行為（reciprocity）に、経済的利益の実現手段としての交換（exchange）という歴史的・社会的性格を与える利己心は、生産力水準の上昇にともなう労働生産物の剰余の出現をまって一般化するとされる。なぜならば、利己心によって促される商品交換の一般化＝分業の成立は、労働生産物の余剰部分の交換をもって始まるとされているからである。スミスは、労働生産物に余剰が生じ、自分自身の労働生産物の余剰部分を他の人々の労働生産物と交換しうるという確実性が、人々に利己心＝私的所有意識を芽生えさせ、商品交換という場が設定されると考えている。だから、人々は、「見えざる手」（invisible hand）に導かれて「自分の利益を追求することによって、実際に社会の利益を促進しようとする場合よりも、より有効にそれを促進する場合がしばしばある」[17]という記述からわかるように、スミスにとっては「利己心」こそが「商業社会の原理」なのであるが、それは決して人間本性内部に先験的に宿る原理ではなかった。それは飽くまでも、労働生産物の剰余に対応する歴史的・社会的に相対的な意識なのである。

また商品交換という場が設定された瞬間、人間は、例えば孤立的生産者であり、私的所有者であるというように孤立した存在者という「社会的」な性格規

定を受けることになる。言い換えれば、経済的利己心と結びつかない交換によって成立している共同性は崩壊し、人々はもっぱらセルフ・インタレストの追求を主要動機とするアトム化した個人となるのである。だが、商品交換は、市場経済によって、アトム化され、孤立化された人間を、別種の地平で、すなわち市民社会という地平で新たに統合してしまう。つまり、商業社会では、人間がまさに社会的存在であることを表現する一形態としての交換（Reciprocity）という局面は、経済的利益実現手段としての交換（Exchange）を介して保証されているのである。これが、所有（property）に媒介されて人間間の交通関係が顕在化する社会としての市民社会である。平田清明が指摘しているように、市民社会は、社会的労働が、表面的には、個々バラバラに分割されながらも、商品交換よって、その社会的連帯性が確証されている社会なのであるが[18]、こうしたことが可能なのも、市民社会では、交換（R）という局面が、交換（E）を介して保証されているからである。この点を捉えて、スミスは、私有制から派生する商品交換の秩序形成機能を強調するのである。市民社会以前の世界が、謂わば人格的依存関係が全面的に貫徹している社会であり、また閉鎖系の社会であるとすれば、市民社会は物像化された社会なのであり、また開放系の社会なのである。資本の文明化作用が議論され、経済の法則性が問題とされるのは後者の世界においてである。

　以上の議論からも明らかのように、交換＝分業によって社会に「富」を産出するという論点だけがスミスの商業社会論＝市民社会論の要点ではない。商業社会が「富裕」のみならず「秩序」をも社会に与えるという認識こそが、スミスが市民社会を構想する上で最も重要な点である。そして、この経済活動にともなう秩序形成機能に対するスミスの洞察は親友であったデヴィッド・ヒュームからの強い影響のもとで獲得されたものである。ヒュームは、『政治論文集』のなかで、事物の自然な成りゆきによれば、産業活動と商業は国民に平和と安全をもたらすものであると述べ、経済活動がもたらす秩序形成機能について言及している。スミスは、こうしたヒュームの洞察を高く評価し、次のように述べる。

商業と製造業とは、それ以前には、隣人に対するほとんど絶え間ない戦争状態と、上層の者に対するほとんど絶え間ない奴隷的従属状態との下に生活してきた農村の住民の間に、次第に秩序と善政とを、またそれにともなって個人の自由と安全とを導入した。このことは、ほとんど注意されなかったけれども、商業と製造業との一切の成果のなかで、ずばぬけて最大のものである。わたしが知る限りでは、従来このことに注目したのは、ヒューム氏だけである[19]。

　つまり、人間を「政治的動物」として捉え、人間は「政治的共同体」に参加することによってのみ人間としての自己完成が可能であると主張する、当時スコットランドにおいて有力な思想的潮流であったマキャヴェリを嚆矢とするシヴィック派の社会認識に抗して、商業や製造業こそが農村に善政や秩序（＝市民社会）を導入したとすることにスミスの社会認識の新しさがある。こうした認識の下にスミスは、

　封建法は、その国の住民の間に秩序を確立するにも、また善政をほどこすにも、ともに十分ではなかった。なぜならば、封建法は、無秩序の原因だった財産や習俗の状態を、十分に変更することができなかったからである。しかしながら、封建的諸制度のもとでのあらゆる暴力をあげてもなしえなかったことを、外国商業と製造業の黙々として目に見えない活動が徐々になしとげたのである[20]

と述べ、市場の文明化作用に言及するのである。彼は、「封建法」という法的・政治的手段ではなく、商業や製造業という経済的行為が、目に見えないかたちで住民の間に秩序を確立すると考えているのである。
　だが、スミスやヒュームが肯定的に評価する商品交換は、一方で、市場経済によってアトム化され孤立化された人間を市民社会という地平で新たに統合す

ることによって社会に秩序を与えるのであるが、他方で、商品交換は、伝統的共同体の存立を保障している共同性を崩壊させる（植村が日本的「市民社会論」を批判するのもこうした経済活動に伴う秩序破壊活動に着目してのことであると思われる）。この伝統的共同体の危機に際して、シヴィック派の人々は、人と人を結びつける紐帯は徳（virtue）であると理解し、この「徳」こそがあらゆるものに勝って人々を腐敗から守るものであるとする。しかも、ここで主張されている「徳」は、古き良きシステムを古き良き生活態度で守れという保守的な政治共同体の意志を内容としている。このような保守的な意識は彼らの意識を時代の進展から取り残すことになる。そしてこの意識の後向きのズレが、商業社会（＝市民社会）の進展にともなう腐敗にシヴィック派を敏感に反応させた。彼らは、商業社会の発展は富裕の増進に貢献するとしても、経済上の業務が自然に一個の「経済人」というものを形成していく秩序や習慣は、経済格差を拡大するとともに人々を奢侈に浸らせ、彼らを道徳的に腐敗させ、さらに農村のシステムに対して破壊的に作用すると批判するのである。

　だが、スミスが「自然的自由の制度」として描き、マルクスが「人類の前史の最後の段階」としての資本主義のポジティヴな面を構成するものとして位置づけている「経済人」とは、正義を認め、等価交換の法則の上に立って利益を実現していこうとする「慎慮の人」であった。近代資本主義を支えている価値法則は、こうした「慎慮の人」の心のなかに入って「近代的倫理」となり、社会制度として外在化して近代的所有を基礎とする法体系を築き上げる。スミス自身の言葉で言えば、互いに「フェア・プレイの侵犯」（violation of fair play）[21]をしないことによってはじめて、「自然的自由の制度」の安定性は確保されているのである。さらに言えば、スミスが構想する市民社会は、市場においては「一物一価の法則」が貫徹し、科学技術の発展や分業の全面展開によって生産力が飛躍的に発展し人々の生活水準が向上する社会でもあった。スミスは、「自然的自由の体系」というこうした社会をモデルに、特定の個人、または特定の階級に対して何らの特権が与えられていない社会を想定し、そこにおいて個々人の利己的活動がいかなる社会的善を生みだすかを考察し、それを

基準にして何らかの特権が個人または階級に与えられているとき、人間のその同じ利己的本能が、如何にして異なる方向と内容を与えられ、如何に反社会的な結果をもたらすかを明らかにしたのである。つまり、「自然的自由の制度」の確立を主張するスミス思想の核心は、封建的特権階級に対抗して一物一価の法則が支配する産業社会を構想し、「上流社会」の利己心の反社会的内容を示すことにあったのである。そして、そのことが、望月清司が指摘しているように、マルクスが、「近代市民社会において形成される物質的生産諸力と諸個人の社会的関連構造」[22] を、それなしには次の社会に到達しえない不可欠な跳躍台とした理由なのである[23]。

2. マルクスの市民社会認識と市民社会派マルクス研究

スミスの商業社会的市民社会把握を学んだヘーゲルは、『法の哲学』において、「市民に当たるフランス語には bourgeois と citoyen の 2 つ」があるが、『法の哲学』において扱うのは、「共同体のなかで自分の欲求を満たす活動に従事する人々」を指す「ブルジョアとしての個人」であると述べている[24]。さらに、「ブルジョアとしての個人」から構成されている「市民社会」は、利己的な個人が社会的分業と商品交換を通して媒介的に自分の欲求を満足させる「全面的依存のシステム」であるという認識を持ちつつも、ヘーゲルは、他方で、「見えざる手」に導かれて均衡と調和を保つ「自然的秩序」としてのスミス的な市民社会＝商業社会理解に対して明確な異議を提出している。ヘーゲルにとっての市民社会とは、「欲求の対立とからみあいのなかで、過剰および貧困の舞台と化し、両者に共通の肉体的・精神的な退廃の光景を示す」ものであった[25]。

こうした市民社会の否定的な側面の認識は、ヘーゲルに始まるものではなく、市民社会における「欲求の満足に随伴する貧困のさまのすさまじさは、とりわけ、ルソーその他の著作家の叙述するところです」とヘーゲル自身も指摘しているように、18世紀以来の思想家たちも共有するところのものであった。だが、ヘーゲルによれば、これらの思想家は「市民社会の全体系を放棄する以外にな

すべきを知らず、しかも、市民社会の利点を……まったく犠牲にし、多様な欲求の存在しない状態へ復帰するのが、もっとも好ましいことだ」と考えた[26]。それに対して、ヘーゲルは、「教養は一般に市民社会を通して培われます」[27]と指摘したり、「市民社会が、なにものにも妨げられることなく活動を続ける時、社会の内部で、人口と産業がどんどん発展し……欲求にもとづく人間のつながりの一般化と、欲求を満たす手段の準備・調達の方法の一般化にともなって、富の蓄積が増大する」[28]と指摘することによって、市民社会の肯定的な部分に注意を喚起する。

　無論、市民社会のこうした肯定的な部分を認識しつつも、ヘーゲルが指摘したかったことは、市民社会においては、「個々の労働がいよいよ個別化され、限定され、そうした労働に縛られた階級の従属と困窮が進み、それとともに、さらなる自由を、とりわけ、市民社会の精神的文化を、感受し享受する能力が失われて」いき[29]、ついには「大衆の多くが、その生活水準を下回る境遇へと落ち込むとともに、正義感や、遵法精神や、自分の活動と労働で生活を支えているという誇りを失うに至ると、そこに賤民なるものが登場する……と同時に、過度な富が少数の人間の手にいっそう容易に集中する」[30]ということであった。こうしてヘーゲルは、富の過剰にもかかわらず、市民社会は充分に豊かではないこと、つまり、貧困の深刻化と賤民の出現を防ぐのに充分な共同財産を市民社会は所有していないという認識を示す。そしてこうした事態を克服するために、各種の「職能集団」による市民社会の規制が、さらに究極的には国家による市民社会の統合（規制）が必要であることが強調され、「市民社会の領域は国家へと向かわざる」[31]をえないと結論される。

　ヘーゲル的市民社会把握の批判的継承をめざすマルクスは、『ドイツ・イデオロギー』において、「従来のどの歴史的段階にも常に現前した生産諸力によって条件づけられつつ、かつまた同時に生産諸力を条件づけている交通形態、それが市民社会である」[32]と述べるとともに、

　　市民社会（Bürgerliche Gesellschaft）は、生産諸力の一定の発展段階の内部

での諸個人の物質的交通の全体を包括する。それはひとつの段階の商工業生活の全体を包括し、その限りにおいて、国家や国民を超え出る……。市民社会としての市民社会はブルジョアジーとともにようやく発展するが、しかし、生産と交通から直接に発展する社会的組織——どの時代にもこれが国家およびその他の観念論的上部構造の土台をなしている——はいつもこの名で呼ばれてきた[33]

と述べ、市民社会を「生産力」と「交通形態」という概念で定義づけ、「この市民社会こそが全歴史の真の汽罐室であり舞台である」としている。さらにマルクスは、『ドイツ・イデオロギー』において、「国家とは、支配階級の諸個人がそういう形で彼らの共通の利害を押し通す、そして一時代の市民社会全体がそういう形で自己を総括する形式であるから、共通の諸制度はすべて国家によって媒介され、政治的な形式をもたされる」[34]と述べ、市民社会は階級社会であり、国家は支配階級の利益を守るために成立したという認識を示している。またさらにマルクスは、『経済学批判要綱』においては、

交換や交換価値や貨幣の未発達な制度を生み出しているような、あるいはそれらの未発達な段階がそれに対応しているような社会的諸関係が考察される場合には、諸個人は、彼らの諸関係がより人格的なものとして現れる……例えば、封建君主と家臣、領主と農奴などとして、あるいは、カストの成員などとして、……貨幣諸関係において、つまり発展した交換制度においては（市民社会においては）……もろもろの人格的依存の絆は打ち砕かれ、引き裂かれてしまっており、血筋の違いや教養の違いもそうである（カッコ内引用者）[35]

と述べるとともに、

人格的な依存諸関係（persönliche Abhängigkeitsverhältnisse）は最初の社

会諸形態であり、この諸形態においては、人間的生産性はごく小範囲でまた孤立した地点だけで発展し、物象的依存性（sachliche Abhängigkeit）のうえに築かれた人格的独立性は第二の形態であり、この形態において初めて一般的な社会的物質代謝、普遍的な諸関係、全面的な諸力能といったもののひとつの体系が形成される[36]

と述べている。

以上のようにマルクスの理解する市民社会とは、第一に、物質的交通＝商工業的な分業システムであり、また第二に、支配階級と被支配階級によって構成される階級社会であり、第三に人格的な関係によって成り立つ社会ではなく、商品や貨幣といった物象的な関係によって成り立つ社会であることになる。しかも、マルクスは、『経済学批判要綱』において、「もしわれわれが今日あるがままの社会（ブルジョア社会）のうちに、ひとつの無階級社会のための物質的生産諸条件とそれに照応する交易諸関係とが隠されているのを見出さないならば、いっさいの爆破の試みはドン・キホーテ的愚行となるであろう」[37]と述べ、ブルジョア社会＝市民社会が無階級社会のための物質的生産条件とそれに照応する交通形態を準備していると指摘している。

この点に注目したのが、『経済学批判要綱』の研究を踏まえて、社会主義までを射程に入れて「市民社会論」を展開した内田義彦や平田清明などの市民社会派マルクス研究者たちである。平田は、『市民社会と社会主義』において、まず己れのマルクス研究を踏まえて、「ブルジョワ社会」とは「資本家社会」ではなく「市民社会」であること、また「市民社会と資本家社会、これが近代社会についてマルクスが用いた概念である」ことを確認している。また、平田は、内田の指摘を受けて、「資本家社会」から区別されたものとしての「市民社会」は、「歴史的一段階」それ自体として存在するわけではない、つまり「市民社会段階」なるものが歴史段階それ自体として存在するわけではないと述べている。平田によれば、「市民社会の資本家社会への（＝市民的社会関係の資本家的社会関係への）不断の転成の過程として、現実の市民社会は存在する」

（カッコ内引用者）のであり、また「市民社会という第一次的社会形成の資本家的な第二次的社会形成への不断の転成として、現実的な社会形成が展開する」のであるが、「このような社会形成が典型的に見られるのは、西ヨーロッパにおいてのみである」とする。つまり、現実のヨーロッパの近代社会は市民的社会関係（市民社会）から資本家的社会関係（資本主義社会）への転成が不断に起こっている社会として捉えられているのである[38]。

　また、平田によれば、「市民社会」は対等な所有権者としての「私的諸個人」が自由に交通（交際）しあう社会であり、そうした市民社会を支える「市民的生産様式」においては、「私的諸個人」による「個体的所有」は私的所有としての形態規定を受けているとされる。それ故に、「市民的生産様式は、それ自体の競争的自己展開において、自己解体的な運動を展開する」ことになり、「市民的生産様式は、不断に資本家的生産様式に転変する」ことになるとされる。その際、「不断に」資本主義社会に転成している「市民社会」は、「何よりもまず、人間が市民として、相互に交通する社会であり」、日常的＝経済的生活を構成している「具体的な人間」が、「ひらの市民として相互に自立して対応し」、その所持する物（商品であったり、貨幣であったり、あるいは収入）を、したがって意志を、自由に交換（交通）しあう社会であるとされる[39]。

　さらに平田は、資本家社会における不断の「個体的な私的所有」の「資本家的な私的所有」への転成は「ひとつの否定」であり、また社会主義社会の移行によって生じる「資本家的私的所有の否定」も「ひとつの否定であり」、前者は第一の否定であり、後者は否定の否定であるというように、所有形態の転成を弁証法的論理でもって説明し、「否定の否定」（社会主義社会）においては、私的形態が止揚されたほかならぬ「個体的所有」があらわれるとしている。つまり、近代市民社会において私的所有におおわれていた個体的所有が、社会主義社会においては、資本家的所有の、さらに私的所有一般の否定によって、ふたたび措定されることになると言うのである。こうして平田によれば、「近代市民社会において、私的形態によって歪曲された勤労人民の個体性・個体的労働・個体的所有が、いま社会主義社会において、真実に開花」するとされる。

その意味で、平田によれば、「市民社会の継承としての社会主義を確認しうる」のであり、また「社会主義こそが、資本家的私有によって形骸化された市民社会を、真実の内容もつものにする運動である」ことになる[40]。

こうして、市民社会は社会主義と相容れないものとして見なされ、もっぱら、市民社会は資本主義の特許のように論じられたヨーロッパと異なって、日本においては市民社会と社会主義という学問的テーマが設定され、「市民社会」という概念が現存する「社会主義社会の歴史的位置づけ」にも影響を与えることになったのである。つまり、内田義彦の言うように、現存の社会主義の性格が、『資本論』の研究に即してあらためて問われ、「いったい社会主義はああいう社会主義でいいのか」という疑問が発せられることになったと同時に、「そもそもマルクスその人の抱懐していた社会主義の内実は何かを、マルクスその人の資本主義分析を厳密に学史的にフォローすることによって理論的に明らかにしてみようという研究がでてきた」のである[41]。

3．グラムシの市民社会論の先駆性

市民社会と社会主義という学問的テーマを設定し、市民社会という概念によって現存の「社会主義社会の歴史的位置づけ」を試みた平田にしても、『市民社会と社会主義』執筆当時に構想していた市民社会とは、商業社会的市民社会であり、まずもって欲望の体系として公的生活の経済闘争が繰り広げられている領域であった。だから、その当時平田が説く近代の経済社会＝市民社会は「自由で平等な個人という市民社会原理を承認する」社会ではあるが、同時に「不断に資本主義的な生産＝領有関係を生み出すことにより、個人の所有を内実を欠いた形式的なものにしてしまう」社会でもあった。しかし平田によれば、そのことが「かえって、発展した経済的社会的関係のもとで個人の所有の実質を恢復するという課題が人々に認識される」ことを促すとされていた[42]。しかし、平田の弟子である八木紀一郎によれば、経済社会の国家に対する自律性・自立性を強調する市民社会論に対して、平田は晩年において懐疑的であったと

し、次のように述べている。「先生（平田）は、……戦後のアダム・スミス研究のある種の総括のしかたに大きな不満を感じられていた。それは、市民社会を〈商業的社会コマーシャル・ソサイエティ〉としての相において捉え、法的・政治的な性格を持つ〈市民社会シビル・ソサイエティ〉論から切り離すものである」（カッコ内引用者）[43]と。

商業的社会としての市民社会は階級対立を含む「資本主義社会」にほかならないことへの自覚が、たとえ「発展した経済的社会的関係のもとでは個人の所有の実質を恢復するという」認識があったとしても、市民社会認識の再考を平田に迫ったのであろう。この点は、平田の弟子の一人でもある植村邦彦によって「〈市民社会〉がこのような階級対立を含む〈資本主義社会〉にほかならないことを冷静に認識している大塚（久雄）や丸山（真男）が〈市民社会の実現〉を戦後の日本の民主化の課題と見なすはずはなかった」（カッコ内引用者）[44]と指摘されている論点とも重なるし、市場原理主義者が「市民社会の実現」を政策的スローガンとする所以でもある。かくして、本論の冒頭で述べた如く、商業社会としての市民社会に代わって、自由な意思に基づく非国家的・非経済的な結合関係としての市民社会という概念が、ハーバーマスやアダムスン、ボッビオ、さらには佐藤慶幸や都築勉などの仕事からも知られるように、現代の市民社会論における中心論点となることになった。しかもこうした論者たちは、平田を含めて、市民社会認識の新たな展開におけるグラムシの貢献を強調している。

例えば、ウオルター・アダムスンは、

　　グラムシは、（国家ではなく）生産力が現代の社会発展の第一の決定要因であるとするマルクス主義の洞察と、市民社会はまずもって相争う社会集団の間にみられる〈倫理―政治的〉対立の場であるとするクローチェの洞察とをともに保持しようとした。第一の点は、生産力と生産関係との矛盾が拡大することが新たな社会的生産様式が歴史的に実現するための依然としてもっとも基本的な前提条件であるということである。それに対して、第二の点は、

基本的な政治的対立は、すくなくとも文字通り国家や生産手段の支配権をめぐる資本と労働の直接的な対立では恐らくないということである。市民社会が本質的に文化・政治的領域とみなされ、しかも実際に大衆の同意が争点であるような唯一の公共領域である以上、むしろ対立は〈政治的立場をめぐる〉ものであると言ってよいだろう[45]

とし、それ故、ヘーゲルとマルクスにとっての市民社会とは、「まずもって公的生活の経済闘争が繰り広げられている領域であった」が、グラムシの市民社会は、政党・宗教団体・マスコミなどによるヘゲモニー闘争の場であったと述べている[46]。しかも、グラムシにとって、「マルクス主義は、哲学や政治戦略、あるいは、歴史理解であるというよりは、世界観や実践倫理を明確な文化へと統合するような新たな宗教であり」、またそれ故、マルクス主義こそが「現代世界に適合した、真のヘゲモニーをつくりだすことができる唯一の宗教的信条」[47]であると述べている。

このように、アダムスンは、グラムシの「倫理—政治的」対立の場としての市民社会、あるいは文化・政治的領域としての市民社会という認識はクローチェの洞察に由来するとしているのであるが、ノルベルト・ボッビオは、それはヘーゲルの市民社会認識の二重性に由来するとし、次のように述べている。すなわち、「グラムシの市民社会概念はヘーゲルのそれに由来している」が、「グラムシの念頭にあるヘーゲルの市民社会概念は上部構造の概念である」。つまり、「グラムシは、その市民社会の定立を、(下部)構造の契機ではなく上部構造の契機に属するものとしてヘーゲルから引き出している」(カッコ内引用者)。だが周知のように、「マルクスもヘーゲルの市民社会を引き合いに出しているが、その際マルクスは、市民社会を経済的諸関係、すなわち(下部)構造の契機と同じものとして見なしている」(カッコ内引用者)[48]と述べ、先に、私がヘーゲル『法の哲学』に言及した折に指摘した各種の「職能集団」による市民社会の規制という論点に着目して、「この著作(『法の哲学』)では、市民社会は経済的諸関係の領域のみならず、自然発生的ないし自発的な組織形態すなわち職

業団体や、警察国家における初期の未発達な規制も含まれている」(カッコ内引用者)[49]とし、「グラムシが想定しているヘーゲルの市民社会は、(マルクスが出発点とした)欲求の体系、即ち経済的諸関係の体系ではなく、経済的諸関係を規制する諸制度だ」と述べている[50]。

このように、その出自をどこに求めるかは別として、グラムシの市民社会論は、マルクスのように市民社会を経済的諸関係として捉えるものではなく、本質的に文化・政治的領域として捉えたものであることは多くの研究者が認めるところである。しかも、こうしたグラムシの市民社会論において重要な役割を与えられているのが「ヘゲモニー」(egemonia)という概念であった。アントニオ・グラムシは、「知識人の形成と機能」という論文において、知識人の機能とヘゲモニーについて次のように述べている。

　　知識人と生産の世界との関係は、基本的社会集団の場合に生じるような直接的なものではなく、社会的組織体全体によって、上部構造の総体によって、さまざまな度合いにおいて〈媒介〉されている。知識人というのはまさしく上部構造の〈職員＝機能の担い手〉である。……さしあたって、上部諸構造の２つの大きな〈次元〉を確定することができる。〈市民社会〉と呼ぶことができる次元、すなわち俗に〈私的な〉といわれている諸組織の総体からなる次元と、〈政治的社会〉あるいは〈国家〉の次元がそうである。前者は支配的社会集団が社会全体において行使する〈ヘゲモニー〉の機能に対応し、後者は国家および〈法律的〉統治において表現される〈直接的支配〉あるいは命令の機能に対応する。これら２つの機能は厳密に組織的かつ連結的な性質を有している。知識人たちは、社会的ヘゲモニーと政治的統治、すなわち、(一)支配的な基本的な社会集団が社会生活に刻印する指針に対して住民大衆のあたえる「自発的な」同意と、……(二)能動的にも受動的にも〈同意〉しようとしないもろもろの社会集団の統制を〈合法的に〉保証するものであると同時に、しかしまた命令と指導に危機が生じて自発的な同意が失われる瞬間を予想して社会全体にわたって構築される国家的強制装置の下位的諸機

能を遂行するための支配的社会集団の〈代理人〉なのである[51]。

しかも、グラムシは、「獄中ノート19」においても、

> ある社会集団の優位性は2つの形態、つまり〈支配〉および〈知的・道徳的指導〉として具現される。支配はある社会集団が敵対集団を武力をもちいて〈一掃〉ないしは屈服させようとする形態であり、指導は近親的集団と同盟的集団に対する形態である[52]

と述べている。つまりグラムシは、〈市民社会・ヘゲモニー・指導・同意〉という系列と、〈国家・直接的支配・強制・屈服〉という系列の2つの系列において社会組織体全体を捉え、市民社会における人々の合意形成のために支配的社会集団（知識人）が行使する知的・道徳的な指導を〈ヘゲモニー〉と名づけ、このヘゲモニーの領域を広義の国家の領域に含み込んでいるのである。言い換えれば、グラムシにとって国家とは、立法・行政・司法の諸機関によって命令・強制・一掃が行使される領域だけではなく、被支配者が支配を能動的に受け入れる合意形成が行われる市民社会の領域をも含み込んだものなのである。だからグラムシは、『愛よ知よ永遠なれ、獄中からの手記』において、これまでの議論は、

> 国家は一般に政治社会（すなわち所与の時代の生産様式と経済に人民大衆を適応させるための独裁または強制装置）として理解されていて、政治社会と市民社会との均衡（すなわち教会・組合・学校などの、いわゆる私的組織をつうじて国民社会全体にたいして行使される一社会集団のヘゲモニー）として理解されていません[53]

と批判したり、「国家ということで統治装置以外に〈私的な〉ヘゲモニー装置あるいは市民的社会をふくめて理解しなくてはならない」[54]と述べるのである。

要するには、グラムシは、国家においては、政治社会の直接的・強制的支配だけでなく、市民社会の私的組織（教会・組合・企業・学校・メディアなど）を媒介とした同意形成的ヘゲモニー支配も行使されていると言っているのである。そして、グラムシが指摘する教会・組合・企業・学校・メディアなどを主要構成要素としている「私的組織」を非政府的・非経済的連合体やヴォランティア団体と同義なものして理解しても大過ないとすれば、グラムシの市民社会認識は、ハーバーマスの次のような議論とまさに重なるものである。ハーバーマスは次のように言う、

〈市民社会〉の制度的中軸は、社会の生活世界部分における公共的コミュニケーション構造に対応する、非政府的・非経済的連合体やヴォランティア諸団体によって構成されている。市民社会は多かれ少なかれ、こうした自発的に発生するさまざまな団体・組織・運動によって成り立っており、これらは社会的問題がどのように私生活領域に反響するかを調製し、その反応を純化し拡大して公共的領域に伝達する[55]

と。だとすれば、非国家的・非経済的な結合関係としての市民社会という最近主流になりつつある市民社会論の一先駆者としてグラムシを位置づけることは十分可能であるし、現に、斉藤日出治は、「市民社会論の現在」という論文において、「ヘーゲルとマルクスがブルジョア社会と区別して提示した市民社会の概念が、20世紀に入って、アントニオ・グラムシのヘゲモニー論によって再発見される。グラムシが注目したのは、経済的土台と法的・政治的な上部構造の中間にあって両者を媒介する諸組織の総体であった。職能集団、諸種の組合、学校、病院、教会、報道機関、政党といった組織がそれである」[56]と述べている。

さらにグラムシは、「国家の終焉または市民的社会への再吸収」という論文の中で、「わたしたちは常に国家と政府を同一視しているが、この同一視は、……市民的社会と政治的社会の混同の表現にほかならない。なぜならば、国家

の一般的概念のうちには、市民社会の概念に帰属させるべき諸要素も含まれていることに注意すべきだからである（国家＝政治社会＋市民社会、すなわち強制の鎧をつけたヘゲモニー、といえるとすればである）。国家をしだいに消滅していって自己規律的な社会（società regolata）に解消していく可能性のある存在と考えるような国家学説においては、この点は基本的な点である。強制としての国家の要素は、自己規律的な社会（倫理的国家ないし市民的社会）の諸要素が顕在化するにつれて、徐々に消滅していくものと想像することができる」[57]と述べている。つまり、グラムシは、国家の死滅を、政治社会の市民社会への再吸収と捉え、また政治社会が吸収されたあとの社会を「ソチエタ・レゴラータ」（società regolata）と表現し、政治社会が市民社会に吸収され国家が死滅した状態である非国家的・非経済的な結合関係としての市民社会を自己規律的社会であると考えていたのである。この「自己規律的社会」という論点が、スミスの『道徳感情論』における「フェア・プレイの侵犯」（violation of fair play）に関する議論、あるいは、「自己規制という偉大な学校」（the great school of self-command）[58]に関する議論と重なるものとすれば、グラムシのヘゲモニー論を中心とした市民社会論を、スミスの『国富論』における商業社会的市民社会論とではなく、『道徳感情論』における共感論的市民社会論との比較で論じることができるかもしれない。また、公共性とは何かについて自己反省的で、己の行動・判断に関して自己規律的な多様な人々がマルチチュードとなったとき、新たな民主主義の展望が見えてくるかもしれない。

注

1) Michael Walzer, *Toward a Global Civil Society*, Berghahn Books, 1995, p. 8.
2) cf. John Keane, *Civil Society: Old Images, New Visions*, Stanford University Press, 1998, p. 13.
3) 植村邦彦『市民社会とは何か』平凡新書、2010年、328頁。
4) 山口定『市民社会論』有斐閣、2004年、40頁。
5) M. エドワーズ／堀内一史訳『市民社会とは何か』麗澤大学出版会、2008年、20頁。
6) T. R. Malthus, *An Essay on the Principle of Population*, London, 1798, p. 304.

7) 三宅芳夫「丸山真男における自由と社会主義」(『思想』8月号、2006年) を参照のこと。
8) ユルゲン・ハーバーマス／細谷貞夫他訳『公共性の構造転換』未来社、1994年、xxxviii頁。
9) 佐藤慶幸『NPOとアソシエーション――アソシエーション論の可能性』有斐閣、2002年、152〜153頁。
10) 都築勉『戦後日本の知識人』世織書房、1995年、13頁。
11) 上村忠男「編訳者あとがき」『現代の君主』ちくま学芸文庫、2008年、389頁。
12) 植村前掲書、35頁。
13) M. リーデル／河上倫逸他訳『市民社会の概念史』以文社、1990年、を参照のこと。
14) Adam Ferguson, *An essay on the history of civil society*, Ecco, 2010, Part IV.
15) 青木祐子『アダム・ファーガスンの国家と市民社会』勁草書房、2010年、217頁。
16) 佐々木純枝『モラルフィロソフィの系譜』勁草書房、1993年、146〜147頁。
17) Adam Smith, *An Inquiry into the Nature and Causes of the Wealth of Nations*, 2 vols. Oxford University Press, 1976, p. 456.
18) 平田清明『市民社会と社会主義』岩波書店、1969年、88頁。
19) Adam Smith, *op. cit.*, p. 412.
20) *Ibid.*, pp. 412-418.
21) Adam Smith, *The Theory of Moral Sentiments*, Oxford University Press, 1976, p. 83.
22) 望月清司「マルクス歴史理論における資本主義」『講座マルクス主義 (8)』長洲編、日本評論社、1970年、43頁。
23) 本節のスミス論について詳しくは、拙著『アダム・スミスの知識＝社会哲学』名古屋大学出版会、1992年、拙論「アダム・スミス――感情の哲学者――」『経済学の古典的世界 1』鈴木信雄編、日本経済評論社、2005年、を参照のこと。
24) G. W. ヘーゲル／長谷川宏訳『法哲学講義』作品社、2000年、365頁。
25) 同前、366頁。
26) 同前、374頁。
27) 同前、374頁。
28) 同前、478頁。
29) 同前、478頁。
30) 同前、479頁。
31) 同前、497頁。
32) K. マルクス／広松渉編訳『ドイツ・イデオロギー』岩波文庫、2002年、74頁。

33) 同前、200～201頁。
34) 同前、204頁。
35) K. マルクス／高木幸二郎訳『経済学批判要綱I』大月書店、1959年、84頁
36) 同前、79頁。
37) 同前、80頁。
38) 平田清明『市民社会と社会主義』岩波書店、1969年、51～55頁。
39) 同前、56～60頁および86頁。
40) 同前、103～105頁。
41) 内田義彦「アダム・スミス——人文学と経済学」『内田義彦著作集　第8巻』岩波書店、1989年、70～72頁。
42) 八木紀一郎「編者解題——本書の刊行に寄せて」『市民社会思想の古典と現代』有斐閣、1996年、322～333頁。
43) 同前、324頁。
44) 植村前掲書、193頁。
45) Walter Adamson, Gramsci and Politics of Civil Society, *Praxis International 7* (Winter 1987-1988), p. 325.
46) *Ibid.*, p. 322.
47) *Ibid.*, pp. 328-329.
48) ノルベルト・ボッビオ／小原耕一他訳『グラムシ思想の再検討』御茶の水書房、2000年、64頁。
49) 同前、65頁。
50) 同前、66頁。
51) アントニオ・グラムシ／上村忠男編訳「知識人の形成と機能」『知識人と権力』みすず書房、1999年、54～55頁（なお、翻訳では、società civile を倫理的社会と訳しているが、他の訳文と整合性を確保するために市民的社会という訳語を用いた）。
52) アントニオ・グラムシ／松田博、ロベルト・マッジ訳「獄中ノート19」『グラムシ入門』合同出版、1982年、86頁。
53) アントニオ・グラムシ／大久保昭男他訳『愛よ知よ永遠なれ、獄中からの手記』大月書店、1982年、27頁。
54) アントニオ・グラムシ／上村忠男編訳「国家の私的横糸」『現代の君主』ちくま学芸文庫、2008年、328頁（なお、翻訳では、società civile を倫理的社会と訳しているが、他の訳文と整合性を確保するために市民的社会という訳語を用いた）。
55) J. Habermas, *Between Facts and Norms*, MIT press, 1998, pp. 366-367.
56) 斉藤日出治「市民社会論の現在」『経済学の現在2』（吉田雅明編）日本経済評

論社、2005年、256頁。
57) アントニオ・グラムシ／上村忠男訳「国家の終焉または市民的社会への再吸収」『現代の君主』ちくま学芸文庫、2008年、342頁（なお、翻訳では、società civile を倫理的社会と訳しているが、他の訳文と整合性を確保するために市民的社会という訳語を用いた）。
58) Adam Smith, *The Theory of Moral Sentiments*, p. 145.

② 変革の主体としての社会
―― 「社会をつくる」思想の源流と歴史 ――

山 田　　勝

はじめに

「市民結社と民主主義」の中で訳者の山本秀行は次のように解説している。「civil society をそのまま訳せば市民社会となる。英語の〈civil society〉とわが国で一般的に使われている〈市民社会〉とでは、どうやら意味や視点のずれがあり、必ずしも同じものを指してはいないのではないか。訳者の判断で邦題のようにした」[1]。

〈市民社会〉を「市民結社と民主主義」と翻訳した人は日本では初めてではないか。私はこの訳語に驚嘆した。この訳語には「社会をつくる」という観点からみると市民社会は市民の意思を媒介にして成立するという視点が鮮明にある。同時に市民としての人間の在り方、人間像の見方と切り離すことができないという意味が込められている、そのように読み取ることが必要なメッセージだと思った。

日本では普通「社会」という概念は人間が働きかける対象を指し示すものであり、社会問題といわれる使い方に示されるように、ある一定の矛盾を含んだ空間であり、国家（政治）が働きかけ、改善をするための客体的対象として観念される。「社会」が働きかけの主体として観念されることはない。しかし誰でも知っているように非常時に際し市民が、民衆が徒党を組み、危機に瀕する人々の救援に向かい、助け合いながら、その地のコミュニティーの復興を支え

ることは歴史上繰り返し経験することである。3・11に際しても大規模に展開された経験的出来事である。このとき、ボランティア市民の働きはしばしば注目されるが〈徒党を組む〉側面はほとんど注目されない。徒党を組むことは市民が結社することであり、市民社会をつくることであり、社会論として関心を払うべき領域ではないかと思う。働きかけの客体的対象としてだけではなくて、働きかけの主体的対象として（市民）社会の存在に注目し、焦点を当てるべきではないかと思われる。

1．3・11大震災と市民の社会形成の経験——「助け合う社会」の出現——

（1）非常時に再生した大震災の経験とボランティア社会

3・11震災時に、避難所・ボランティア米沢が急遽設立され、被災者支援と被災地への物資支援を展開した。この災害ボランティア活動の経験から検討したい。

今回の東日本大震災に際しては無数の災害ボランティアが展開され数百万の人々が参加し、今日に至っていると推察できるので、ボランティア米沢が際立って特殊なものとは思われない。〈非常時〉の普通の震災ボランティア活動であるからこそ、その活動の意味は普遍性を持つ。この経験は非常時に、助け合いの精神を原理として「市民が社会」をつくり出したものであり、「社会をつくる」経験として重要な意味を持っている。市民力とは「市民の社会」のネットワークといえるかもしれない。

論議を進めるうえで、一定の社会形成イメージをつくることに必要な範囲でその活動概要を最初に記しておく[2]。

①活動の主体とその概要

避難所・ボランティア米沢は東日本大震災と福島原発事故で、米沢市に避難してきた人々をケアするボランティア団体で、構成は米沢市社会福祉協議会

(社協)、生活クラブ山形、米沢市青年会議所、立正佼成会の4団体と市民。

その活動概要は次のとおり。

ボランティア米沢は、米沢市体育館に避難所を設け、5月避難所解散(全員第二次避難所へ)までの避難者サポート活動を行う。受け入れ避難者数は3月17日時点517人(南相馬市から334人)。絶えず出入りがあるが最盛時800人くらい。トータルでは3,000人を超えた。活動を支えた当初のボランティア数は約600人。最終的には2,000〜3,000人に拡大。

避難民の受け入れの直後はボランティア米沢が中心で避難場を運営。次第に避難者を中心にして自主的で自己管理的な運営に移行。避難所は出入りが激しいので、秩序維持が大変であった。一度失火しボヤにもあったが、何とか解散まで無事に支援できた。

全国の生活クラブやその友好団体、ラディッシュボーイなどからの支援物資が届き、物資は集中した。構成団体の立正佼成会は最初に膨大な毛布を提供。3月は寒さが厳しい時期であり、体育館で避難者の生活が始まったときにはこの毛布は大きな威力を発揮した。

ボランティア米沢の活動は、米沢市を超えて、次第に宮城・福島への物資支援の基地に成長。物資の集約・管理・発送や情報の集約・管理・発信など、とくに被災者、被災地の情報の収集に努め、病人の管理とケアに貢献した。

ボランティア米沢の利点は米沢市が震災地ではなく、津波被害がなかったこと。市民の同情と支援の気持ちが強く、避難所である体育館はそうした気運に包まれ、支えられた。少しずつたくさんの人々の支援の輪が支えた。

米沢市のしっかりとした「日常時社会」が「非常時社会」を包みこんだと言える。「日常時社会」が「非常時社会」を支え続けたという意味ではひとつの典型例かもしれない。

②どうして、このような活動ができたのか?

3月11日「被災地 NGO 神戸協働センター」から午後6時48分、第一陣被災地へ出発。地震発生が2時46分だから約4時間後の出発。大震災の場合スピー

ドが重要（兵庫の教訓）とはいえ、驚くべき判断だ。約15時間後、第二陣が米沢に向かう。

　このとき神戸側では、米沢の「ボランティア山形（井上肇）」から「被災地救援」の要請を受け、支援を決定。この判断が全国の生活クラブとともにグリーンコープなど関連する生協やラディッシュボーイも合流して、支援物資を送ることになった。神戸サイドからいえば、阪神大震災のときのお礼であった。

　一方、3月16日ボランティア山形（井上肇）の要請を受け入れ丸山弘志は東京出発。丸山は神戸震災の被災者であるとともに、"あのとき"のボランティアの同志であった。つまり、米沢市で神戸震災のときのボランティアの仲間のネットワークが再結集し作動したことになる。被災地の誰と組むのか、情報は正確か？　救援物資やカンパは正しく管理され、被災者に届くのか？　救援時にこうしたことを実行するときには〈人の信頼〉が決定的である。人の輪が、人の信頼が〈非常時〉に生きたことになる。こうして「震災後のユートピア」が再生した。

(2) 復興にも活きた市民の信頼と輪

①新聞報道より

　「南三陸町で『復興市』を開く」[3]。藤村望洋は4月南三陸町の避難所に知り合いの商店主たちを訪ねた。店も家も失い、打ちひしがれていた商店主たちに「あなた方が頑張る以外、街は復興しない」「闇市をやろう」こう呼びかけた。「闇市」は全国の商店街が特産品を南三陸町に持ち寄り、テントで売る復興市。4月末に開催に踏み切り、7月末に4回目を開くまでに回を重ねた。初回の出店は大半が県外であったが、今や60店舗の半分が地元の店だ。来場者も増え、一日で1万人を超える。

　藤村は兵庫県宝塚市に暮らし、阪神大震災も体験。地域を超えて「いざというときに助け合える」ネットワークづくりに取り組む。全国18地域の商店街に呼びかけ、3年前に「ぼうさい朝市ネット」を設立。南三陸商店主もこのメンバーであった。このネットワークが生きた。「支援する全国のネットワークも

活気づく。みんながノウハウを出し合えば、新しい商店街がきっとつくれる」。

② 「ぼうさい朝市ネット」の役割

　阪神大震災のなかから「ぼうさい朝市ネット」が誕生し、このネットワークが南三陸町の商店街を支え、支援した。「非常時」にひとつの「市民の社会」が被災地のひとつのコミュニティーを支え、コミュニティーが再生するうえで大きな役割を果たした。

　非常時において、友の信頼の深さに支えられ、支援＝助け合いのための「市民の社会」がつくられ、〈社会〉から〈社会〉へ支援の輪が広がり、社会（コミュニティー）が絶望から這い上がり、再生への道を歩みだしたことは間違いない。

　ここでは〈市民の社会〉は確かに存在し、人の信頼に支えられて〈主体〉であり〈客体〉である存在であった。

(3) 「日常社会」が「非常時社会」を拒否し、排除する

① 「法の壁、仮設に移れず、公営に優先入居の高齢者ら」[4]

　被災地で、被災者が直面している課題について、次のような報道がなされた。「災害弱者」として震災直後に公営住宅の空き部屋などに入居できた高齢者や障害者が、その後に住環境が比較的良い仮設住宅や借り上げの民間賃貸住宅（みなし仮設）が供給されるようになっても、移れないでいる。はじめにいったん入居した時点で、法的には支援対象から外れたと判断されるためだ。

　津波で家を流された千葉哲郎さん（77）は３月下旬に岩手県大船渡市の母子生活施設に入れたとき「助かった」と思った。クモの巣だらけの部屋も「避難所よりはまし」と我慢した。しかし、施設の共同の風呂は１日置き。足腰の弱まり、２階に住み、１階の共同トイレを使うたびに階段を上り下りしなければならない。クーラーがなく、暑さで妻アイ子さん（75）は体調を崩した。

　千葉さんは仮設住宅に移りたいと市に相談した。しかし、この母子生活施設は災害救助法上の「応急仮設住宅」扱いで、入居した時点で支援対象から外れ

ると解釈される。「転居」は認められなかった。

　同県内で提供された雇用促進住宅や公営住宅は多くが同様の扱いになっており約350世帯が入居済み。宮城県内でも同様な扱いの雇用促進住宅に約440世帯が入居中だ。

②「日常時社会」と「非常時社会」

　突如として襲ってきた地震・津波の被災者の境遇を思うとき、この行政の側の対応の無慈悲さが際立つ。この報道が示している事態は「日常時社会」が「非常時社会」を拒否し「日常時社会」のルールを優先する典型的な事例である。

　「非常時」に困っている人々、危機に陥っている人々の現実から出発して、行政としての支援をどうするのかという発想は切り捨てられる。日常時社会の法と行政の対応は「非常時社会」を無視して秩序維持のために普通に繰り返されている行為の1コマにすぎない。行政サイドの当事者はとくに悪気があって行政行為をしているのではない。その分だけ冷酷である。

2.「災害ユートピア」──震災時のボランティア経験の普遍的意義は何か？──

　3・11以降の社会の危機の中で私たちは何に直面し、何をしているのかという根元的な問いを発したとき、『災害ユートピア』が出版された。この著作では大震災が起きた後、この「非常時社会」で何が起きたのかを世界各地での経験を詳細に調査し、レポートしている。日本の経験は世界的な出来事と同質であることが示されており、実に興味深い内容であった。

　　カトリーナにおいても他のすべての災害と同じく、無数の利他的な行為が見られた。水や食料、おむつなどの支給を手伝い、逃げ遅れた人々の保護を買って出た若者たち。隣人を救出して自分の家に避難させた住民。ボートで救助に乗り出した幾千もの人々。彼らは自衛のために武器を携帯しながらも、同時に深い同情心にかられ、汚水の中に取り残された人々を発見し、安全な

場所に運んだ[5]。

　大参事に直面すると人間は利己的になり、パニックに陥り、退行現象が起きて野蛮になるという一般的イメージがあるが、それは真実とは程遠い。地震、爆撃、大嵐などの直後には、緊迫した状況の中で、誰もが利他的になり、自身や身内のみならず、隣人や見ず知らずの人々にさえ、まず思いやりを示す。たいていの伝統的な社会に、個人同士や家族同士、集団の間に深く根づいた責任と結合がある[6]。

　社会という概念自体が共感や親愛の情で結ばれたネットワークをベースとしていて、独立独歩の人はたいがいの場合、世捨て人、追放された者として存在した。流動的で個人主義的な現代社会がこうした昔ながらの結合の幾分かを切り捨てた結果、人々はとくに経済的な取り決めにより他人を背負い込むこと、高齢者や社会的弱者への物質的援助や貧困や悲惨な状況に対する支援、すなわち兄弟姉妹の扶養に二の足を踏むようになった[7]。

　災害の歴史は私たち大多数が生きる目的の意味だけでなく、人とのつながりを切実に求める社会的な動物であることを教えてくれる。災害は普段私たちを閉じ込めている堀の裂け目のようなもので、そこから洪水のように流れくるものはとてつもなく破壊的で、創造的なものだ。ヒエラルキーや公的機関はこのような状況に対処するには力不足で、危機において失敗するのはたいていこちらだ。成功するのは市民社会のほうで、人々は利他主義や相互扶助を感情的に表現するだけでなく、挑戦を受けて立ち、創造性や機知を駆使する。数えきれないほどの決断と数えきれないほどの人々の分散した力のみが大災害には適している。災害がエリートを脅かす理由のひとつは、権力が災害現場で市井の人々に移るからだ。災害の初動では、間に合わせに共同のキッチンをつくり、ネットワークをつくるのは住民である。中央集権型ではない。分散した意思決定システムも有効である。その瞬間に市民そのものが政府、すなわち臨時の意思決定機関となる。それは民主主義が常に約束ながらもめったに手渡してくれなかったものである。災害は革命が起きたかのような展開を見せる。潜在的力として、別の社会を即座につくる能力である[8]。

非常時社会が生み出す空間と別の社会への無限の可能性を指摘した、この結びは実に興味深い。「社会をつくる」という発想はこうした歴史的体験を土台に集約された思想をその背骨に置く必要がある。

　一方、日常時社会が非常時社会を押しつぶしていく行程は単に法に則して処理するという枠を超えて「その瞬間に市民そのものが政府、すなわち臨時の意思決定機関となる。それは民主主義が常に約束ながらもめったに手渡してくれなかったもの」への敵対である。

　市民と市民社会が持つ「潜在力として、別の社会を即座につくる能力」への恐怖と憎悪がその根底にあることを見逃してはならない。

3．いま、改めて〈社会〉を問い直す

　振り返ってみると、現在という時代の政治的淵源は1989年から1991年に至る歴史的社会主義体制の崩壊であった。冷戦が終わり、資本主義の勝利で「国家」と「市場」のハネムーンが続き「資本主義は永遠である」と謳歌された時代が続いた。この時代に〈社会〉の中から市場社会（＝経済社会）だけが膨張し、国家に対抗し、凌駕する力を蓄積し、国家を圧迫するだけでなく、非市場社会を追い詰めた。至るところで人々の悲鳴が上がった。しかも市場社会の暴走は人間が生きていく上での生態系を破壊し始めている。エコロジー危機が深刻化している。

　グローバル経済と国際金融権力は長きにわたって支配的であった〈国家―市民社会〉という一定の均衡状態を保ってきた歴史的枠組みを突き崩し始めた。国家が国民経済を支配下に置き、コントロールすることができない事態になり始めた。近代のあらゆる政治的社会的変革論はこの国民国家と国民経済の確立と安定を前提に組み立てられている。「国家―市民社会」の歴史的均衡状態こそが政治理論だけでなく、社会理論と思想の前提であったといえる。この前提が崩れており、人々の日常世界と暮らしが不安定化し、不安感が醸成されてい

る。国民国家の動揺も続く。この不安定状態は当分続くと想定される。

　この試練の中で、〈社会〉に関連する諸要素が不安定化し、その歴史的アイデンティティーが動揺し、問い直され始めている時代である。家族とは何か、民族とは何か、宗教とは何か、コミュニティーとは何か、民主主義とは何か、国家とは何か、公共性とは何か、経済成長とは何か、豊かさとは何か、エコロジーとは何か、歴史とはないか、進歩とは何か人間とは何か等々。ある意味では西欧モデルといわれる近代社会の在り方とその価値体系全体が再審を受けている。文明史的転換ともいえる大きな歴史的変動期である。

(1) "社会の発明"と近代市民革命

「変革主体としての社会」を構想する場合には、いずれにしても「社会」についての大まかな共通了解が必要である。それは〈社会〉という概念について、さらには〈社会〉という言葉が指示する領域についての諒解である。社会という概念は現実の社会と政治の発展と変容の中で「変化する社会」を反映する。まず近代社会の先導役を果たしてきた西欧社会の歴史から振り返る。

① 「社会の発見」

　一般的には社会という問題が自覚されたのは18世紀だといわれている。

　「18世紀は市民革命の時代である。ルネサンス、宗教改革に胎動を始めた近代は、この世紀においてそれまで人間の共同生活の基本的な枠組みであった国家に対して、新しい共同生活の仕組みとしての市民社会を生み出す。社会というものの自覚が始まるのは、この『市民社会』を媒介とした国家、絶対主義国家との対抗においてである」[9]。

　私が生松の著作に惹かれたのは、この引用文の見出しが「社会の発見」であったからだ。

　専門家の間では「社会の発明」「社会の発見」「社会の科学の成立」という順序で近代社会の形成・発展──国民国家・市民・市民社会・社会学など──を叙述しながら現代社会の批判に向かう見解もある[10]。

近代市民革命の時代は、社会という概念の「発明」としたほうが、私には理解しやすい。

植村邦彦は「国家共同体としての市民社会――アリストテレスからロックまで」[11] とし、端的に国家共同体＝市民社会として社会概念と社会契約論の意味を論じている。

②生への衝動の肯定

この「社会の発明」という出来事は、西欧・中世の「神の国」の時代にあって、王・貴族の権力も、人々の在り様も、文化の在り様も、科学の在り様も、都市と商業の在り様も、「キリスト教」に包摂されていた時代から、それぞれが「神の支配」から離脱し「人間を中心とした近代社会」の時代へのさまざまな分野の転換過程を経て、近代社会が成立・確立に向かう移行期の一分野である。

一般的に言えば、14世紀イタリアから始まったルネサンスが新たな近代という時代の始まりであった（1353年ボッカチオ「デカメロン」完成）。

このルネサンスでは〈人間像〉が転換した。「現世肯定の世界観」をベースに肉欲的、情熱的、いわば生身の人間がそのものとしてよみがえった。神の時代にあっては、人間は禁欲的であり、戒律的であり、「来世肯定の世界観」をベースにしていた。この近代的な人間像への転換をもたらした契機は14世紀西欧に蔓延したペストであり、死の恐怖であったといわれる。西欧人口の２～４割もが減少したことは驚くべきことであり、当時の人々が直面した「死の恐怖」と「遂に神が助けに来なかった」出来事・経験によって、人々の意識と暮らしと教会との向き合い方に巨大な変化を生み出すことになった。生身の人間を直視し、容認することで、生への衝動を肯定する人間観が誕生した。自然的人間像の誕生から近代社会が始まったことは明記されてよい。

このルネサンスは「神の時代」にあって「自然の魔術」の中に閉じ込められてきた科学技術的思考と科学自立への兆しが顕在化した時期でもある。原発事故に集約された近代科学の在り方の出発期もここにある[12]。

③イギリスとフランスの市民革命

　ところで、イギリスの市民革命は17世紀であった。1649年ピューリタン革命（国王チャールズの処刑）があり、1689年名誉革命（人民の憲章）がある。この市民革命と並行して、17世紀は戦争と宗教改革の時代であった。1517年ルターの宗教改革（95カ条の提題）が始まり、1524年ドイツ農民戦争に発展。この宗教改革はカソリック教会と世俗的王の権力との衝突を生み出す大きな要因となり、30年戦争をへて1648年オランダの独立、1648年神聖ローマ帝国解体と各国王権の自立・独立が進む。この王権の伸長の背景には、15世紀中葉から17世紀中葉まで続いたヨーロッパ人によるインド・アジア大陸アメリカ大陸などへの植民地的な海外進出と莫大な富の蓄積がある。国王は大航海時代に都市の巨大商人と結び、重商主義政策を強め、大都市の勃興とブルジョアジーの台頭を支えつつ、教会勢力と対峙した。絶対王政の時代である。

　こうした時代背景の中で絶対王政は次第に国家としての体裁を整えた。主権思想を強め、国境を強化し、各国ごとの支配権を確保し、領土・領民を確定し、軍を強化し、徴税権を拡大し、都市を保護し、主権を確立・膨張させた。この過程でヨーロッパを支配していた「神の国」とその身分制社会は衰弱し、瓦解を始めた。神の国からの離脱過程であったとはいえ、国王の絶対主権の根拠は依然として「神」にあった。王権神授説である。

　こうしたイギリス市民革命と絶対王政の「並立時代」であった17世紀から18世紀に入り、フランス革命（1789年）によって事実上「並立時代」が終焉し、国民国家に「一元化される時代」が始まる。

　フランス市民革命は「神」に替わって「市民」と「人民主権」をベースに社会契約によって国家主権を正当化する集約点となり、同時に人権宣言によって、すべての人が基本的権利を平等に有する近代社会の原理宣言を提起するに至った。社会契約の主体として市民が公認された。そして、市民社会が発明された。発明の背景にはギリシャ、ローマ、中世都市の思想と経験が流れている。近代市民革命は近代国民国家の出発点である。憲法制定、三権分立、国民主権など

の政治システムの誕生とともに、市民、市民社会、基本的人権など近代社会の基本的概念が埋め込まれた近代社会の出発でもあった。

④人権宣言は誤訳？

　ここでは主題との関係で次の点だけを指摘しておきたい。

　フランス人権宣言について、日本では「人権宣言」と訳されているが、本体の宣言では「人および公民の権利宣言」（あるいは「人および市民の権利宣言」）と表記されている。人権宣言は自然人としての人の権利の普遍性を宣言したものと理解されている。これは意識的誤訳かはわからないが「人および公民の権利」という本体宣言の表現は「社会的領域」と「政治的領域」にまたがる革命宣言の意味が込められており、「人権宣言」という表記では意味の半分しか表現しておらず、公民＝市民の権利宣言の政治的意味が決定的に欠落することになっている。フランス革命時の「市民」の意味を日本社会は今もなお十分には理解できない思想的枠組みになっており、政治的罠にはまったままであるといえよう。

　近代市民社会はまず政治社会＝公民社会として理解され用いられて、歴史に登場したという点は、思想史上もっと重視されるべき点である。

(2) 社会の発見（経済社会＝市民社会）と経済学の功績

①1751年『百科全書』第1巻発行を支えた社会思想

　この百科全書発刊構想は哲学、文学、歴史学、経済学、芸術学、神学、自然科学からテクノロジーの領域に至るまで、当時の最先端の知の目録をつくる試みであった。これを主宰したディドロは「社会とは国家や政府とは明確に区別され、ある種の厚みを持った空間、それを治め、秩序と平穏をもたらすことが肝要であるような空間」13)として理解していた。この社会観を土台に考えれば、社会の中での経済社会の独自の発展が、時代を反映した特徴であった。

　細かくなるが1758年ケネー『経済表』、1776年スミス『国富論』が発行される。重商主義の発展・産業革命の始まりを背景にしたこれらの〈経済学〉は商業社

会を対象にしていたとはいえ、人間の自由な経済活動によって人々の暮らしが行われていること、その社会では生産と交換と消費が行われ、かつ国家とは区別された独自の法則によって運用された空間であることを明らかにした。独自のメカニズムを持った実在の空間として経済社会を認識するようになる。この「経済社会＝市民社会の発見」は〈経済学〉の偉大な功績であった。

　また、フランス革命を挟んで、18世紀から19世紀では、産業革命の進展を基軸に資本主義の大規模な発展が進んだ。各国家は都市を改造し、工場や道路をつくり、殖産興業を促し、教育政策を強め、対外貿易を促進し、軍隊を強化する道を進んだ。自由主義的資本主義の発展の一時代であった。周知のようにアダム・スミスは、神の〈見えざる手〉の働きでおのずから秩序と調和が生まれるとする思想に基づき、人間の利己心を自由に発揮させ、国家の干渉を排除すれば、価格機構によっておのずから公益に合致する結果が生まれるとする経済的自由主義の思想と政策を掲げた。産業社会発展の思想的背景である。

② 『イギリスの労働者階級の状態』（エンゲルス）

　ところでエンゲルスが『イギリスの労働者階級の状態』を出版したのは1845年である。

　富の蓄積は同時に貧困の蓄積として社会の二極化を促し、社会の分裂を促した。産業革命と資本主義の発展は近代社会の巨大な発展と膨張を生み出したことは間違いないが、同時に社会問題を深刻化させたことも間違いない。エンゲルスに示されたこの社会の悲惨な現実はさまざまな社会理論を生み出すことになる。無論、そればかりではない。1848年革命や1871年パリコミューンに象徴される反乱と革命の一時代がこの社会問題解決へのさまざまな歴史的試みであった。ヘーゲルからマルクスの思想の発展がこの時代を集約した。これが、これまでの思想史、社会理論の共通認識であった。

(3) ヘーゲルとマルクス——「空想から科学へ」の功罪——

①ヘーゲルの市民社会論は２つの系から成り立っている

ひとつは「人倫」の具体的実現は家族→市民社会→国家において完成する。市民社会は家族と国家の中間に立ち、国家において超克されるものとされていた。

もうひとつは、市民社会には３つの契機が含まれている。

第一は、労働と欲求の体系。第二は、この体系に含まれている自由という普遍的なるものの現実化——司法による所有の保護。第三に、この体系に残存する偶然性に対する準備、および特殊的利益を共同の利益として警察と組合によって管理すること、である。

この市民社会は、結局は個々人の欲求の体系であり、アトミズムの体系である。ヘーゲルにとってこの欲求の体系としての市民社会が混乱の極みであった。

市民社会の内的矛盾が富の過剰蓄積の対極に貧困の過剰蓄積を生み出すとき、この過剰人口、失業労働者等の処理について、ジレンマに陥らざるをえない。このための解決の手段が裕福な病院や慈善事業の造営物である（社会的解決）とすれば、（つまり）困窮者の生計が労働によって媒介されることなく保証されるとすれば、（この解決策は）個人の自立と自尊の原理に背くことになる。個人的私益を求める万人の万人に対する戦場たる市民社会は、人倫的理念の現実態である国家へと止揚されるべきである。

つまり市民社会自体には解決能力がないので、国家がこの解決を引き受けるということである。しかもヘーゲルにとってこの国家とはプロイセン国家であった。

②マルクスの市民社会論

マルクスの市民社会論は、内容上ヘーゲルの観念論を唯物論的に転倒させたとされているが、それでも市民社会の性格はヘーゲルを引き継ぐものであった。市民社会は経済社会であり、資本主義社会であった。しかも唯物史観によって

経済社会は〈土台〉としての位置を与えられて上部構造を規定することになり、より深い位置を与えられることになった。

ヘーゲルもマルクスも〈市民社会〉の疎外態として〈国家〉を把握しており「社会か国家か」の価値の置き方は逆向きであるとしても、同等の位置を与える思想であった。

私がここで繰り返すまでもないことであろうが、『ヘーゲル法哲学批判』から『ユダヤ人問題に寄せて』、『経済学・哲学草稿』、『ドイツ・イデオロギー』、『共産党宣言』、『賃労働と資本』、『資本論』に至るマルクスの足跡は今もなお思想史と資本主義批判にとって大きな意味を持っている。

経済学批判として、市民社会の解剖学として、資本論は資本制生産システムの包括的批判の輝きを失っているわけではない[14]。

③共産党宣言と一般意思（ルソー）

社会思想との関係でいえば、1848年共産党宣言（マルクス・エンゲルス）は重要な意味を持っている。

「すべての社会の歴史は階級闘争の歴史である」「資本主義社会の崩壊、ブルジョアジーの没落、プロレタリアートの勝利は歴史の必然である」とし「空想から科学」への発展がなされたと宣言した。マルクスの思想が市民社会＝経済社会批判、そして資本主義批判をかかげ、ヘーゲルとは異なって、市民社会自身の中に社会問題の根本的解決の可能性があること、それは主体としてのプロレタリアートの存在であった。このプロレタリア独裁によって国家を市民社会に再吸収する思想を掲げている。

この共産党宣言が果たした歴史上の役割は科学的理論の正統化であり、空想的理論の排除であった。政治的・イデオロギー的に少なくとも科学的社会主義—共産主義の思想と運動はマルクスの思想（レーニンをも含めて）を唯一、正統性あるものとして掲げ、他の社会思想との共存は認めなかった。異端の排除である。

ここには思想的に重要な意味があり、マルクスを含む一元的社会観の根底を

流れる独特の思想があると思われる。
　すなわち、ルソー→フランス革命→ジャコバン主義→（ブランキー主義から）→パリコミューン→マルクス→レーニン・ロシア革命に至る一連の「一般意思」（ルソー）の流れがその根底にあることがこの異端排除の思想を支えていると思われる。
　一人ひとりが持つ意思〈個別的意思〉とその総和としての〈全体意思〉があり、この全体意思と区別された〈一般意思〉がある。全体意思は誤ることはあるが、全体の利益を絶えず代表するこの「一般意思」は常に正しく、絶対的とされる。
　近代国家をめぐる国家論は絶えずこの全体意思と一般意思との間を揺れ動くのであるが、パリコミューンの総括を踏まえたマルクスの政治思想、そしてその意思を継承したレーニン・ロシア革命の政治思想は国家意思としての一般意思論を思想的にだけでなく実践的にも貫いた。
　そのことによって、マルクスやレーニンの後継者たちの社会思想は社会の多様性を切り捨て、階級一元論（一元的社会観）に陥り続けたことになる。

④市民社会の形成
　こうした歴史的経緯をみると市民社会は資本主義に先行している。この歴史的事実は重要である。つまり、資本主義が市民社会をつくったのではない。市民社会が資本主義を生み出したのである。
　「市民社会」概念は必要ないというマルクス護教主義は資本主義＝市民社会という等式を前提にする。市民社会や資本主義の形成史はこうした考え方には致命的な欠陥があることを示している。

　（4）封印された「空想的社会主義」の社会思想＝協同の思想

①社会思想の世紀
　「19世紀のドイツがシェリング、ヘーゲルに代表される観念論哲学の世紀であったとすれば、19世紀のフランスは社会思想の世紀であった」[15]。

封印された「空想的社会主義」の社会思想が歴史的にフランスの一時代を構成したことはあらためて復権されるべきであろう。興味深いことに、その社会思想は協同社会の思想やアソシエーションの思想に彩られている。「空想から科学」への思想によって協同の思想や「社会」の自由な論議と構想力が闇に追いやられた。歴史の皮肉であろうか？

　当時、1830～40年代のフランスは「アソシエーション（協同組合）」の語が魔法のように流通した。1847年から2月革命が生じた1848年にかけて行われた調査によれば、「パリだけで300カ所、フランス全土で800カ所の生産協同組合が結成された」[16]。

　周知のように、フランス革命が生み出した国民国家は独特な形をめざしたといわれる。

　革命政府は封建特権の廃止を掲げ、国家と個人の間にある中間団体を一掃し、国家と国民とが直結するタイプの新国家建設である。キリスト教会や修道院、作業所などは「中間団体」と見なされ、その莫大な財産は没収された。その結果、革命政府は慈善事業に代わる救済策を求められ、救済策を自らの国家的事業に組み込むこととなった。

　同時に組合やギルドやさまざまな職業団体が解散を余儀なくされ、自主的な市民活動が活性化した時代でもあった。

　この歴史は、教会を社会の側と見れば、社会が持っていた慈善事業の領域を（近代国民）国家の側が吸収したことになる。イギリスでは絶対王政の時代に同じ事態が生じ、王政権力が救貧事業を展開した。社会矛盾の深刻化の中でこの領域の国家の発展は福祉国家、社会的国家として成熟する。現代は再び社会の側が福祉国家の弱体化の中で、福祉的機能を取り戻す活動がさまざまに展開されている時代であり、市民社会の活力を復権しようとしている。協同の思想やアソシエーションの思想が見直される根拠である。

② 『貧困の哲学』
　プルードンは、1846年『貧困の哲学』を出版し、これに反論したマルクス『哲

学の貧困』は1847年であった。プルードンは労働組織の改善による社会の改革を志向するのだが、個人と社会と国家の在り方について独特の思想を表明した。

プルードンは「社会」と「共同体」（コミュニティー）とを比較し、この両者を対立させたこと、そこには〈個〉を〈集団〉の中に吸収する「共同体」に対して、諸個人の自由な結合からなり、さまざまな差異を内包する「社会」を優位に置いた。この視点でプルードンの思想はヘーゲルやマルクスの国家を社会の疎外態と見なすことを拒否し、国家と社会の絶対的対立、つまり二元的に定立し、その社会の側の力と解決能力の可能性を追求したということができる。今後の大きな論点である。

(5) コミュニティーの再発見：市民社会と共同体社会について

① 『ゲマインシャフトとゲゼルシャフト』

1887年ドイツの思想家テンニエスは『ゲマインシャフトとゲゼルシャフト』を提出。

「初版の副題が『経験的文化形式としての共産主義と社会主義』であったが、第二版では『純粋社会学の基本概念』と変化した。当時は共産主義はゲマインシャフトの文化形式、社会主義はゲゼルシャフトの文化形式として把握されていたのである」[17]。

これは、本質的に異なる人間結合の在り方である。

ゲゼルシャフトは契約的な関係であって、めいめい孤立していたのでは効果的に自己の利益を追求することができないので、個々人が機械的に結びついたものである。「利益社会」とも訳される。ゲマインシャフトは意図的に成立するものではない。自分の家族に所属しているような仕方で結びつけられている。「共同社会」「共同体」とも訳される。前者においては「部分が全体に先立つ」のに対して、後者においては「全体が部分に先立つ」とされている。

ゲマインシャフトの時代は一体性、慣習、宗教などの社会意思によって特徴づけられる（家族生活、村落生活、町生活）。ゲゼルシャフトの時代は協約、政治、世論としての社会意思によって特徴づけられる（大都市生活、国民生活、

世界主義的生活)。

　テンニエスによれば「ゲマインシャフトの時代はゲゼルシャフトの時代に先行する」として、歴史発展の見地から〈社会〉を構想した。「ゲゼルシャフトが着実にゲマインシャフトを屈服させていく過程は、いわば現代の運命であり、そこから逃れることもできない。合理化の進行の行く手には都市化による人間疎外の世界が待っている」[18]。

　しかし、現代はこの見解とは大きく異なる時代となりつつある。

②コミュニティーの再発見

　グローバリズムの時代の今日〈国家―市民社会〉の歴史的均衡が崩れ、社会の側の動揺と地殻変動の中で、コミュニティーの問い直しが始まっている。

　すなわち国民国家の枠内に閉じ込められてきた地域社会、あるいは第一次産業とともにその地の風土に適合した人々の暮らし、生業、共同体、循環型社会の再発見が静かに進んでいる。市民社会の見直しを超えて、社会の在り方自体が、エコロジーとともに見直されている点に、時代の根本的、徹底的な改革が求められる根拠になっている。

　例えば広井良典は『コミュニティを問いなおす』において次のような検討項目を列記している。

　㋐視座：▲都市とコミュニティ▲空間とコミュニティ▲グローバル化とコミュニティ
　㋑社会システム：都市計画と福祉国家、ストックをめぐる社会保障
　㋒原理：ケアとしての科学、独我論を超えて、地球倫理の可能性

　こうした検討範囲はコミュニティー改造論を示しており、形を変えてはいるが、共産主義革命論の対象範囲と重なる。しかし誰も広井の見解を共産主義革命論とは言わない。検討項目が同じであるとしても、社会観と主体の在り方が全く異なっており、改革論の組み立てと人々の心への響きが根本的に相違しているからである。

　こうした広井の見解の中で一点だけ興味深い点を指摘しておきたい。

「コミュニティの中心」「ヨーロッパの国々では、コミューンと言われる地域の中心には必ず教会が位置している。中世において教会が行っていた福祉的な事業や税の徴収を国家が引き継いでいったという経緯があった。福祉と文化は切り離すことができない深い結びつきがある。意外に思われるかもしれないが、全国あるお寺の数は約8万6,000、神社の数は約8万1,000。これは平均して中学校区（全国1万）にそれぞれ8つずつという大変な数である。お祭りやさまざまな年中行事は無数にあり、日本では地域共同体の中心に神社やお寺があった。これほどの宗教的空間が全国くまなく分布している国は珍しい。これからの日本社会を構想する場合にはコミュニティの中心をどうするのかは十分に検討しなければならない」[19]。

日本では天皇制の存在があり、どうしても神社やお寺の存在は社会に関する論議の外側においてきた。この広井の見解をベースとすれば、この失敗の歴史は見直される必要がある。日本社会の未来構想は、日本の宗教空間を含めた社会構想でなければならない。

4．日本の社会像と世間論の意義

私たちはしばしば「世間」という言葉を使う。「世間に顔向けできない」「そんなことは世間が許さない」など、ある意味日常会話では誰でも知っている言葉である。この世間という言葉が指示する対象領域は何かということははっきりしない。世間は欧米にはないもので、日本人全体に共通する〈生活の形〉である。欧米では12世紀以降個人が生まれ、長い年月をかけて個人が形成された。日本には世間という人と人との絆があり、この世間が個人の誕生をはばんでいる。

阿部謹也の世間論はこの問題に取り組んだものであり、その功績は世間論を通して日本の社会像の独特な特徴をどうつかむのかという独自の領域を開拓した点にある。

世間という言葉はあるが、世間論という概念はかなった。「世間」という領

域自体が独自に存在するかどうかさえ、共通了解もなかった。

〈社会〉という概念は「市民社会＋共同体社会」によって構成されており、世間論はこの共同体社会の日本的あり方ではなかろうか。

そこには左翼の側の理解と切り込み方における致命的な欠陥を超えて、宗教社会の在り方を含む日本の社会の特徴は何かを検討するヒントがあるように思われる。

天皇制を含む日本の歴史や伝統を、その普遍的契機と個体的契機を含みながら批判的に「日本の社会の特徴として」どうつかまえるのか、そういう問題である[20]。

(1) 〈世間〉とは何か？

①仏教と世間

世間の構造に仏教が関わっている。無心や無我の境地を追い求めた仏教の基本的教義が深い関係を持っている。無心になるとは私を無にして対象を全面的に受容するという生活態度と深く関わる。私を自然に近づけることであり、自我を離れて無心の自己になることである。鎌倉仏教の中で法然、明恵、道元などによって熟すが、日常生活の中で人間の心が成熟していけば、そのまま成仏に繋がっていくと説かれている。

「世間」とはサンスクリット語でローカ（壊され、否定されていくもの）の訳語。世間は生命を有するもの（有情世間）とそれらの生命を住まわせている山河や台地など（器世間）に分けられる（世間の構造的骨格）。仏教における世間は穢土として表現され、貪り、いかり、愚かさを煩悩としその他に５つの悪が示されている。この世間のかなた（彼岸）に浄土が描かれている。

神仏習合の日本では仏教が「個人としての死者」に関わり、神社を中心とした神信仰・神道が家を単位とする「集団としての地域社会」と密着して発展してきたことを前提に検討しなければならない。上は天皇や将軍から下は庶民に至るまで菩提寺を持ち、皇室の伊勢神宮、徳川将軍家の日光東照宮と同じように、庶民も村や町で地縁的結合の中心をなす神社を持っていた。

②世間の特徴と歴史、構造

　世間を生きる人々の行動原理は3つある。⑦贈与・互酬の原則、④長幼の序、⑨共通の時間。

　日常生活の中で奢られたらいつかこちらからお返しをする、こうした自然の関係を結んでいる（お歳暮やお中元）。この互酬関係は世間の中では、人間の間だけでなく人間と自然界、動植物の世界との関係にも結ばれている。長幼の序は説明するまでもない。共通の時間意識とは世間の中の人々はみなひとつの時間の中に生きていると信じていることをいう。「今後ともよろしくお願いします」「先日はありがとうございました」などは共通の時間の中で生きていると思っているからである。欧米にはこのような挨拶の言葉はない。

③世間の中で生きていく方法・処世術

　3つの原則を守る。世間は社会の現在の秩序を前提としているので、現在の秩序に従って暮らさなければならない。それぞれの人の地位に相ふさわしい礼儀作法を守って付き合う。

　意見を求められたら、1人だけ突出した意見を述べてはならない。仕事と宴会との区別ははっきりとし、宴席では酩酊することも必要である。自分についての多言を控え、謙虚であるという評判を得なければならない。人の悪口を言わず、人を褒めるに言葉を惜しんではならない。神仏に対して敬虔な態度を維持し、どのような宗教にしても熱中してはならない。世間で暮らす人は世間の人々にのみ目を向けて暮らしている。自分の世間以外のことに関心を向けることはほとんどない。

　戦争や災害は世間の外側から世間の中に生きている人に襲い掛かってくる突発事故である。

④近代化された外郭の中に「世間」が生き残った（建前と本音）

　明治以降欧米を範として近代化を進めてきた。近代化はまず行政府とその周

囲から始められ、各省庁の成立、陸海軍の成立、学校教育の整備へと進められた。この近代化計画の中で近代化しえない部分が存在した。人間関係である。親子・主従の関係や天皇と国民との関係は近代化しえない。その結果近代化された各省庁の中に近代化されなかった人間関係が生き残ったのである。軍隊も学校も同じであった。その人間関係は世間という古いきずなに象徴されていた。近代化された外郭の中に世間が生き残った。それを封建遺制と呼ぶ人もいるが、それは決して遺制ではなく、明治以来再編成されて近代化を支えてきた。

近代化の意味を理解しない人々の協力を得るうえで、世間は大きな力を発揮し、近代化の協力体制をつくり上げた。

近代化は建前であったが世間は本音であった。現在でも世間は隠されたまま本音として生き続けた。現在も近代的な制度の中に世間が機能し続けている。

世間には外国人は含まれていない。世間は排他的であり、差別的な人間関係をともなっている。

世間には生者だけでなく死者も含まれている。世間は呪術的な関係を含んでおり、一人ひとりの人間は世間の中では全体と密接な関係を持って生きている。これは歴史的関係である。

⑤時間と世間の構造

歴史は突発事故と同じく、世間の外側の出来事である。

世間は自らの中に時間を持っているが、世間そのものは常に変わることはなく、時間を超越している。世間では2つの時間（国家の暦と世間の暦）が共存している。

正月、七草、節分、ひな祭り、彼岸、花見、端午の節句、七夕、土用の丑の日、お盆、月見、冬至、大晦日。これらは世間の年中行事である。

明治新政府は新しい休日を定めた。紀元節、神武天皇祭、神嘗祭、新嘗祭、天長節、秋春皇霊祭など。これらは国家の年中行事である。

これらの国家の祭日は国家が自由に決めたが、世間の祭日は歴史的伝統的なもので勝手に変えられるのではなかった。国家の祭日にあわせて休日となっ

たが、世間の祭日は家庭の祭日であった。世間は二重の休日を並行させた。

(2) 個人の成立と近代への２つの道の分岐

①呪術の否定

仏教を広めるための説話集『日本霊異記』（787〔延喜６〕年）とキリスト教を庶民に伝えるための説話集『奇跡をめぐる対話』（1223年）を比較する。

ヨーロッパ社会にも贈与・互酬の関係はあったが、12世紀以降キリスト教の浸透によって転換した（古代ユダヤ社会、古ゲルマン社会）。キリスト教の浸透によって、それまでの贈与・互酬の関係は神が媒介することになった。

キリスト教によって、大宇宙と小宇宙との関係も否定され、世界はひとつの宇宙の下で理解されるようになった。具体的には呪術の否定として現れた。呪術が否定されていく過程でヨーロッパは近代社会を準備することになる。その中で個人が成立した。

②共同体社会と個人の誕生：贖罪規定書の歴史的意義

贖罪規定書とは贖罪を必要とする罪の目録であり、告解を聞く司祭のためのハンドブックである（注・贖罪とはキリスト教の用語であり、善行を積んだり金品を出したりするなどの実際の行動によって、自分の犯した罪や過失を償うこと。罪滅ぼし）。

この書によれば、自分の罪を告白することを恥じてはならない。神のほか罪を犯さない者はいないのだから。何より大切なことは自分で罪を追求し、自分に罪があることを告白することなのだ。罪は病気の一種と考えられており、大宇宙から入り込むと考えられている。罪も対象化される。したがって、精神的な悔い改めよりも、教会による罪が科せられていた。

贖罪規定書の中では11〜12世紀すでに呪術が全面的に否定されていた。家を建てるときや結婚に吉日を選ぶことを禁じていた。また呪術に関わることも禁じていた。

個人の成立とは内面の発見であり、告解によって一人ひとりが自分の内面と

向き合うことになった。罪の意識が内面の問題として定着した。告白の中で自己の罪を語るわけであるから、自己を語るという行為こそが個人と人格の出発点である。

12世紀近代的個人の成立である。

重要な点は、個人の成立は世間の解体であり、（西欧流）社会の出発であった。

個人としての人間は長いこと他の人たちに基準を求め、他者との絆を顕示すること（家族、忠誠、庇護など）で自己の存在を確認してきた。彼が自分自身について語りうるか語ることを余儀なくされている事実の言説によって他人が彼を認証することとなった。

事実の告白は権力・教会による個人の形成という社会的手続きの核心に登場してきたのである。

阿部説によれば、日本でのキリスト教と同じ役割を背負って登場したのが親鸞であった。世間と仏教との接点の歴史に中で、真宗教団が果たした役割は重要な意味を持っていたとされる。今後の課題であるが、次の点を指摘しておく

③親鸞・真宗教団の思想と世間——「門徒世間知らず」

親鸞は旧仏教が朝廷と結びつき王法と仏法が一心同体の関係にあるその教えを批判し、大衆の側に身を置いた「非僧非俗」を説く。末法の地獄にあるからこそ、如来の本願が必要だ。末法の世にあるからこそ救済の道が開ける（末法思想）。

「善人が救われる、なおもて悪人においてをや」（非行・非善、悪人正機説）と「念仏他力」が強力に説かれた。教義は徹底的な否定の思想であった。善も善人も、自力も、父母の追善供養も、弟子も義も、学問も、否定される。これらの否定は徹底しており、他に全く見られない。「門徒世間知らず」と言われるほど、中間要素を否定した。正しい念仏者は諸神、諸仏の権威を恐れる必要が無くなった。領家・地頭・名主に支配されていた農民が念仏者となり、道場を中心とする横の組織がつくられた。念仏衆には「階級の上下や僧俗の区別がなく在家止住である」と言われ、門徒たちは互いに同行・同朋と呼んで、結び

ついていた。このような同胞集団は門徒の老を中心として結び、寺院を待たない、道場を共同で維持し、土地や建物などは門徒惣中の共有であった。彼らが初めて日本で平等観を打ち立てた。講は部落の門徒農民の同族的結合ではなく、血縁を超えた地縁的な結合体であった。地縁的結合も村ごとの結合ではなく、村や郷を超えた広大な地域にわたるものであった。

(3) 日本の社会の特徴をどう見るのかという問題

加藤周一は次のように指摘する。「日本文化の特徴の多くを、比較的数の少ない基本的特徴——競争的集団主義・現世主義・現在主義・独特の象徴体系——に関連させて、統一的な全体として説明しようと努めました」[21]。

加藤周一が描く日本の「社会の文化的特徴」と阿部謹也が描く「世間の特徴」とは酷似している。実在している社会の在り様と人々の生活の形を対象領域とする限り、視点が似ているということであろう。ただ、一方は「文化の特徴」とし、他方は「世間＝社会の特徴」とするのであるから方法の違いは歴然としている。

　　集団主義的社会と個人主義的社会との対照は日本の社会と欧米社会から鋭く区別するためには役立つが、アジアの社会から区別するには役立たない。集団内外の競争の激しさは巧妙な仕掛けを備えている。責任を集団全体でとるという仕組みです。失敗があっても個人の責任者をはっきりとさせない。集団の責任者でさえも必ずしも責任を取らない。一億総懺悔論はその典型です。みんなに責任があるということは誰にも責任がないということです[22]。

　　日本文化が定義する世界観は基本的には常に此岸的＝日常的現実的であったし、今もそうである。例えば、誰かが死んだとき死者の魂はどこへ行くか？　しばらくの間、どことも定めず空中に漂っている。村の見える所で見守っている（柳田國男）。お盆になると帰ってくる。帰ってくるところは必ず自分の村、自分の家族のところです。つまり生きていた時の集団への所属性は死んでも変わらない。日本人の集団所属性は死よりも強いということで

す。究極的には此岸から断絶し、独立した彼岸はない。(日本人にとって)家族、村、此岸、これが唯一の究極的な現実です。世界観の此岸性は何を意味するか？　仏教からその彼岸性を奪う変化を世俗化と呼ぶとすれば、徳川時代に仏教の世俗化が徹底する。個人が集団に高度に組み込まれている条件の下では、家、村、藩、国家に超越的な権威や価値へコミットすることは困難である。逆にそういう価値がないからこそ、個人が集団の利益に対して自己を主張することができない。超越的価値に束縛されない文化はどこへ向かうでしょうか。宗教戦争が起こりにくい。社会の現状を否定するためには、現状から独立した価値が必要であり、そういう価値がないところではユートピア思想が現われない。個人的な行動様式としては便宜主義、大勢順応主義、現実主義が典型となる[23]。

　もうひとつの特徴は「現在主義」。これは絵巻物に時間観が表現されている。絵巻物は話の前後から切り離して、絶えず現在の場面だけを見る。全体を見ることはできない。
　西欧ではキリストの受難という時間的に長い出来事を一枚の絵に描いている。こうした時間的経過の空間的表現は日本にはない。
　「絵巻物の世界だけでなく、現実世界でもそうです。日本では状況は『変える』ものではなく『変わる』ものです。(したがって)突然の状況変化に対応して素早く反応する技術—心理的技術が発達する。日本外交も見通しがないが、素早く反応することを得意とする。鎌倉時代の美術から今日の外交まで、日本文化の現在主義は生きている」[24]。

(4) 個人を取り戻す道はあるのか——〈世間〉と闘うこと——

①世間との闘い
　個人を取り戻す道は歴史への参加を通じて〈世間と闘う〉ことだ。この阿部謹也の結論は興味深い。

世間の中の日常生活には普段歴史はほとんど影を投げかけてはいない。人々が歴史に関心がないかと言えば、そうではない。歴史好きは膨大な数に上っている。歴史は自分の近くを流れている大きな時の流れであり、それを眺めることは1つのドラマを眺めるようなものだ。歴史をドラマのように楽しんでいるのである。縁者が少しでも関係を持っている場合は歴史への関心はさらに深くなる。それでも歴史は自分が参加しているドラマとは思っていない。自分が加わっている時の流れは自分の『運命』だとして甘受している[25]。

　日本の社会では、1人の個が個として生きていくことが困難な社会である。世間のしきたりに合せて自分の暮らしだけでなく、子供をも教育しなければならない。日本の社会の中で、個人は正当な位置を持っていない。個人に正当な位置を取り戻すにはどうしたらよいのか？　世間のなかで閉塞させられてきた個人を解き放たなければならない。それは西欧の個人の歴史をなどる様なものであってはならない。西欧の個人は人間を世界の覇者として位置づけ、他の動植物を人間に奉仕するものと見なしてきた。そのようなキリスト教的な人間理解を私たちは共有できない。それとは異なった歴史を持っている（日本霊異記の世界）。人間はこの世界の覇者ではない。むしろこの世界の破壊者である。それ故人間を抑制することが必要である。私たちは歴史への接点を求めている。何よりもまず個人が世間から自立しなければならない。そのためには世間と闘わなければならない。世間は全体として『ことなかれ体質』を持っている。世間と闘うことによって、私たちは歴史への展望を開くことができる。歴史は闘うものにしかその姿を現さない。世間を歴史として対象化する。世間そのものも歴史に他ならない。世間の中に視野を限定している限りは『歴史の囲われた租界』として歴史そのものの動きを直接には反映していない。世間と闘い、対峙する中で、日本独自の個人が生まれる可能性がある。その個人は世間をも歴史としてみることができるからである[26]。

② 日本精神の位置づけ

　こうした「世間と闘う」ことに到りついた阿部謹也の思想は、世間論を文化論とせず、日本的社会観の領域で受け止め、その領域で論議を組み立てたからではないかと私は思う。

　日本の保守思想には、さまざまな歴史的変化にもかかわらず、古来から一貫した日本精神があり、日本の歴史的発展はその日本精神の本質を具現する形態であるとして、天壌無窮の絶対的なものとして「日本精神」を位置づけ、天皇制や神の国のバックボーンにしている。

　丸山真男の有名な古層論もこうした日本思想の特異性との闘いであって、日本文化の固有性、特殊性をどう抉り出し、歴史を民衆の側に取り戻すかという思想的闘いであった。従来「文化の領域」におけるこうした闘いとは角度を変えて世間論として、社会論の中で問題領域を設定することで〈世間〉と闘う意味を発見し、個人の自立と解放、歴史を取り戻す道を提言していると思われる。

注
1）　シュテファン＝ルートヴィヒ・ホフマン著／山本秀行訳『市民結社と民主主義・1750〜1914』岩波書店、2009年、145頁。
2）　丸山弘志報告「東日本大震災でのボランティア活動の100日」『FORUM OPINION』Vol. 14、NPO現代の理論社会フォーラム発行。
3）　『朝日新聞』2011年8月5日付、ひと欄：藤村望洋（67）。
4）　『朝日新聞』2011年7月28日付。
5）　レベッカ・ソルニット著／髙月園子訳『災害ユートピア』亜紀書房、2011年、10頁。
6）　同前、11頁。
7）　同前、12頁。
8）　同前、429〜430頁。
9）　生松敬三著『社会思想の歴史』岩波現代文庫、2002年、2頁。
10）　竹沢尚一郎著『社会とは何か？』中公新書、2010年、目次。
11）　植村邦彦著『市民社会とは何か』平凡社新書、2010年、21頁。
12）　澤井繁男著『ルネサンス文化と科学』山川出版社、1996年、45頁。
13）　竹沢前掲書、39頁。

14）　エンゲルス著／大内兵衛訳『空想より科学へ』岩波文庫、1946年。
15）　竹沢前掲書、72頁。
16）　同前、86頁。
17）　生松前掲書、104頁。
18）　生松前掲書、107～109頁。
19）　広井良典著『コミュニティを問いなおす』ちくま新書、2009年、68頁。
20）　以下、阿部謹也の著作からの引用・要約である。『世間とは何か』講談社現代新書、『日本人の歴史意識』岩波新書、2004年。
21）　加藤周一ほか『日本文化のかくれた形（かた）』岩波現代文庫、2004年、46頁。
22）　同前、24～26頁。
22）　同前、29～31頁。
24）　同前、36頁。
25）　阿部謹也著『日本人の歴史意識』岩波新書、2004年、190～191頁。
26）　同前、199～204頁。

③ 「新しい市民社会」形成と日本国憲法の課題

内 藤 光 博

はじめに

　冷戦崩壊後の1990年代以降、「市民社会」に対する再評価と新たな意味づけについての論議が、哲学や社会科学の分野で活発になされている。
　この背景には、20世紀を規定づけていた自由主義体制と社会主義体制の対抗的構造（東西冷戦）が崩壊し、市場原理主義に立つアメリカ型資本主義がグローバル化するとともに、旧社会主義国や発展途上国が市場原理を採り入れることにより、新自由主義的グローバリゼーションが実現したこと、これにともない福祉国家原理が世界的に後退するとともに、発展途上国はもとより先進資本主義国にも貧困格差が拡がってきていることなど、これまでの国家の機能や社会のあり方が大きく変貌を遂げてきていることなどがあげられる。
　こうした歴史的文脈の中で、「状況を前進的に切り開くための主体、活動方法、活動の方向と目標（実現すべき社会の理念）」[1]が模索され、その手掛かりとして「新たな市民社会論」が論じられているのである。
　これを裏づけるものとして、「現代の市民革命」と目されている東欧革命からはじまり、アメリカのイラク戦争をめぐる世界的反戦運動、あるいはヨーロッパを中心とする反グローバリゼーションの運動などへと続く、「普通の市民」による政治変革・国家や市場に対する異議申し立て運動、あるいは、国家でも企業でも国際機関でもない、平和・環境・貧困などさまざまな世界問題の解決

をめざす NGO の組織化と活動の潮流の中に、国籍・人種・民族・性別などさまざまな違いを超えた人々の、グローバルなつながり（連帯）の形成と、人々の「新たな公共空間」が作られつつあることを見ることができる。

　日本国内においても、これまでの反戦・平和問題、消費者問題や環境問題などをテーマとする市民運動に加え、1990年代から、阪神淡路大震災を契機として、政治的・経済的・社会的問題について政府や企業に対抗する NPO をはじめとする市民団体の活動と実践が注目されてきている。

　さらには、2011年3月11日に発生した東日本大震災（3・11）では、被災者の救済に多くのボランティア団体や個人が加わり救援活動に従事するとともに、とりわけ大震災による福島第一原発の事故による放射能汚染問題では、全国規模で市民による反原発・脱原発を求める集会や運動が展開されている。

　このように、1990年代以降、国家あるいは政府の領域でもなく、大企業を中心とする市場の領域でもない、第三の領域、いわゆる「市民社会」が、市民参加の拡充を通じて、世界的に拡大してきている[2]。この新しい現象は、国家でもなく、従来論じられてきた階級格差を基礎とする経済社会としての市民社会とも異なる「新しい市民社会」を生み出したと見ることもでき、現にこうした視点からの議論が活発化している。

　そこで本稿では、現代の「新しい市民社会」をどのように理解したらよいかという基本的視点から、「市民社会論」の系譜を概観したうえで、1990年代の「新しい市民社会論」の代表的論者であるドイツの社会哲学者ユルゲン・ハーバーマスの議論を検討したのちに、日本の市民法学における異なる2つの「市民社会論」を検討し、最後に、憲法と「新しい市民社会」に関わる問題点を論じたい[3]。

1. 伝統的「市民社会論」の2つの系譜

(1)「市民社会」の歴史性

「市民社会」という言葉は、歴史的な概念である。「市民社会」という言葉は、「西欧における哲学・思想において、また政治学を中心とする社会科学において、もっとも古くかつ基礎的な理論であり続けた。市民社会論をめぐる古代から現代に至る展開は、その対象とする『市民社会』自体の歴史的変遷にそくして、多義的な内容を示してきた」[4]と言われている。すなわち、その時代を生き、それを使う者の社会的・経済的立場や考え方により、別の時代にその言葉を用いた者とは、全く異なる意味づけがなされてきたのである。

したがって、「市民社会」という言葉もまた、歴史的系譜を辿ることにより、それが、歴史的に、いかなる文脈において、どのように使われてきたかを検証したうえで、現代の「新しい市民社会」の概念を明確化することが重要である[5]。

(2) 伝統的「市民社会論」の2つの系譜

「市民社会」については、これまで、哲学・社会科学の分野において、「国家」との関係を機軸に論じられてきている。伝統的な「市民社会論」は、歴史的文脈の中で、次の2つの見解に分かれている[6]。

①国家を包摂した共同社会としての市民社会論

この見解は、「国家」を市民たちが社会契約によって設立した機関として理解する考え方である。そこでは「国家」は、共同体としての市民社会に包摂されるものと位置づけられ、水平的な関係に立つ市民からなる「市民社会」は、国家に先行し、優位するものと理解する。

ヨーロッパでは、「市民社会」という言葉は、古代ギリシャの哲学者アリス

トテレスの「国家共同体」の訳語として使われ始めた。17世紀には、ロックやルソーなどの社会契約論や独立当時のアメリカの議論では、「自然状態」対「国家社会」という図式が提示された。そして国家は、人々の契約により構築され市民社会の中に位置づけられ、市民社会を独立で自由な市民たちが構成する政治的構成体と理解し、国家は市民たちが社会契約に基づいて創設した機関にすぎないとした。

また、産業社会の発展の中で、古典経済学のアダム・スミスは、「市民社会」について、社会契約論と同様に、市民社会が国家を創設したものと位置づけた。しかしスミスの主張は、社会契約論とは異なり、市民社会を、歴史的発展段階の中に位置づけ、「国家を形成した」社会を、「分業に基づく商品交換の発展」という歴史的文脈の中で理解し、「商業社会としての市民社会」と、そこで生ずる諸問題に対応するための「国家」とを区別し、国家・市民社会の二元的理解を示した上で、国家や「商業社会としての市民社会」を所与のものとするものであった。

② 「経済社会」としての市民社会論

この見解は、「市民社会」を、市民が水平的に関わり、相互の経済的利害が衝突する「経済社会」として捉える見解である。これに対し「国家」は「経済社会としての市民社会＝ブルジョワ社会」を統括する役割を持ち、市民社会とは別の原理にたって、市民社会に優位すると位置づける。

国家と市民社会の二元的理解は、ヘーゲルやマルクスに受け継がれていくが、「市民社会」概念に、それまでとは異なる意味づけを行った。ヘーゲルは、「市民社会」を「国家」とは区別される「欲望の体系」と定義し、「経済社会」へと意味転換させた。マルクスは、そのヘーゲルの「市民社会」概念を引き継ぎ、「市民社会」という言葉を「資本主義社会（ブルジョワ社会）」という語に置き換え、そこに内包する矛盾（資本家による労働者の経済的抑圧と搾取）の解決のために、乗り越えるべき存在と考えた。マルクスは、市民社会がこの矛盾を解消するならば（すなわち、革命による対立の克服）、最終的に国家は市民社

会に吸収され、自由な社会が発展すると考えたのである。

(3) 戦後日本の「市民社会論」の特質

社会思想史の植村邦彦によると、日本で「市民社会」という言葉が初めて使われたのは、1923年の佐野学によるマルクスの『経済学批判』の邦訳においてであったとされ、1930年代以降、社会問題を生み出す矛盾を内包した「経済社会」をさす概念として、定着したとされる[7]。つまり、戦前の日本では、「市民社会」は、マルクス主義の影響の下で、「市民社会」＝「資本主義社会（ブルジョワ社会）」という図式に基づく、克服されるべき対象とされてきたものといえよう。

これに対し、政治学の山口定は、戦後の「市民社会」概念をめぐる論争について、大塚久雄、丸山眞男、川島武宜、内田義彦、松下圭一、望月清二、高畠通敏、平田清明、篠原一などの「市民社会論」をもとに、その系譜を次のようにまとめている[8]。

> 　第二次世界大戦直後に、……大塚久雄、丸山眞男らの「市民社会青年」といわれたリベラル派によってクローズアップされたが、「市民社会」＝「ブルジョワ社会」としてこれを弾劾するマルクス主義の強い影響もあって、「市民社会」者イコール「市民社会主義」者では必ずしもない、というわが国独特の複雑な事情が絡んだ展開となった。つまり、一九六〇年の安保闘争の高揚の中で、「市民主義」は学界から社会運動のレベルへ浸透しはじめたが、「市民社会」概念そのものは、高名な市民派の代表者たちを含めて多くのリベラル派知識人にとってアンビバレントな態度で受けとめられる言葉のままであり続けた。そして、高度経済成長の果てに訪れた八〇年代のバブル経済の中では、表面的な経済的繁栄への謳歌とあいまって起こった全般的保守化の波に飲み込まれそうになったのを、平田清明らの、広い意味でのグラムシ派知識人と一部の市民運動の活動家たちの努力によって生き続けたのち、九〇年代に入って、世界的な規模での「市民社会」論ルネッサンスの中で蘇っ

た。

　この点に関連し、ドイツ法・比較法社会論の広渡清吾は、山口定の研究を参照しつつ、とりわけ戦後日本の社会科学における「市民社会論」について次のように述べている[9]。

　一方でマルクス的な「経済社会としてのブルジョワ社会」として「市民社会」を歴史的に認識する立場が広がっており、他方で戦前日本に市民社会が成立しなかったという「反省」と日本社会後進論とが結びついて、戦後における市民社会の確立を価値的な目標とみなす立場が重なって存在した。市民社会論は歴史的な対象としての市民社会の分析であると同時に、日本社会のあるべき（来るべき）姿を論じる規範的社会論というニュアンスを持つ独特なものとなっていたのである。

　つまり、1980年代までの日本の「市民社会論」をめぐる論争は、戦前に市民社会が成立していたかどうかという議論を背景に、市民社会概念の「歴史的性格」と「規範的性格」という2つの論点をあわせもつ特殊日本的なものであったといえよう。そこでは、市民社会をもっぱら「経済社会」と理解する立場が有力であり、そこでの矛盾の解消をめざすものであったといえる。

2. 1990年代の「新しい市民社会論」の登場
——ハーバーマスの「市民的公共圏」論を中心に——

(1) 「市民的公共圏」と「新しい市民社会」

　東西冷戦終結後の1990年代に入り、前述の2つの「市民社会論」とは異なる「新しい市民社会論」が提唱された。本章では、その代表的論者であるユルゲン・ハーバーマスの「新しい市民社会論」について論ずることとする[10]。
　1980年代後半に始まる東欧革命の展開に大きな衝撃を受けたハーバーマスは、

「市民的公共性」あるいは「市民的公共圏」という概念を用い、市民が自由なコミュニケーションによって議論し、公共的意見を形成していく場として「市民社会」を再定義した。

彼によれば、ここにいう「市民的公共圏」とは、歴史的には、次のように形成されたという[11]。すなわち、市民的公共圏は、18世紀および19世紀初頭のイギリス・フランス・ドイツにおいて、国家から分離された社会との連関の中で成立してきた、生活の再生産が一面において私的形態を取り、他面で私的領域の総体としての公共的重要性を帯びてくるにつれて、「社会」は独立の活動圏として成立した。私人相互の間の交渉の一般的規制は、こうした公共の関心事となったが、やがて私人たちがこの関心事をめぐって公権力に対して行った対決の中で、市民的公共性はその政治機能を揮うようになった。公衆として集合した私人たちは、私生活圏としての社会を政治的な主題とした。

このようにハーバーマスにとって、「市民的公共空間」とは「公衆として集合した私人たちの生活圏」であり、彼の「市民社会」(Zivilgesellshaft) 概念は、ヘーゲルやマルクスの市民社会 (bürgerliche Gesellshaft) 概念とは異なり、「労働市場・資本市場・財貨市場をつうじて制御される経済の領域という意味はもはや含まれ」ず、「〈市民社会〉の制度的核心をなすのは、自由意志に基づく、非国家的・経済的な結合関係」であるとする。そして「新しい市民社会」の担い手となるのは、教会、文化的なサークル、学術団体、独立したメディア、スポーツ団体、レクリエーション団体、弁論クラブ、市民フォーラム、市民運動、同業組合、政党、労働組合、オールタナティブな施設など広範に及ぶ[12]。

また、ハーバーマスは、「市民的公共圏」と関連づける「新しい市民社会」生成の背景を、次のように説明している[13]。

> 市民社会という概念の株価が上昇しているが、これは国家社会主義体制の批判者たちが、全体主義による政治的公共圏の破壊にたいして加えた批判によるところが大きい。……全体主義の支配が諜報機関組織の監視下に隷属させるのは、まさにこうした市民のコミュニケーション的実践にほかならない。

東欧や中欧での革命的変化は、このような分析を裏書した。こうした変化が〈公開性〉を標榜する改革政策によって引き起こされたのは、たんなる偶然ではない。あたかも社会科学上の大規模な実験がなされたかのように、平和的に行動する市民運動の圧力が増大することによって支配装置が革命を被るという事態の判例は東ドイツで見られた。そして、こうした運動のなかから、国家社会主義の廃墟のうちですでに目立つようになっていた新しい秩序の下部構造がまず形成された。革命を先導したのは、教会、人権擁護団体、エコロジーやフェミニズムの目標を追求する反体制サークルといった自発的な結社だった。

(2) 討議民主主義と「新しい市民社会」論

しかし、ハーバーマスは、「市民的公共圏」および「新しい市民社会」の生成と特質について、西欧社会では、以上のような東欧革命における自発的結社の生成とは異なり、民主主義的な制度枠組みの中で設立されたものであったという[14]。それは、彼の「コミュニティー的行為の理論」および「討議（熟議）理論」を基礎に、次のように論じられている[15]。

現代の市民社会とは、マルクスおよびマルクス主義のいうような、私権にもとづいて構築され、労働・資本・財の市場によって制御される経済を表すものではもはやない。むしろその制度的核心をなすのは、自由意思にもとづく、非国家的・非経済的な共同決定および連帯的結合であり、これらの決定と連帯的結合によって、公共圏のコミュニケーション構造は生活世界の社会構成要素に根をもつことになる。いずれにせよ自生的に成立した団体・組織・運動は、社会的問題状況について、私的生活領域の中に存在する共感を取り上げ、集約し、増幅して政治的公共圏へと流し込むのであるが、このような団体・組織・運動によって市民社会は成り立っているのである。市民社会の核心をなすのは、成立した公共圏の枠内で一般的関心を引く問題のために問題解決討議を制度化する、連帯的結合に関する制度である。こうした

「討議デザイン」は、平等主義的で開かれた組織化形式を有する点に、コミュニケーションというそれがもつ本質的性質が映し出されており、そうした「討議デザイン」は、コミュニケーションを軸として形作られ、コミュニケーションに連続性と継続性を付与するのである。

(3) ハーバーマスの「新しい市民社会論」に対する評価

ハーバーマスの「新しい市民社会論」では、マルクス・ヘーゲル的な国家と社会（経済社会）の二元構造を脱し、「非国家的・非経済的な連帯的結合」により自生的に成立した団体・組織・運動体（自発的結社）という「市民社会の主体」である市民からなる団体・運動に焦点をあて、これまでの平和問題・環境問題・労働問題、ジェンダー問題、エスニック問題などとともに、1990年代以降顕著となったグローバリゼーションにともなう貧困・格差問題や生活者の生活保障の諸問題など市民の日常生活（生活世界）に関わる問題をめぐりさまざまな活動を展開している実態を評価し、「市民的公共圏」として「市民社会」の再構成を行ったものということができる。

こうしたハーバーマスの「新しい市民社会論」に対する評価について、広渡清吾は、「ソ連・東欧圏の社会主義体制が崩壊し、資本主義のグローバリゼーションが進行するなかで（環境問題と人類の存続問題のグローバリゼーション化でもある）、それらの認識を与件としたうえで、現代における市民の活動する場としての公共圏の（近代公共圏と異なる）新たな位置づけと役割を論じたものであ」り、「市民の協働と連帯の活動に可能性をみる立場において、その戦略的展望が現代的で、かつ限定的である点において、新しい特徴を示している」[16]とし、「市民の民主主義的活動をてこにした資本主義社会の全体的変革の戦略を不可能なものとみなし、市民社会・公共圏がコミュニケーション的統合を果たしつつ、公共的意見の形成によって政治システムに対する影響力を行使し、コミュニケーション的世界を防衛する戦略を示したものであり、その限りで民主主義運動の陣地は後退している」[17]とする。

3. 日本の民法学における1980年代以降の2つの市民社会論

　日本の法律学で、市民社会に着目し、その法的意義を追究してきたのは、主として民法学であった[18]。民法学では、1980年代末頃から、市民社会を経済社会とは捉えない「新しい市民社会論」が論じられてきている。ここでは、代表的な2つの学説を取り上げ、比較・検討してみたい。

(1) 広中俊雄の市民社会論

①民法解釈の基礎としての市民社会

　民法学の広中俊雄は、彼の民法体系書において、「市民社会」を媒介として、民法を把握するという方法論を提示している。その見解は以下のとおりである[19]。

　第一に、「公法」から区別されるものとしての「私法」の一般法として「民法」を位置づけることを問題視し、「市民社会」概念を用いて、民法を把握すべきこと、第二に、その方法としては、「『公法』・『私法』観念の呪縛を断ち切り、民法典の編別や条文の表面的印象をしりぞけ、法の形成・存立の基盤である社会の次元にたって、なされるべきである。方法としては、市民社会に成立する諸秩序と関連させつつ民事裁判の実態的基準を具体的に日本で立法および判例の中で確認していくことをとおして実質的意義における民法を把握する、という方法がとられるべきことになる」とする。

　この見解は、民法解釈の方法に関わるものであるが、解釈の基礎となるのは「市民社会に成立する諸秩序」である。

　まず広中は、「市民社会」の概念と日本での市民社会形成について、次のように述べている[20]。

　第一に、「市民社会」とは、1）資本制的生産関係を支配的な生産関係とし、2）権力分立を基調とする民主主義的形態の国家をもち、3）人間（人格）の尊厳を継承する社会的意識の一般的浸透を導いている社会、である。しかし、

このような「市民社会」の概念は、西ヨーロッパやアメリカの諸社会の法との比較観察が有用であるための要素、すなわち比較される各社会に具備されていることが有用性の条件と考えられる要素であり、一種の理念型であるとする。

　第二に、日本における市民社会の形成は、明治以降、１）の資本制的生産関係は現実化されてきたが、２）の権力分立を基調とする民主主義国家の形成と３）の人間の尊厳を継承する社会的意識の一般意識の浸透が進むのは1945年の日本国憲法制定以降であったが、1960年代に市民社会の定着が明確になった。

②市民社会に成立する基本的諸秩序

　次に、広中は、上述の３つの要素からなる市民社会に成立する諸秩序をあげている[21]。その諸秩序とは、ａ）「財貨秩序」およびその外郭秩序、ｂ）「人格秩序」およびその外郭秩序、ｃ）「権力秩序」である。広中によると、ここでいう「秩序」とは「社会構成員一般に——平均的に——一定の規範的行動様式を観念させることによってその行動を方向づけるものをいう」[22]としており、上述の市民社会の３つの構成要素に対応して、市民社会の全構成員により認められた規範としての秩序をさすものといえる。

　第一に、「財貨秩序」とは、市民社会の３要素のうち経済的側面である「資本制的生産関係」に対応した秩序である。そこでは、商品交換が社会全体の存立を支える社会過程となり、個々の財貨がすべて商品としての性質を帯びる傾向を持ち、社会構成員は、諸の財貨はそれぞれある者に帰属し、帰属主体の意思に基づいて他のものに移転せしめられるという仕組みを正当なものと見る社会意識を持っている。こうした社会的意識の結実しているものとしての個別主体（人間・会社・国家など）への財貨帰属および帰属主体の意思に基づく財貨の移転の仕組み（財貨獲得秩序と財貨移転秩序）を「財貨秩序」と呼ぶ。そして、そこでは財貨獲得に関する競争が起こることから、「競争秩序」が、労働力という特殊な商品の競争を「競争秩序」から離脱すべきものとする「労働力の売り手の団結権」が外郭秩序を構成する。

　第二に、「人格秩序」とは、市民社会の基本的要素である「人間（人格）の

尊厳を承認する社会意識の一般的浸透を導いている社会」に対応する秩序である。20世紀中葉以降、個々の人間は、生命・身体・自由・名誉その他の確保が各人の生存および人格性の条件であるような人格的利益の帰属主体として観念されるようになり、それにともない、社会的構成員のすべてが、「人格の尊厳」「人間の尊厳」「個人の尊厳」という表現により、人格的利益の帰属主体として扱われるべきであるという社会的意識を有するようになった。すなわち「人格的秩序」とは、すべての人間が人格的利益の帰属主体として扱われる仕組みをいう。その外郭秩序として、人間が生活環境からの生活利益（生活環境において不快な影響を受けない利益）を享受する「生活利益秩序」の仕組みがある。

第三に、「権力秩序」とは、市民社会の基本要素としての「権力分立を基調とする民主主義的形態の国家」の保持に対応する秩序であり、「権力の担い手としての国家を、大小さまざまの利害対立にもかかわらず相互依存的関係にある社会構成員全体の共同の管理に服する形態（民主主義的形態）の国家として組織することにより、権力の編成および機能を正当なものとみる社会意識を社会構成員の間に生じさせる」。このような「権力の編成および機能の総体」を「権力秩序」とよぶ。この「権力秩序」の一環として、市民社会の諸秩序に対応する規範的行動様式に反する行為に対する「法的サンクション」がある。

(2) 星野英一の市民社会論

① 「市民社会」二分論

同じく民法学の星野英一は、民法は「わが国の来るべき社会の基礎をなすものとして『社会のconstitution』であ」[23]り、「『市民社会の法』であるから、現在、とくに将来の社会にとって不可欠の意味を持つ」との認識にたち「市民社会」とは何かを解明している[24]。

まず第一に、星野は、「市民社会」を「広義の市民社会」と「狭義の市民社会」に分けて論じている[25]。

「広義の市民社会」とは「自律して運行する経済社会と権力機構である国家の二元性を背景とし、国家から一応独立した自律的社会であり、経済社会をも

③　「新しい市民社会」形成と日本国憲法の課題　69

含むもの」であるとし、ヘーゲルやマルクスによる「欲望の体系」「ブルジョワ社会」、すなわち「経済社会」であるとする。これに対し「狭義の市民社会」とは、ハーバーマスの言うところの Zivilgesellshaft であるとし、「広義の市民社会」と「経済社会」を除いたものであるとしている

　さらに星野は、「狭義の市民社会」を、社会のある領域、ないしある状態の社会という事実の面（「事実概念としての市民社会」）と、そのような社会の理念ないしそこで実現されるべき規範という面（「規範としての市民社会」）とを区別している。

　「事実概念としての市民社会」とは、「資本主義経済社会の中でその弊害に対して自らを守る団体・活動をも含みつつ、それに尽きない、NPO などの利他的・愛他的団体、さらに学会から趣味の集いにいたる仲間的団体をも含む、広範な自発的団体とその活動」であり、ハーバーマスの「自由な意思にもとづく非国家的・非経済的な結合関係」を想起させるものである。そして、その典型例として、阪神淡路大震災以来とくに活発となっているボランティア団体、協同組合、労働組合、宗教団体、社会事業団、文化団体、学術団体、スポーツ団体、レクリエーション団体、消費者団体、環境保護団体、人権擁護団体などの市民運動団体とその活動、独立したメディアなどがあげられている。

　「規範としての市民社会」とは、これらの団体とその活動を、その背後にあってこれを支える理念の面から捉えたものである。団体としては、一人ひとりがかけがえのない存在であると認められ、自由、平等で自律した人間が自由意思によって取り結ぶ社会、やや詳言すると、それらの人間が自由に設立し、解散することができ、その運営について各自が平等の立場で参画し、自由に脱退する可能性のあることを基本理念とする団体である。

　ここでは、現実に存在する、資本主義経済社会の中でその弊害に対して自らを守る団体・活動（労働組合など）に加え、広範な自発的団体とその活動という実在の団体・組織と、自由かつ平等で自律した人間が自由意思によって取り結ぶ社会という意味での「規範的意味の市民社会」が区別されることにより、現実批判的概念としての市民社会論が示されている。

そして、星野によると「民法とは、自立した平等な人間相互の非権力的で自由な関係が規律する基本法」であるのだから、「狭義の市民社会」を規律する法であるとするのである。

② 「市民社会」と共同体論

第二に、星野は、「市民社会」と「共同体（コミュニティ）」との関係に分析を加えている[26]。星野は、マキーヴァーを引用しつつ、「コミュニティ」とは「アソシエーション」との対比で用いられた概念であり、「アソシエーション」が「諸個人の個別的諸関心を満たすために共同的に作られる」組織等であるのに対し、「コミュニティ」とは「そこで共同関心が自生的に満たされる共同生活の領域」であり「地域性」と「共同性」の要素を含むとする。

星野のいう「狭義の市民社会」は、もともと人がある目的実現のために意思的に形成するものであるので「アソシエーション」を意味し、人間の桎梏となる家族・村落・近隣関係・国などの「古い共同体」は広狭いずれの市民社会からも排除されるが、目的遂行中に、「同志愛」「人間的共感」「人間的親密性」が育まれるにいたった団体・組織は、「新しい共同体」として「狭義の市民社会」においても肯定されるものとしている。

③市民社会と市場経済の関係

第三に、市民社会と市場経済との関係について、星野は「市場経済の価値（メリット）を認めつつ、その欠陥（デメリット）を市民社会によって克服し、修正してゆくことになろう」とし、「領域に引きなおすとすれば、市場経済社会の減退と、市民社会の拡大といえよう」[27]としている。

(3) 小活

以上、1980年代以降の民法学者による2つの「新しい市民社会論」をみてきたが、広中・星野の見解は、対照的であるように思われる。

広中の見解は、市民社会の構造上の構成要素と秩序に焦点をあて、資本制的

生産関係を支配的な生産関係・権力分立を基調とする民主主義的形態の国家の存在・人間（人格）の尊厳を継承する社会的意識の一般的浸透を導いている社会の三要素を基軸にして「市民社会」を捉えている。そして、これらは、人間の尊厳という憲法的価値が一般的に浸透している「市民社会」において、その構成員がそれらの正当性を認めるという社会意識の享有が前提とされている。つまり、市民社会の構成要素に、「個人の人格の尊厳」を基本的な価値として、経済社会（市場）と国家を包摂した「市民社会」として構想されているのである。ここに、「国家と市民社会の二元論」から「市民社会一元論」への契機と、「個人の尊厳」という憲法的価値を中核に据えることから、憲法学的視点から、憲法の市民社会への適用（私人間適用）の問題が生ずる[28]。

　さらに、こうした広中の「市民社会論」は、一方で、そこに盛り込まれた一定の価値を実現した歴史的社会として位置づけられ、日本においては1960年代に「市民社会」は実現されたとしつつ、他方で、「市民社会の諸秩序」は「社会構成員一般に──平均的に──一定の規範的行動様式を観念させることによってその行動を方向づけるもの」としている点で、人々によって実現すべき規範的対象ともされている。

　これに対し、星野の見解は、市民社会を広狭二義的に捉え、広義の市民社会と経済社会を除いた概念として、狭義の市民社会を構成し、民法の適用領域としている。星野の意図は、独自の国家と社会の二元論に立ち、民法を「社会のconstitution」として、憲法とは異なる適用領域をカバーする社会の基本法として、その適用領域の明白化を図るところにあると思われる。しかし、星野は、狭義の市民社会の構成員について、「資本主義経済社会の中でその弊害に対して自らを守る団体・活動をも含み」つつ、ハーバーマスと同様に、広範な自発的団体とその活動を主体としている点、市場経済の価値を認めつつ、その欠陥を市民社会によって克服し、修正していくことにより、市場経済社会の減退と、市民社会の拡大を図るとしている点に、現代的特徴があるといえよう。

　筆者は、「市民社会」を伝統的な「経済社会」それ自体と見る必要はないものの、経済のグローバリゼーションが進み、格差社会・貧困問題が顕在する中

にあって、ハーバーマスや星野のように、人々の日常的な「生活領域」の問題から経済問題を切り離すことには、慎重でなければならないと考える。

4．市民社会形成と日本国憲法の課題

(1) 日本における「市民社会」の形成と日本国憲法

筆者は、明治維新以降の日本の近代化の過程における「市民社会」の形成を次のように理解している。

日本では、明治維新による国家改造（＝西欧モデルの近代化、ただし、明治維新を欧米型市民革命とみるかどうかは議論のあるところであるが）により、広中俊雄のいうところの①資本主義的生産様式は、明治憲法の施行（1890年）を経て、民法施行（1898年）、商法施行（1899年）により、（地主制度などは存在したものの）制度上は一応の完成をみた。しかし、広中の②の民主主義的制度と③の個人の尊厳の原理は、明治憲法上の制約（天皇主権、平等規定の欠如、人権の「法律の留保」による市民的自由の大幅な制約）により阻まれていたのであり、民法上も「家制度」など封建遺制を容認するなど、伝統的な「市民社会」の生成には至らなかった。

日本において、「市民社会」の形成の条件は、第二次大戦後の、「個人の尊重」と自由・平等の保障と民主主義国家の形成を約束した日本国憲法の制定に求めることができる。日本国憲法の下では、「個人の尊重」を基礎とし（13条）、男女平等に基づく普通選挙制度が実現され、市民的諸自由の保障とともに、自由な市民団体の結成を認める「結社（アソシエーション）の自由」が保障され、「市民社会」形成の基盤が確立した。こうした日本国憲法の制定が、「新しい市民社会」形成の基本条件となったのである。

その後、日本国憲法に基づく戦後民主主義の下で、徐々に経済社会をこえた「市民社会」が形成されてきたように思う。こうした「市民社会」形成を促した要因として次のものが重要である。

第一に、戦後の平和運動の思想と普遍性である。日本の市民社会の形成は、日本国憲法の平和主義に基づく反戦・反核・反安保を掲げた平和運動を中心とする市民運動が市民社会形成に大きな影響を与えた。また1990年代には、改憲論の台頭とともに、「九条の会」に見られるように、平和運動としての憲法改正反対運動が、党派を超えた市民運動団体として活発な活動を展開している。

　第二に、学生運動・労働運動の高揚である。戦後の労働運動、とりわけ1960年代から1970年代の学生運動が国家や経済社会に対するカウンターパワーとして市民社会形成を促した。

　第三に、消費者運動・環境保護運動の昂りである。公害問題や諸費者問題に対する市民運動、消費者運動など、「市民」が中心となり、国家に対する政策の見直しや大企業に対する講義を展開し、社会に対して公害問題・消費者問題の重要性をアピールした。

　第四に、1990年代以降、阪神淡路大震災（95年）、そして2011年の3・11の大震災における市民によるボランティアの澎湃、グローバリゼーションにともなう格差社会の到来と反貧困の運動などが展開されてきた。こうした動向は、「特定非営利活動を行う団体に法人格を付与すること等により、ボランティア活動をはじめとする市民が行う自由な社会貢献活動としての特定非営利活動の健全な発展を促進し、もって公益の増進に寄与することを目的とする」特定非営利活動促進法（いわゆるNPO法）の制定（1998年）などとあいまって、国家や市場と対峙する多様な市民団体を生み出した。

　こうした自発的団体の組織化とそれを支える法整備、そしてそれらの運動は、憲法の人権意識をバックボーンとした、共生と連帯の思想に基づくものであり、人間の尊厳を基調とする憲法規範の社会的浸透が背景にあるものと思われる。

(2) 市民社会形成と日本国憲法の課題

①中間団体論と市民社会

　市民社会形成の基盤を作った日本国憲法は、21条1項で「結社の自由」を保障している。結社とは、「多数者が集会と同じく政治、経済、宗教、芸術、な

いし社交など、さまざまな共通の目的をもって、継続的に結合すること」をいい、結社の自由は「団体を結成しそれに加入する自由、その団体が団体として活動する自由はもとより、団体を結成しない、もしくはそれに加入しない、あるいは加入した団体から脱退する、という自由を含む」とされている[29]。すなわち、結社の自由とは、結社を形成する個人的自由であるとともに、結社が団体として、その共通目的を実現のために行う活動について、国家の干渉を受けない団体の自由をも含むものといえる。

また、憲法学説では、憲法20条1項が保障する信教の自由には、個人が他者と宗教団体を結成する「宗教的結社の自由」を含むものとされ、23条の学問の自由からは大学の自治の保障が導き出される。さらには、憲法28条1項の「勤労者が団結する権利」を保障する憲法28条1項は、労働組合結成の自由を前提としている。また判例でも、憲法21条1項で保障される報道の自由を論ずるにあたり、国民の知る権利に奉仕する「報道機関」の報道の重要性を認めている（1969年の博多駅テレビフィルム提出事件最高裁判決）。

このように日本国憲法は、国家と個人のほかに、社会における団体の存在を想定している。憲法学では、こうした団体のことを中間団体と呼ぶ。市民社会が、NGOやNPOなどの市民から構成される団体（中間団体）の活動を中心として構成されると考えるならば、「新しい市民社会」形成にとって不可欠な憲法上の中核的な自由として「結社の自由」が位置づけられよう。

憲法学では、中間団体をめぐる憲法上の位置づけについては、これまで法人の人権をめぐる議論の中で論じられてきたが、通説・判例ともに、法人の活動は自然人を通じて行われ、その効果が自然人に帰属すること、現代社会では法人が社会的実体として自然人と同様の重要な活動を行っていることから、憲法上の基本的人権はその性質上可能な限り法人にも保障されるとする権利性質説をとることにより、憲法上の存在として位置づけられてきた[30]。

しかしながら、一方で、憲法学では、こうした団体（＝中間団体）を憲法に組み込むべきではないとする「中間団体否認」論を展開する説が有力に説かれている。その代表的論者である樋口陽一は、私の理解によれば、大要、以下の

ように主張している[31]。

　1789年のフランス人権宣言には結社の自由が欠落しているが、これは重要なことである。なぜなら、その当時の結社（中間団体）は、教会、家族、同業組合など、封建的身分制度を支える秩序であったからである。そしてそのような中間団体を禁止し、個人を中間団体から解放することにより、主権国家が生み出され、自由で自律的な「個人」をつくり出すことができたのである（「個人主義的憲法観」の確立）。そして、個人が直接国家と対峙する二元的構造が実現することにより、国家からの自由としての人権が成立した。こうした「自由で自律的な個人」の確立ののち、19世紀に至って、自由な諸個人の間で結成される結社の自由ということが、はじめて日程にのぼってきたのである。日本の場合は、こうした歴史回路を通過しないまま、日本国憲法で結社の自由が保障されたが、封建的遺制の残存や近代的な「自由で自律的な個人」の確立が不充分なままに終わり、社会的権力としての団体の人権を個人に優位させる傾向がある。そこで、日本では、フランス革命期の反結社主義がもっていた「個人主義的憲法観」の歴史的意義を再確認する必要がある。

　しかし、一方で、樋口はそうした「個人主義的憲法観」に立ち返ること以外の選択肢を採るとすれば「中間団体を正面から積極的に憲法論のなかに取り込み、意識的に、団体の人権主体性を説くことの意味を吟味し、また、政治的＝国家に対抗する権力分立の担い手としての社会的権力＝団体の位置づけをし、これら団体を媒介とする政治権力行使への参加のさまざまな形態を開発することが、検討されなければならないだろう」とも指摘している[32]。

　こうした樋口の問題定義は憲法と市民社会を考える上で、避けて通れない根源的問題といえよう[33]。

②市民社会への憲法の適用問題
　前述の広中俊雄の議論のように、市民社会を国家と市場を包摂した概念として捉えた場合はもとより、市民社会を憲法に引きつけて論ずる場合、また上述の中間団体論に関わる議論において、必ず問題となるのは（あるいは避けて通

れない問題は)、憲法と市民社会の基本法とされる民法との関係である。この問題は、これまで憲法学では、「憲法の私人間効力論」あるいは「憲法の第三者効力論」として大きな議論を呼んできた。

これまでの憲法学の通説では、憲法の基本的人権は、公権力（国家）との関係で国民の権利・自由を保障するもので、とくに自由権は「国家からの自由」であるとされ、国家に対する防御権であると解してきた。これは「公私二元論」あるいは「国家と社会の二元論」に基づく考え方であり、憲法は国家に向けられた基本法として、私人間、すなわち個々人の社会関係を規律するものではないと考えられてきた。しかし、資本主義の高度化にともない、社会の中に、大企業・経済団体・労働組合など、国家に匹敵するほどの私的団体が生まれ、一般市民の人権が脅かされるという事態が生じた。

憲法学界では、こうした状況に対応するため、理論構築が進んだが、その考え方には、大きく分けて、直接効力説と間接効力説に分かれている。直接効力説は、憲法は、個人の尊厳の原理を基軸に、自然法思想を背景にしながら実定化されたものであり、その価値は実定法秩序の最高の価値であり、公法・私法を包括する全法秩序の基本原則と捉え、すべての法領域に適用されると主張している[34]。

これに対し、現在の通説・判例の立場である間接効力説は、憲法の対国家的規範性を重視し、人権条項の趣旨・目的あるいは法文の内容から私人間にも適用されるものを除き、社会の基本法である民法の概括的条項、とくに公序良俗に反する法律行為は無効であるとする民法90条のような一般条項に、憲法の趣旨を取り込んで解釈適用することにより、間接的に私人（市民）間の行為を規律すべきであると主張している[35]。

こうした憲法学の対応に対し、近年、民法学者から異論が挟まれ、憲法・民法一元論ともいうべき見解が出されている。その代表的論者である山本敬三は、国家と社会の二元論に基づく憲法・民法の二分論について、次のような批判を加えている[36]。

①民法典もまた国家が定めた法律であり、国家法であるのだから、国家の基

本法としての憲法の拘束を受けるはずであるから、社会に関する事柄についても国家が規律を行おうとする限り、憲法が基本法として妥当するというべきである、②日本国憲法13条は「個人の尊重」をうたい、「幸福追求」に対する権利を保障していることから、日本国憲法は個人が互いに相手を同じ幸福追求の主体として尊重しあいながら生きていく社会を理想として、その確保を国家に命じているというべきである。そうであるなら、日本国憲法のもとでは、市民相互の関係についてもまさに憲法が基本決定を行っているという意味では、憲法が社会の基本法であるというべきである。

こうした山本の議論については、前述の広中俊雄の市民社会論に基づく民法の理解に近いものがあるが、憲法学者の多くは慎重であるように思われる[37]。しかしながら、民法2条は「この法律は、個人の尊厳と両性の本質的平等を旨として、解釈しなければならない」として、憲法の基本原理である「個人の尊厳」（日本国憲法13条）に従って解釈・運用されなければならないことを明確にしている[38]。この意味でも、憲法は市民社会における基本法として位置づけられるべきであろう。

おわりに

近年、経済問題や労働問題を含む、社会生活全般に関わる諸問題に取り組む、生活背景を異にする一般市民から構成されるNGOやNPOなどの自発的団体の活動と重要性が注目されている。とりわけ、2011年の3・11の経験から、人々の共感と社会的連帯を基軸とする経済一辺倒の価値観の見直しへの志向性が社会変革への契機となることが期待されるところであるが、その主体となるべきは一般の市民であろう。その変革の枠組みを構築するキー概念として「新しい市民社会」形成が論じられる中、上述のように、憲法学では、伝統的な公私二元論や中間団体論など、憲法の適用領域や人権主体の問題に関わり議論が深められることが、不可欠であるといえよう。

また、本稿では論じることはできなかったが、近年、「グローバル市民社会

論」が論じられている[39]。

　現代社会は、モノ、カネ、情報、文化、汚染、病気、犯罪など、あらゆるものが国境を越え地球上を駆けめぐっている。これは、航空機など交通手段の発展とインターネットの普及に起因するものといえよう。とりわけ、インターネットの普及は、地球上の人々が、「グローバル・エレクトロニクス型のコミュニティあるいは公共圏を形成し、グローバルなレベルで参加や民主主義の生まれる可能性をもつ」といいわれている[40]。いわゆる「グローバル市民社会」の形成である。インターネットの普及にともなう「グローバル市民社会」の形成により、グローバル・イシュー（全地球的問題群）が、国境を越え、多くの人々の共有するところとなっている。このことは、そうした問題群を、日常的に討議し解決を求める公共空間をつくり出している。

　他方で、80年代以降のグローバリゼーションの進展は、いわゆる新自由主義経済のグローバル化をももたらし、貧困・格差問題が地球規模で進みつつあり、いまや多くの地球上の市民が連帯し、議論を行い解決を模索している。

　こうした「グローバル市民社会」の到来は、各国共通の問題として、政治・経済・社会・文化などあらゆる分野の課題のみならずグローバル・イシューをも積極的に取り上げ、大いに論議し、連帯して解決するための、新たな「市民的公共圏」をつくり出す必要があるだろう。

　憲法学も、こうしたグローバル化を視野に入れつつ、市民社会を論じる必要がある。

注
1）　広渡清吾「変革の戦略としての市民社会論」『権力の仕掛けと仕掛け返し』文理閣、2011年、16頁。
2）　星野智『市民社会の系譜学』晃洋書房、2009年、「序章」参照。
3）　「市民的公共圏」概念を媒介に、新しい市民社会形成を憲法学的に検討した文献として森英樹編『市民的公共圏形成の可能性——比較憲法的研究をふまえて——』日本評論社、2003年、を参照。
4）　吉田傑俊『市民社会論』大月書店、2005年、15頁。

5) 市民社会論の系譜をまとめ、論じた文献として、吉田前掲『市民社会論』、星野前掲『市民社会の系譜学』、植村邦彦著『市民社会とは何か──基本概念の系譜──』平凡社新書、2010年、を参照。
6) 以下の記述は、星野前掲『市民社会の系譜学』36〜71頁、広渡前掲「変革の戦略としての市民社会論」237〜238頁に基づく。
7) 植村前掲『市民社会とは何か』161〜170頁参照。
8) 山口定『市民社会論──歴史的遺産と新展開──』有斐閣、2004年、1〜2頁。植村前掲『市民社会とは何か』もほぼ同じ結論を導いている。
9) 広渡清吾「市民社会論のルネッサンスと市民法論」同『比較法社会論研究』日本評論社、2009年、245頁。
10) ハーバーマスの「市民的公共圏論」については、本秀起「現代資本主義国家と『市民的公共圏──ハーバーマス理論の再検討──』」、前掲森編『市民的公共圏形成の可能性』所収参照。
11) ユルゲン・ハーバーマス／細谷貞雄・山田正行訳『公共性の構造転換 第2版』未來社、1994年、iii頁以下。
12) 同前、xxxviii頁。
13) 同前、xxxixx〜xl頁。
14) 同前、xl頁。
15) ユルゲン・ハーバーマス／河上倫逸・耳野健二訳『事実性と妥当性［下］』未來社、2003年、97頁。
16) 広渡前掲『比較法社会論研究』245頁。
17) 広渡前掲「変革の戦略としての市民社会論」36頁。
18) 戦後の日本法学における市民社会論の系譜を探求した文献として、広渡前掲「市民社会論のルネッサンスと市民法論」、同「市民社会論の法学的意義──『民法学の方法』としての市民社会論──」戒能通厚・楜澤能生編著『企業・市場・市民社会の基礎法学的考察』日本評論社、2008年、58頁以下参照。
19) 広中俊雄『民法綱要 第一巻総論上』創文社、1989年、1〜3頁および80〜81頁、同『新版民法綱要 第一巻総論』2006年、1〜3頁および85頁（以下では、『新版』を引用する）。広中の市民社会論を詳細に分析した文献として、広渡前掲「市民社会論の法学的意義」参照。
20) 広中前掲『新版民法綱要 第一巻総論』1頁。
21) 以下の記述については、広中前掲『新版民法綱要 第一巻総論』3〜37頁参照。
22) 広中前掲『新版民法綱要 第一巻総論』2頁。
23) 星野英一『民法のすすめ』岩波新書、1998年、9頁。

24)　同前、69頁。
25)　同前、115頁以下参照。
26)　同前、125頁以下。こうした見解の背景には、憲法は国家の基本法であり、民法は社会の基本法であり、両者があいまって国家・社会の基本構造を構成していると見る、憲法・民法並立論の考え方がある（星野英一『民法──財産法』放送大学教育振興会、1994年、5頁、52頁参照）。
27)　星野前掲『民法のすすめ』128頁。
28)　広渡前掲「市民社会論の法学的意義」64頁以下参照。
29)　芦部信喜・高橋和之補訂『憲法　第五版』岩波書店、2011年、211頁。
30)　同前、89頁。
31)　樋口陽一『自由と国家──いま「憲法」のもつ意味』岩波新書、1989年、109頁以下、『近代憲法学にとっての論理と価値』日本評論社、1994年、119頁以下、同『近代国民国家の憲法構造』東京大学出版会、1994年、35頁以下などを参照。
32)　樋口前掲『自由と国家』186頁、同前掲『近代国民国家の憲法構造』69頁。
33)　現代憲法における中間団体論を検討した論文として、大久保史郎「『中間団体』論の視点と仮題」『立命館大学人文科学研究所紀要』84号、2004年、所収、参照。
34)　山内敏弘・古川純『新版・憲法の現況と展望』北樹出版、1996年、105頁以下参照。
35)　芦部・高橋前掲『憲法・第五版』110頁以下参照。
36)　山本敬三「憲法システムにおける私法の役割」『法律時報』76巻2号、63頁。同「現代社会におけるリベラリズムと私的自治（一）（二）」『法学論叢』113巻4号・5号、1993年、同『公序良俗論の再構成』有斐閣、2000年、参照。
37)　例えば、樋口陽一「憲法と民法──その『緊張』と『協働補完』の関係」『法律時報』第76巻2号、91頁以下。
38)　この規定について、我妻栄『新訂民法総則（民法講義1）』岩波書店、1965年、29〜30頁では、「その思想において、自由主義的法思想を民法全編にわたる、いな、私法関係のすべてにわたる、理念として宣言したもの」とされている。
39)　グローバル市民社会論については、さしあたり、マイケル・ウォルツァー／石田淳・越智敏夫・向山恭一・佐々木寛・高橋康浩訳『グローバルな市民社会に向かって』日本経済評論社、2001年、参照。
40)　星野前掲『市民社会の系譜学』175頁以下参照。

4 民法における家族と市民社会
―― 家族の個人性と団体性 ――

木幡 文徳

はじめに

　市民社会においては、その構成員の主体性を巡って、団体との関係が問題とされてきた。団体による個人の抑圧、個人の団体への埋没などである。そこでここでは従来団体として存在すると見られてきた家族について検討し、家族と市民社会との関係について話題の提供を試みたい。まず最初に総論的に、わが国において民法が家族をどのようなものとして把握し規定しているかを検討し、その視点から、各論的に夫婦別氏の問題を検討することとしたい。

1. わが国の民法における家族

(1) 明治民法における家族

① 「家」団体主義 ―― 家督相続と男尊女卑 ――

　わが国で、民法の対象とする家族像（法的理念型としての家族）が問題となったのは、明治期における民法典編纂過程[1]においてであった。そこで取り上げられることとなった「家」という制度はすでに旧民法（ボアソナード民法）[2]において盛り込まれていたが、周知のようにいわゆる民法典論争[3]において「家」の存在を中心にすえるべきことが主張され、1898年に公布・施行

された明治民法第4編親族、第5編相続はこの「家」制度を基本として規定されるにいたったのである。そこで想定される「家」は直系・無限家族である。「家」の構成員である家族は、その統率者である「戸主」の戸主権という統率権・保護権のもとにあるものとされる。この戸主の地位は、「家督」と称され、「家」に属する財産いわゆる「家産」は祖先崇拝のための祭祀財産とともに、原則的には、長男子により単独で一括して相続されるのが基本的制度である。「家」を構成する家族員は、死亡、婚姻による他家へのあるいは他家からの移動などにより変化しうるが、「家」自体は、構成員の中の一人による家督の相続により統率者に変更はあるものの永遠に継続していくものとされており、その点で、無限家族であると観念されるのである。また戸主の地位と家産は家督相続により、長男子が優先的に継承するものとされるので、家父長的性格が強いものである。とくに男優先的性格は、戸主の正妻に男子がなく女子のみであった場合に、戸主の妾に男子があればその男子が正妻の女子に優先し、夫である戸主が妾の子を認知するとその子は、正妻の子を嫡子というのに対し庶子と称されるものの、戸主となることもあったのである（旧970条）。さらにこの家を中心とする家族における男優先の思想は、妻の行為無能力者としての扱い（旧14条）、妻には財産所有権についての権利能力は認められるが、妻の財産も夫が管理するという夫婦財産制における管理共通制の採用（旧801条）、妻は姦通について処罰され、その事実の存在のみによって離婚原因とされたが（旧813条2号）、夫は人妻と姦通ししかも姦通罪で処罰された場合のみ離婚原因とされるとする夫婦の貞操義務・離婚原因における不均衡、子に対する親権は父親が優先し、母親は父親が知れないときあるいは死亡したときに限り親権者となるとされていたことなどによりさらに鮮明となる（旧877条）。なお、戸主権の具体的内容は、①家族員の居所指定権（従わない家族への扶養義務の免除）（旧749条）、②家族員の婚姻・縁組に対する同意権（750条1項）と同意を得ない家族員の離籍権（750条2項）、③家族に対する扶養義務（家督相続による家産の一括承継の裏面的効果）などであった。このような規定の機能する倫理は忠孝を基とする支配と服従、恩恵の供与であり包括的には戸主と家族員間、縦

の親子関係、長幼の序による秩序の維持(兄弟姉妹、傍系血族間など)、男尊女卑による夫と妻の関係にあらわれてくることになる。

② 「家」の観念性とイデオロギー

　ここで注意すべきは、民法の想定する家族が現に共同体として存在していたのか否かという問題であるが、このような大家族が大多数を占めるものとして現に存在し続けていたわけではなく、後に述べる第二次世界大戦後の新たな家族像の設定以前に相当程度解体・変容していたという事実である。つまり民法の規定する「家」の構成員としての家族は観念的なものであったにもかかわらず、「家」およびその「家」の構成員としての観念は、わが国の社会で広く受け入れられ、実体を有するか否かをはなれて、わが国の社会の文化・意識ひいてはイデオロギーを形成したことの認識が重要である。そしてこの観念は、わが国の戸籍制度によって確立・強化されたということに注意すべきである。つまりひとつの「家」に属する家族は原則として同一の戸主に統率されるものとして同一の戸籍に記載され、戸籍は「家」とその構成員を反映しているとの認識とともに戸籍が特定の共通の「家」に属する家族員であることを認識する具体的指標となり、他方、観念的家族意識を醸成するものとなっていたものと理解されるのである。

③ 明治民法における2原理の並列

　またわが国の民法において、その財産法の領域については、近代市民社会あるいは資本主義経済社会を支える基本法としての性格を有し、わが国の資本主義経済活動の基本法として現実にも適用されてその活動を支える役割を果たしてきたのに対し、家族法の領域は封建的家父長制を基礎とする理念が基本となっていて、民法では財産法と家族法とで2つの異なる原理が支配しいわば同居していたのである。このように同一の法の中で異なった原理が支配し両立していることは、それ自体興味深いことであるが、家族法の領域は財産法の領域と区別されて、一定の自律的規範としての性格を有し、わが国の明治民法ではそ

の対比が際立っていたと見るべきである。さらに、むしろわが国においては、自由で平等な市民が対等な立場で経済活動を行うとされる財産法の領域において家族法の領域の原理あるいはイデオロギーが影響を与えることが少なくなかったことが注目されよう。例えば、雇用関係（家族的経営）や借地借家関係（大家と店子は親子も同然）においてである。

(2) 現行民法における家族

①家族法改正の必然性——家団体主義から個人主義・男女平等——

　第二次世界大戦において敗戦国となったわが国は、連合国の占領下、天皇制国家から国民主権の民主主義国家への再編が求められることとなった。殊に民法家族法の領域の基礎となっている封建的家父長制のイデオロギーが天皇制を維持し全体主義的国家を支えてきたものとして指弾の対象となった。ここに憲法は24条に個人の尊厳と男女の本質的平等・婚姻の自由を宣言し、これを受けて民法もその原理的規定として、1条の2（現2条）に同一の内容の規定をおき、いわば家という団体を中心とする家団体主義から個人主義へと転換がなされたのである。さらにこの個人主義において男女は平等に扱われなければならないということも同時に宣言されたのである。もともと近代市民法においては、市民＝権利能力者は市民として権利義務の担い手として平等に扱われ、その自由意思により法的関係を形成するというのが原則であるから、従来は家族法の領域では原理とされていなかったが家族法の領域にも市民法の原理が共通して適用されることとなったと表現することもできよう。つまり、この戦後の家族法の改正により、わが国の家族法も典型的な近代家族法へと転換したといえよう。近代家族法の特徴としては、個人主義とその個人主義を前提とした夫婦一体主義、夫婦を中心あるいは出発点とする小家族主義があげられるが、わが国の家族法の原理として挙げられる個人の尊厳と両性の本質的平等は、まさにこれらの原則と合致していると考えられるからである。

②民法における家族概念

 1．家族と親族　ところで、わが国の民法には家族という用語は存在していない。つまり家族というものの存在形態については規定していないのである。そこで、ここでは、民法の規定するところから、民法の想定する家族像を析出すべく考察する。まず最初に親族という概念であるが、民法の規定する親族概念は極めて広く、親族間に一般的に認められる身分的法律効果は存在しない。民法では、一定の身分関係にある親族相互の互助義務について規定したり、個々格別の場合に利害関係人として登場することを認めるにすぎないのであり、これをもって家族像とすることはできない。これについては、民法改正の際の論議において、明治民法のそして戸籍の記載によって強化されていた家族概念を残すべきであるとする主張と個人主義を基礎とした家族法への転換を図るべきであるとする主張との対立の中で妥協的に残されたものとの理解が一般的であり、現在では、観念的・情緒的概念であると言ってよいであろう。

 2．家族と夫婦——日常的生活共同体と一体性　次に夫婦についてみれば、民法の規定上夫婦は日常的生活共同体を形成することを前提としていると見ることができ、ここに家族のひとつの特徴が見られると理解されるのである。つまり家族の特徴は日常的生活共同体の形成にあるものとして規定が置かれているものと理解されるのである。その基本的規定は、夫婦の同居・協力・扶助について定めた民法752条に示されるところである。さらに進んで、夫婦についてはその物質的基盤をなすものとして、夫婦財産制が規定されている。わが国の法定夫婦財産制はいわゆる別産制を採用し、夫婦は個々別々に財産を所有・管理することとなっているが、生活費についてはこれを分担すべきであるとしており、夫婦が一体となって子があれば子の分も含めて同程度の生活が維持できるようにすべきものと解されている。いわゆる生活保持の義務と称されるところである。また、日常家事についても夫婦生活共同体における一体性からしてそこから生じた債務については連帯責任を負うとされるのである。さらには、婚姻後に取得した財産は理念的には夫婦共同体の相互協力が基礎となって形成されたとすることから、形式的名義は夫婦の一方とされているものであっても

婚姻関係継続中に取得された財産は原則共有と推定されるべきであるとする解釈論が有力に主張されているが、この見解によればさらに夫婦の一体性は強調されることとなる。これらの民法の規定するところから見れば、民法は日常的共同体である家族のひとつの典型として夫婦を規定していると見るべきであろう。

　3．親子と家族——血縁性と保護・被保護の関係　次に親子について見ると、民法はどのような関係の者を親子とするかという規定を置き、血縁関係を基盤とする実親子関係、血縁関係を擬制し、親子関係を擬制する養親子関係について規定している。これらの規定は親子関係の存在を確定し、その上で、とくにその子が未成熟子である場合には、保護の必要な未成熟子（未成年者）に対し保護を与えるべき者がその未成熟子への保護を怠ることのないように意図されたものと考えられる。そこで、未成年者は父母の親権に服し、父母の側では、子の保護としての親権行使の為に、居所指定権・懲戒権などの権利を有する。そして子の保護・監護にはその子をある程度の支配可能領域に置いておくことが必要であり、それは同じ生活共同体にあることが実効性もあり、必要でもありまた自然なことでもあるということになる。

　このように夫婦・親子に関する民法の規定を見てくるとそこに見られる家族像とは、第一義的には、その原型は、夫婦とそれを親とする親子関係として規定されていると理解してよいであろう。

　4．扶養と家族　次いで、親族間において、経済的な互助の関係が法的に要請される扶養法についてみると、現行民法では、扶養義務を負わされる親族の範囲は、直系血族と兄弟姉妹が原則であり、特別な事情がある場合には、3親等内の親族（血族・姻族の双方を含むことに注意）も家庭裁判所の審判を経て扶養義務を負わせることができるとされている。直系血族には、親子関係も含まれるが、親子関係のうち、親と未成年者＝未成熟子の関係については、親が子を保護することは、親子が親子であるという本質から離れることはできないのであり、扶養で問題にされているようなこの範囲にある親族の一方が経済的援助を必要とする場合（要扶養状態）に、同様にこの範囲にある親族で援助す

ることが可能（扶養可能状態）であるものに、請求によって一方を権利者、他方を義務者とする関係を形成するとする扶養関係とは区別されるべきものであることは、生活保持の義務と生活扶助の義務との区別として説かれてきたところである。家族像の検討の面からすれば、生活共同体という側面から、夫婦そして親子＝未成熟子との関係とは扶養においてその範囲内にあるとされる親族とは区別されるべきものであり、前者が生活共同体を形成するものとしてその経済的援助関係はその本質をなすものであり欠くべからざるものとされるのに対し、後者は可能なときに必要な者に対してなされる二次的なものとされているのである。もっとも、原則的に扶養関係にあるとされる直系血族・兄弟姉妹は、もともと同一の生活共同体の構成員であったことがあることによって扶養の権利義務の形成の範囲内とされていることには注意すべきであろう。

5．相続と家族　最後に相続の規定するところに触れておく。民法は法定相続人の範囲としては配偶者を常に相続人とし、配偶者と並んで相続する血族相続人として第1順位子・代襲相続人[4]、第2順位尊属、第3順位兄弟姉妹・代襲相続人（但し甥姪のみ）としている。この規定からは何よりも夫婦の経済的共同関係を強く意識していることと、次いで、縦の関係としては親子・孫の関係を第一義的な経済的共同関係として考えていることであり、それ以外は2次的3次的なものとして把握されているといえよう。また、第3順位の兄弟姉妹には遺留分[5]が与えられておらず、遺言により相続関係からの排除も可能なこととされている。したがって、ここでも民法の家族像は夫婦、そして親子を中核とするものであることが析出されるのである。

このように、夫婦、親子、扶養、そして相続の規定をみるとわが国の民法は、婚姻による夫婦を起点・中核とし、そこから創造される親子を原型としたいわゆる婚姻家族を理念型としていることは明確であろう。

③家族関係形成の本質的要素

1．婚姻関係の本質的要素——自由意思と性愛　近代市民社会を形成する市民は、前にも述べたが、自由な意思により、自己の関係を形成するところに重

要な特徴がみられる。この点を民法の家族像との関連で捉えれば、夫婦関係を構成する婚姻は、民法では、当事者の合意により届出をすることにより成立するものとされ、自由意思を制限・束縛するものは存在しない。もっとも婚姻障害[6]とされるものがあるが、これは当事者の保護あるいは伝統的な倫理観あるいは科学的な裏づけを持った合理的な制限と一応理解されよう。これら、現在婚姻障害とされる事項は、価値観の相違などにより検討の結果変更の余地があるとされるものもあろうが、当事者の自由な意思決定に不当な干渉を加えるものとまでは言えないと評価されよう。ただ重要なのは、婚姻の合意は、財産法の契約における合意とは異なり、意思として相対立するものではなく、婚姻制度に向けてその関係を成立させるための合意であり、むしろ制度に向けられた同方向に収斂する合意であると理解されるのである。さらには、この合意に基づく関係は、「性愛」という特殊な肉体的・精神的行動に支えられて理念的には永続性の期待されるものとされるのである。このことは婚姻関係から創造される子の監護・養育については、婚姻関係が男女の関係として一定程度継続し安定したものであることが適切であるとの経験則的認識とも結びついているものと理解される。

　この婚姻関係を形成する意思表示は、身分行為意思の中でもより純粋に行為者自身によることが求められ、代理にはなじまないものとされる。さらに、婚姻関係の解消については、わが国においては、協議離婚という解消を当事者の合意に全面的に委ねる方式を認めており、この点については少なくとも理念的には当事者の自己決定という市民社会の理念を貫徹させていることもここで指摘しておく。

　2．**親子関係の本質的要素──血縁関係の存在**　次に親子関係であるが、実親子関係については、男女の生殖行為による女性の出産という行為によって形成される。したがって、実親子関係における法関係は意思決定による他の法関係の創出とは極めて異なっているといえる。つまり血縁関係の存否をもって法的親子関係の存否としているのである。近時のいわゆる生殖補助医療の発展による親子関係決定の問題も、つまるところは、何をもって血縁関係ありと判断

するかが大きな問題となっているものと理解されよう。この実親子関係には、親と未成年者＝未成熟子との間の関係は保護者と被保護者という対等ではない関係が含まれるがこれは子が成年に達すると、扶養・相続の対等の法関係として継続することとなる。

　これに対し養親子関係についてであるが、普通養親子関係については、当事者の合意によって形成されるものであり、これについてはいわゆる養親が成年であること、目上養子の禁止を除いてほとんど制限がない。ただ、ここでも親子関係が保護と被保護の関係にあることは自覚されており、15歳未満の者の縁組については代諾縁組の方式[7]が採られていることには注意を要する。普通養子縁組は、成年養子が多数行われるところから、その縁組目的は、法的には扶養あるいは相続がその視野に入ることとなるが、それ以外には個々の縁組ごとにその目的は異なっていると考えられ多様であると考えられる。他方、特別養子[8]（817条の２～817条の８）は、まさに親子関係が保護と被保護の関係にあることを前提に申し立てにより裁判所の審判により形成され、成立以降はこの親子関係をもって唯一の親子関係とし実親子と同様の関係にあるものとするのである。特別養子と養親の関係形成については、その目的である子の福祉に照らし、法的な制約が課せられるが、申し立て自体は自由意思によるものであり少なくとも養親については自由意思による関係形成とみてよかろう。ただ、普通養子縁組についてはその解消＝離縁は原則として協議離縁が認められ当事者の合意によることができるが、特別養子では離縁は厳格に制限されている。

　3．民法の家族関係の特殊性と当事者の意思　以上みるように、家族関係についても、実親子関係はことの性質上別物と考えるにしてもかなりの範囲で、その形成について当事者の意思あるいは合意がその基礎とされていることが理解されよう。ただその合意は、契約とは異なり対立する意思の合致ということではなくさらには永続性が期待される関係であることに注意すべきである。そして家族とは親子関係に典型的に見られるように、対等な市民が前提となる市民社会とは異なる保護と被保護の関係を含んだ一定程度自立した独自の関係の展開がみられる複数の人間集団であると理解されよう。そこでの家族像は、一

体化した「性愛」を基礎とする夫婦という家族、保護と被保護の関係にある親子、生活共同体の形成、そして血縁関係の存在（擬制されたものを含む）を要素とするものになろう。したがって、夫婦と未成熟子の家族、夫婦のみの家族、父子家族、母子家族、が民法の家族としての形態として措定され、さらに血縁関係を有する者が形成する団体が家族として観念されることとなる。

　4．**民法の家族と団体性・自律性——当事者の協議、調停制度など**　以上のような考察からは民法における家族は少なくとも複数の当事者により構成される団体としての性格を持つものであることは明らかであろう。そして、その家族という団体を民法家族法は規定の対象としているのである。その団体における個人とその団体との関係が市民社会の論理からは問題とされようが、その点、明治民法の家族が「家」という団体の価値を優先させ団体の維持・発展の範囲内で個人の存在を容認していたこととは、明らかに家族の自律的展開としては、市民社会の論理とは異なっていたが、市民社会の構成単位として存在し得たものであったことは認めなければなるまい。その点、現行民法においては、家族の中核をなす夫婦・親子の関係も団体性を有するものと理解されるが、先にみたように、その構成員としての法的地位は合意にみられるように対等なものと法的に理解され、その団体からする制約があるとすればそれはその関係の本質——夫婦であるならば性愛を基礎とした生活共同体という性格、親子であるならば、保護と被保護の関係といった本質——に由来するものと理解されよう。殊にわが国の家族法においては当事者の協議にその関係の決定を委ねるとしている規定が多数みられ、当事者の合意が家族の法関係の決定的要素とされていることは当事者の意思の尊重という市民社会の基礎的要素という観点から注目すべきことであろう。さらにこの点は、わが国の家族間の紛争解決手段として、家庭裁判所における調停制度の存在が一層紛争の合意・協議による解決という性格を強化しているといえよう。調停も法を無視して全面的に当事者の意思に委ねるものではないが、当事者の現実的判断としてはその意思の尊重が最大限許されると見るべきであり、この面でも当事者の意思・合意を重視する制度となっているのである。

2．夫婦別氏論議の検討

(1) はじめに

　民法（家族法）改正、とくに婚姻における夫婦の氏につき、選択的夫婦別氏の導入が1996年に法制審議会の民法改正要綱として公表されて以来、若干の議論がなされたもののこの案はたな晒しの状況にあったと言ってもよい。近時において一旦現実味を帯びた時期もあったが再び民法家族法の大きな改正は展望がない状態となった。しかし今後ともこの夫婦別氏は問題になり続けることは明らかであり、仮に要綱案に従い何らかの改正がなされたとしてもさらに議論すべき問題を残すことは必定であると思われる。そこで第1節で検討した視点から、団体性と個人の相克が問題とされる夫婦の氏について具体的テーマのひとつとして検討を加え、現時点で問題提起を試みる次第である。

(2) 氏の団体性

　さて、「氏」は、本来、いわゆる地縁や血縁を基にしてひとつの集団につけられた名称であり、その集団に属する誰彼であるという表現で個人を特定する手段になっていたものと考えられる。氏の変遷の歴史的過程の詳細は措くとして[9]、この氏を制度的に明確なものとし、日本社会の根幹をなすものとしたのは、明治政府であった。すなわち、明治政府は、民法（旧法）においてその親族・相続編の中で、「家」制度を確立し、氏を家の名称であるとし、同じ家に属する者は同じ氏を称するものとしたのである。また、同時に明治政府は、すべての国民に氏を名乗ることを強制し、すべての国民がいずれかの家に属するものとして、全国民を把握するために戸籍を整備したのである。この場合の戸籍の戸というのは家と同じ意味であり、氏は戸主に率いられる一団体を意味する。ここに氏は抜き差し難く団体的性格を表象するものとなったことをまず認識しなければならない。

(3) 氏の身分性

さらに旧法における氏には、家団体名を表すのと同時にそれには特定の個人が所属する家について変更が生じたときには、氏の変更が起こるという形でつまり身分関係に変動が生じたことも表現することとなっていたのである。その典型的な場合が婚姻であり、婚姻は女が男の家に入るというのが原則であり、そうなると当然に女性が元の家の所属から婚家の家の所属員になるものと考えるのだから女性は元の家の氏から婚家の氏に氏を変更するのは当然のこととなる。つまり、氏は家団体の所属員を表象するのと同時に身分関係の変動をも表わすものとして考えられておりここに氏には身分性がともなっていたことも認識されねばならない。

(4) 氏の性格の変容と氏の慣習的受容

周知のように、第二次世界大戦後のわが国の再生過程においてきわめて重要な課題とされたのは、家制度の廃止であった。家制度は、わが国の制度の根幹をなし、天皇制家父長制の基礎ともなっていた制度であり、わが国を敗戦へと導いた大きな要因であると評価されていたからである。そこで、民法の親族・相続編も全面的に改正というよりも新立法がなされたのは必然であった。前述したように、氏は家を体現したものであったから立法過程において当然に問題とされた。そこでの考え方は、その体現するところを全く改めて、「氏は個人の同一性を示す呼称である」との理解に立つものと解されたのである。もっとも氏についての定義はどこにもなされてはいないから、その実際の機能は氏の関わる民法上の規定、その他の氏の関わる制度の運用をみて全体として判断することとなる。その点でいえば、確かに民法の規定を見れば、氏と関わって規定されているのは、祭祀承継だけであり、他には氏の異同と法律関係のあるものはない。他方、夫婦については婚姻の際にいずれかの氏で統一することを強制し、嫡出子についてはその婚姻中の父母の氏を称し、非嫡出子については、その母親の氏を称し、養子縁組をすると養子は養親の氏を名乗るものとし、離

婚、離縁をすると復氏するのを原則とするものとしている。これらからみると、氏はそのグループに属するときは同じ氏を名乗るという団体性を持つものとされていると解さざるをえない。また、現行家族法の立法上の指導者が、その意図したところは、近代的核家族像であり、家の観念の継続を全く考えてはいなかったとしても、「夫婦親子という最小の親族共同生活体が同一の呼称を持ちたいという国民感情への順応」であるとしていたことからも少なくとも氏の団体性を容認していたことは否定できない。また、身分関係が変動つまり所属するグループが異なることになると氏の変更が起こるという身分性も有していると理解されるのである。この観念は、戸籍が「家籍」であることは廃止されたものの、婚姻した夫婦についていずれかの氏を夫婦の氏として選択させその氏をもって戸籍筆頭者として戸籍を編成し、同じ氏を名乗る子を同一の戸籍に記載するというシステムをとったことから一層強化されることとなった。つまり、氏の持つ性格はその根本的アイデアは旧法とは全く異なるものであるとしながらも、現在に至るまでも旧法時代と極めて似た制度として運用され、家族員個人、個人を単位として結びついた集団であると構成するよりも、家族を「所与の一団体」とし家族員はその集団の所属員として観念することが国民の間では旧法時代から引き続き一般に継承されたと考えられる。この際、民法では夫婦の氏の統一については、法形式的には夫婦の何れの氏で統一してもよいとしたのだが、これまで述べたような氏の性格とその制度運用は、前時代の女が男の家に入るという法的強制をそれが廃止されたにもかかわらず慣行・慣習として受容することとなったのである。ここでわれわれは、氏についてその制度の面では、原則としては個人の呼称として運用してきたのではなく、核家族とはいえ家族という団体の呼称として運用してきたことを率直に認めておく必要がある。このことは多くの人々の間で、婚姻届を出して法的に夫婦となったことを指して、「入籍した」と表現することに端的に表れている。つまり法制度上氏が個人の呼称であるという認識を原則として運用し、その認識を国民の間に醸成するような制度がほとんど存在しなかったといってよい。ここに「ほとんど」というのは、離婚後の復氏についての婚氏続称、離縁後の復氏についての縁氏

続称[10]といういわゆる民法上の氏と戸籍法上の氏の分離として扱われる場合があるからである。この場合は家族という集団から離脱した者が離脱した集団の氏を継続して称することとなるから、まさに個人の氏として称していると理解しなければならない。しかしながら、これとても、離婚した夫婦の間の子の氏の変更を通じて、団体としての氏の問題を生じさせ、再び団体としての氏の性格へと回帰することが少なくない。

(5) 家族法の基本理念と夫婦別氏論議

　言うまでもなくわが国の家族に関する法の基本的理念は、個人の尊厳と男女の本質的平等である。そこで夫婦別氏の導入という課題もこの基本的基準に従って精査されるべきこととなる。その点、個人の尊厳ということからみれば、夫婦同氏を強制することは氏に個人の呼称以上のものを求めることであってこの基準からは認められず、夫婦別氏を認めることは論理上明解であり「必然」であるということになろう。しかしこの論は同時に家族の形成にあたり家族の氏を設定することまでをも否定するものではないということには注意を要する。つまりこの基準をクリアするには、それが夫婦について任意に行われるものならば、いずれかの氏を選択してこれを家族の氏として設定しあるいは第三の氏をもって家族の氏とすることは可能であることになろう。この点については現在の制度は夫婦の一方は継続して氏を称するのに対し他方は従来の氏を称することができなくなると認識されており、新しく形成された夫婦＝家族の氏をいずれかの氏で設定したとの認識が実は背景に退いて、さらには夫婦となる一方は旧来の家族団体に帰属し続けることができるのに対して、他方は旧来の団体に帰属することから切断されてしまうとの旧時代の思想と極めて近い意識が支配し、問題を見えにくくしているのかもしれない。他方、男女の本質的平等という点からすれば、夫の氏を名乗るのが96％以上であるとの結果からみれば、この選択が明らかに何らかの圧力を受けて偏向し、同時にこれは家族の氏の設定の任意性をも疑わしめることとなり家族法の基本理念に反する結果を招来していることは認めなければならない。恐らくそれはこれまで縷々述べてきた明

治時代に成立した「家制度」的観念が、現在の家族関係法と戸籍法などの運用との共通性もあって、国民の間の少なくとも慣行として、かなり強い命脈を保っていると理解すべきであろう。つまりこれほどに強い団体性を持った氏という概念を用いしかも旧制度と同じ戸籍というその概念・言葉からして「戸」という団体性を有する制度を用いて社会の中で機能してきているのであり、これをもって個人の呼称としての性格を表すものであるというのは、概念を扱うことに慣れた専門家はいざ知らず、一般的意識からすれば無理なことであるともいえよう。しかし、このことは家族法の理念である男女の本質的平等には反することとなるので、なんらかの方法により制度的な変更がなされるべきこととなる。しかしながら、夫婦の氏の統一と家族員の「同一氏」の保持が慣行として広く受容されており、それを現在の制度が支持してきたともいえるので、現実を重視すべき家族法の立場からは、この慣行にも十分配慮すべきであると考える。つまり、ことはかなり深刻なところでの対立というよりも深刻なジレンマに陥っており、隘路にはまり込んでいると認識すべきであろう。より具体的にいえば、家族員共通の家族名を設定すべきであるとしつつ一方で婚姻前の個人としての呼称は維持し続けたいとの要望が同時に存在するというのが実情なのではあるまいか。こう考えてくると、夫婦別氏の採用が、現行法の制度的理念に沿うものであるのは明らかなのだが、選択なのだから誰にも迷惑がかからずこれに反対するのは時代錯誤であるとするのは論旨としては明快であり理解もできるが、一方で家族に対する一般の人々の法感情に適合しているかということになると少しく疑問が残るのである。そして結果的には家族名の設定を優先させ、それだけに、両制度を選択可能なものとして現実的に機能させるについては、ことの性質上、差し当たり両制度を互いに認める寛容さというものが必要とされよう。

(6) 別氏論と同氏論の主張の理由

これまで選択的夫婦別氏制度が主張されて以来その論拠としてはおよそ次のようなところに要約されよう。①女性の職業・社会活動の不利益の解消、②氏

の統一は男性の氏によって行われており実質的に男女不平等、③選択的夫婦別姓であれば一人子の婚姻などで一方の家の氏を絶やすことが避けられる、④夫婦の氏の設定は任意であるべきであり他人が干渉すべきではない、⑤夫婦の一方に改氏を強制するのは人格権の侵害、などがあげられる。他方、同氏を主張する根拠としては、①夫婦同氏は慣行として定着しており、家族の一体感を保持するうえで重要、②氏は家族の呼称であり個人の呼称ではない、③子の氏が一方の親の氏と異なるのは子の福祉に反する、④別氏論者の①は通称の使用を認めれば足りる、などである。

(7) 選択的別氏のパターン

ところで夫婦別氏については、選択的という言葉が冠せられているように、同氏を排斥することはしないで別氏を採用することの提案であるので、これについてはいくつかの類型として整理されている。①同氏原則型——各自の婚姻前の氏を称することができるとするもの、子の氏は統一。②別氏原則型——特段の合意がなされたときのみ夫または妻の氏を称する、子の氏についてはその出生ごとに選択。③夫婦同氏別氏対等選択型——婚姻時に同氏にするか別氏にするかを決定し、子の氏については統一。④呼称上の氏として戸籍法上の承認——現在の夫婦のいずれかの氏で統一するが改氏した者は婚姻前の氏を呼称として使用することを承認する。

(8) 若干の提案と展望

これまで氏の性格と夫婦の氏の展開、別氏制度が主張される理由、夫婦別氏採用の提案の現況について概観してきたが、わが国における氏の有する団体的性格、家族＝夫婦親子の共通の氏の設定の容認、夫婦の氏の選択における相互の任意性・自由性の確保、が基本的課題となって、私の夫婦別氏の採用の問題への思考もジレンマに陥り、隘路にはまっているというのが率直なところである。そのような中ではあるが、最後に若干の感想を述べ提案をしておきたい。

その第一は、先にも述べたようにわが国の氏は団体性を極めて強く反映して

いる概念であるのでそれからの脱却を図るにはそれ相当の制度的変革が必要とされるものと考える。これまで氏について個人的性格への転換への根本的制度化をしてこなかったのであるから、極めてドラスチックな変革でもしないことにはその実現は困難であろう。でき得れば身分登録制度として個人籍を採用し、その上で現在の戸籍制度を改革していくことが最も氏の個人化には近い道筋かと思う。しかし、家族法では、わが国の第二次世界大戦における敗戦後の変革などの「革命的」状況下における場合はともかくとして「革命的」変革はあまり好ましいものではないものと考えると漸進的改革が望ましいのではあるまいか。とすると、婚姻に際し家族の氏を設定するという家族の団体としての認識を残しつつ、かつ個人の氏の継続使用を法的に承認することとし、現在の通称の使用という段階からいわば「強制通用力」を強める形での立法を行うということである。つまり先に述べた(7)-④の家族の氏として選択されなかった者は、呼称上の氏として婚姻前の氏の継続使用を戸籍法上承認するという案がより現実的な案なのではあるまいか。これについては、婚氏続称、縁氏続称の例があり一般に広く受容されており、これによって氏の個人的性格を広げていき隘路からの脱出を図ると考えるのである。もっともこの案は、制度的変革としては外観上はあまり大きくないにもかかわらずその効果はかなり大きいものがあると思われる。しかし極めて妥協的なものであるから中途半端なものであるとの批判は容易であるし、妥協案の通例であるが一般には少しくわかりにくい案でもあることは認めざるをえない。

　第二に、第一で述べた提案ではそれほど大きな制度的変革は必要としないが、夫婦別氏を採用した場合どの形態によろうともかなり大きな変革となるので現在の戸籍制度の運用と混乱なく実施可能なのかも現実的には細部にわたり検討の用があろう。蛇足かもしれないが、身分登録制として個人籍を採用した場合、これを契機として現在のコンピュータを利用した身分登録制度の設計も考えるとまたぞろ国民総背番号制導入との関わり如何も気になるところでもある。

おわりに

　第1、2節において家族についてその団体性と個人性の側面から検討を加えてきた。家族に対する団体性の要素は、最低限夫婦においては、その性愛的一体性という点から性秩序の維持という社会的要請から残らざるをえないし、その夫婦関係から展開する親子についても夫婦の関係が安定して継続することが子の養育にとって利益となり、ひいては保族活動をも利することとなるとの認識は一般的支持を得ているものではあるまいか。かような認識に立つならば、夫婦関係における協力関係の実質的強化・支援、親子の保護と被保護の関係の実質的強化・支援が家族法の課題となる。また、市民社会論との関係でいえば、その理論的位置づけとして、市民社会の中に家族団体として一定の自律性を持つものであるとしても他の個人・法人格を持つ法人と同様に並立的に存在するのか、それとも市民社会の一構成体とは異なる特別な存在とするのかについて改めて議論すべきものとなろう。

注
1)　明治維新により成立した明治政府は、幕末に列強との間に締結された不平等条約を撤廃し、列強に対抗しうる国内体制の整備と資本主義の育成のために法体系の形成をめざした。
　　大日本帝国憲法（明治22年）、刑法（明治14年、のち明治40年改正）はじめ、民法、商法は明治23年に公布されるも実施が延期され、改めて民法は明治31年、商法は明治32年に実施されるなど30年ほどでわが国の法体系は完成したといわれる。
2)　民法典は明治6年に来日したフランス人のボアソナードの指導の下に明治13年以降本格的な編纂作業がなされ明治23年に公布されるに至った。こののち民法典論争が起こり、この民法典は実施が延期されることとなり（注3参照）ついに施行されることはなかった。そこで、この民法を明治民法と区別して旧民法と呼ぶ。
3)　明治23年に公布された民法典を巡り、これを施行すべきであるとする（断行派）と施行は見合わせるべきであるとする（延期派）との間で激しい論争が生じた。これを民法典論争というが論争の本質は何かについては単純ではない。ただ延期

派が提起した論点は、法典の基本思想が自然法思想にあり国家主義を軽んじていること、祖先崇拝に基づく家を否定していること、地主、小作の双方の利益に配慮していないことなどを挙げている。またこれに自然法学派と歴史法学派、あるいはフランス法学派とイギリス法学派との対立、自由民権法学と絶対主義的官僚法学との対立も絡んでいたとみるものもある。結局明治25年の帝国議会において延期派が勝利をおさめた。そこで明治26年法典調査会が設置され、新たに穂積陳重、富井正章、梅謙次郎が起草委員となって、明治民法が編纂され、総則・物権・債権編については明治29年に公布、親族・相続編については明治31年5月公布、7月に全編施行となったのである。明治民法は、旧民法の修正ということではあるが、法典編纂の方式として、模範とした法典の違いから、旧民法は、インステチュウチオネン方式（フランス法式）、からパンデクテン方式（ドイツ法式）に転換していることには注意を要する。

4）相続人となるべき子、兄弟姉妹（第3順位）が相続開始（被相続人の死亡）前に死亡したり、相続欠格（自分よりも先に順位のある相続人を殺害しようとしたり、自分に有利なように遺言書に干渉を加えたりして相続秩序をみだすような行為をしたものから相続権をはく奪する制度・民法891条）、相続人の廃除（被相続人が相続させたくない者を家庭裁判所に申し立てて相続人から外してしまう制度・民法892条）により、相続権を失っていた場合にその子その者と同順位でなす相続のことを言う。相続人が自分の本来の相続権に基づいてする相続を本位相続に対する概念である。

5）本来財産権を有する者はその権利に関する財産を自由に贈与したり、遺言によって贈与したりすることができるはずである。しかし、その財産が相続されることとなると、相続人のためにその財産の価値の一定割合は、相続人のために留保されていなければならないとして、自由な贈与であるとか遺贈には制約がかけられることとなっている。これを相続人の遺留分という。ただ財産権者たる被相続人がこの一定割合を超えて贈与、遺贈を行った場合には、超過分について無効となるわけではなく、遺留分をもつ相続人はいわば取り戻すことができる遺留分の減殺請求権行使の対象となるのである。

6）民法731条～737条参照。婚姻適齢、重婚の禁止、近親婚の禁止など婚姻関係として好ましくないものを排除する趣旨である。これらをクリアしていないと婚姻届は原則として受理されないので、受理要件と呼ばれることもある。

7）夫婦関係、親子関係などの発生・変更・消滅に関わる行為を身分行為といい、これらについては、通常、代理は許されない。ただし養子縁組については15歳未満のものについてはこの構造が認められており、これを代諾縁組という。代諾縁

組は、子に親があれば親が、後見に付されている場合は後見人が代諾権を有するが、児童福祉施設入所中の児童で親権者・後見人がいない児童については都道府県知事の許可を得て児童福祉施設の長が代諾縁組を行うことができる。

8) 昭和62年に新設され、昭和63年より施行されている、比較的新しい養子制度である。この制度は従来の普通養子縁組が、養親と養子の間の合意により成立するとされていたが、この養子縁組は家庭裁判所の審判により成立するとされたこと、従来の養子制度が実親方と養親方との双方の関係が保持されるのに対し、特別養子は実親方との関係は断絶し、養親方のみとの関係となること、特別な条件が整わない限り、原則として離縁は認められないこと、戸籍上の取り扱いに工夫が施されていることなどがあげられる。

9) 氏と姓および苗字（名字）は起源を異にしているが、現在では同義語になっているとみてよいであろう。これらの関係・変遷については、井戸田博史「夫婦別氏か夫婦別姓か」（『時の法令』1554号、大蔵省印刷局、1997年、51頁以下）を参照されたい。

10) 養子縁組をするに際して氏を改めた養子は、離縁をすると元の氏に戻るいわゆる復氏することとなるが、縁組をして7年経過しているときは離縁後も縁組時の氏を継続して名乗り続けることができるとするものである。婚氏続称と同様に社会活動に支障をきたさないようにするためであることがその理由に挙げられる。

《参考文献》

多くの論者の多くのすぐれた論考があるので、ここではそのごく一部を掲げておくことをお許し願いたい。またこれらの文献に掲げられた論考も参考にさせていただいた。

有地亨『新版家族法概論』（法律文化社、2003年）

小池信行「選択的夫婦別氏制の論点について」（『戸籍時報』654号、2010特別増刊号、日本加除出版、2010年4月）

利谷信義『家族の法』（第3版、有斐閣、2010年）

二宮周平『家族と法――個人化と多様化の中で』（岩波新書、2007年）

唄孝一『戦後改革と家族法　唄孝一・家族法著作選集第1巻』（日本評論社、1992年）

水野紀子「団体としての家族」（『ジュリスト』1126号、1998年）

吉田克己「民法における「人間像の転換」（近代から現代へ）」（『法学セミナー』529号、1999年）

（付記・本稿は筆者の平成23年度専修大学国内研究員としての考察の一部である。）

5　琉球先住民族論

渡名喜 守太

はじめに

　2008年10月30日、国連の自由権規約人権委員会は日本政府に対し、日本国が正式に「アイヌの人々及び琉球・沖縄の人々を特別な権利と保護を付与される先住民族と公式に認めていないことに懸念を持って留意する」とし、「締約国は、国内法によってアイヌの人々及び琉球・沖縄の人々を先住民族として明確に認め、彼らの文化遺産及び伝統的生活様式を保護し、保存し、促進し、彼らの土地の権利を認めるべきである。締約国は、アイヌの人々及び琉球・沖縄の人々の児童が彼らの言語で、あるいは彼らの言語及び文化について教育を受ける適切な機会を提供し、通常の教育課程にアイヌの人々及び琉球・沖縄の人々の文化及び歴史を含めるべきである」との勧告を出した。2010年3月には国連人種差別撤廃条約審査委員会が日本政府に対して「委員会の報告ガイドラインにおいて要請されているように、人口の民族的構成比についての完全な詳細、とくに、韓国・朝鮮人マイノリティ、部落民及び沖縄のコミュニティを含む本条約の適用範囲によってカバーされているすべてのマイノリティの状況を反映した経済的及び社会的指標に関する情報を次回報告の中で提供するよう、締約国に勧告する。沖縄の住民は、特定の民族的集団として認識されることを求めており、また、現在の島の状況が沖縄の住民に対する差別的行為につながっていると主張している」という勧告を出した。2009年2月にはユネスコもアイヌ語と

南西諸島の言語を日本国内における危機言語と認定しリストに加えた。2010年10月に名古屋で開催された生物多様性条約第10回締約国会議（COP10）の開会式におけるIIFB（生物多様性に関する国際先住民族フォーラム）声明文でも、IIFBは琉球・沖縄の住民を日本における先住民族と認めると表明した。このように、国際社会では琉球・沖縄人は日本国内における独自の民族集団と認知されるようになった。

　先住民族とはILO 169号条約（日本は未批准）において「独立国における種族民で、その社会的、文化的及び経済的状態によりその国の共同社会の他の部類の者と区別されかつ、その地位が、自己の慣習若しくは伝統により又は特別の法令によって全部又は一部規制されているもの」または「独立国における人民で、征服、植民又は現在の国境の確立の時に当該国又は当該国が地理的に属する地域に居住していた住民の子孫であるために原住民とみなされ、かつ、法律上の地位のいかんを問わず、自己の社会的、経済的、文化的及び政治的制度の一部又は全部を保持しているもの」と定義されており、琉球・沖縄人に関しては「独立国における人民で、征服、植民又は現在の国境の確立の時に当該国又は当該国が地理的に属する地域に居住していた住民の子孫であるために原住民とみなされ、かつ、法律上の地位のいかんを問わず、自己の社会的、経済的、文化的及び政治的制度の一部又は全部を保持しているもの」という定義が当てはまるだろう。琉球・沖縄人が日本国内における先住民族だとすると、琉球・沖縄人は世界人権宣言や国連憲章、先住民族の権利に関する国連宣言に基づいて、固有の権利主体であり、独立を含む自己決定権を有することになる。したがって、現在琉球・沖縄でおきている問題は、固有の権利主体である先住民族に対する人権侵害といえる。しかし、日本政府は当然だが、当の琉球・沖縄の社会運動家の間でもこのような認識はほとんどないといってよい。琉球・沖縄の社会運動家の関心対象は政治、とくに軍事に特化され、しかも米軍に特化される傾向が強い。例えば、「普天間問題」は1995年に起きた米兵による少女暴行事件が発端となり、当時の大田昌秀沖縄県知事による米軍用地強制使用の代理署名拒否に発展し、村山首相の後を受けた橋本政権の下で県内の代替施設建

設を条件に日米両政府による普天間基地返還が合意された。その後米軍再編問題ともからんで日米両政府は県内における代替基地の建設を強行しようとしているが琉球・沖縄側の反対で、「普天間問題」は現在まで決着をみない。しかし、その一方で日本政府は南西諸島の防衛強化を打ち出し、琉球・沖縄の陸上自衛隊の旅団化、先島方面への自衛隊の配備、辺野古新基地への自衛隊の常駐などを企図しているが、このような状況においても、琉球・沖縄における自衛隊に対する支持は5割を超えている[1]。「普天間問題」に代表されるように、琉球・沖縄が抱えさせられている問題は、安全保障問題、軍事問題であり、さらにいえば米兵による犯罪や基地被害の問題、普天間基地の移設問題などの米軍基地問題であると一般的に理解されている。そのため地位協定の改正や普天間基地の移設先の問題は焦点になるが、日本と琉球・沖縄の間にあって、沖縄が抱えさせられている軍事・安全保障問題以外の分野、すなわち文化、言語、自衛隊配備、土地、移住者による人口動態の変化、外部資本による富の搾取、開発による自然や民族的聖地の破壊、土地の収奪、各種の格差など経済、社会などの分野に対する関心は低いか、またはあまり深刻に捉えられていないといえる。これらの問題は固有の民族集団である琉球・沖縄人が日本に併合されて日本の統治下におかれるようになったために起きた問題である。現在の琉球・沖縄における軍事的状況は日本の帝国主義と冷戦構造およびポスト冷戦時代の戦略の結果である。すなわち日本による琉球併合と琉球・沖縄における地上戦、敗戦後の米軍による軍事占領と統治、ポスト冷戦における日米両軍の一体化の結果が現在の琉球・沖縄の状況をつくったのである。さらに根源的にいえば、明治政府の琉球併合により日本の法が琉球・沖縄に適用され、琉球・沖縄人が自己決定できなくなったために起きたのである。軍事・安全保障問題も文化、言語、歴史、経済、社会問題も根は同じである。

1．現在の沖縄までの経緯

(1) 琉球併合

　通常「琉球処分」と呼ばれる1870年代の明治政府による琉球併合のプロセスを簡単に説明すると、日本は、最初に琉球と清国の関係を断絶させ、琉球の外交権を奪い、続いて内政権を奪って併合するという手順をとった。まず、琉球を外務省の管轄下に置き、従来琉球王国が行ってきた外交事務を外務省が引き継ぎ、琉球が西洋諸国と結んだ条約を没収、清国との朝貢を停止し、琉球藩を設置して外国の勢力を琉球から排除した。続いて琉球藩を内務省の管轄下に移し、1879年に琉球藩を廃止して沖縄県を設置した。日本による琉球併合は清国との間で紛争になり、明治政府が沖縄県を設置した後も、日本政府、清国に宮古・八重山を割譲する交換条件として、日本に対する最恵国待遇を要求する「分島案」と呼ばれる琉球の分割が話しあわれたが、清国が拒否し合意に達しなかった。日清戦争での日本の勝利により琉球をめぐる日清間の紛争は一応決着した。この間、琉球人は清国や諸外国に密使を派遣して日本に抵抗した。これは後の韓国併合と同様のプロセスであることが上村英明氏によって指摘された[2]。日本が韓国（大韓帝国）を併合するやり方は琉球併合の手順を踏襲しながらも、さらに緻密になっていった。1876年日本は朝鮮との間に日朝修好条規締結した。これは日本が朝鮮との間に結んだ不平等条約であるが、後の日本による朝鮮侵略のスタートとなった。この条約で日本は朝鮮を自主独立の国と承認し、朝鮮と清国との宗属関係を否認した。その後朝鮮をめぐって清国との間で争うことになるが、日清戦争の勝利で日本が朝鮮半島から清国の勢力を排してからは、日本はロシアとの間で朝鮮をめぐって争うことになる。

　1903年、日ロ間で日露協商案の交渉がもたれ、満州におけるロシアの利権、韓国における日本の利権を相互承認する提案がなされたが、翌1904年に交渉は決裂し、日露戦争が勃発した。日露戦争が勃発した1904年、日本が韓国を第三

国からの侵害から保護するという名目で日韓議定書が結ばれ日本による韓国の保護国化の第一歩となった。続いて第一次日韓協約が結ばれ財政・外交顧問に日本人を採用することになった。翌1905年日露戦争が終結した後、日本は韓国との間に第二次日韓協約調印し、外交は統監の専管事項として韓国の外交権を剥奪した。その後、1907年にはハーグ密使事件が起き、日本が韓国皇帝を退位させ、第三次日韓協約が調印された。第三次日韓協約では、内政権を統監の指導監督下に置き、法令制定、重要な行政決定、高級官吏の任免は統監の承認を要することとなり、韓国の内政権も剥奪された。そして1910年に韓国は併合された。

「満州国」が建国された際も同様の手順がとられた。柳条湖事件直後の1931年9月22日に関東軍は、「国防・外交は新政権の委嘱に依り日本帝国において掌理し、交通・通信の主なるものはこれを管理す」という方針を決定した[3]。その後、陸軍中央も「帝国軍の威力下に満蒙を其本質に於て帝国の保護国状態に導きつつ（略）帝国の永遠的存立の重要要素たるの性能を顕現せしむるを以て時局処理の根本方針と為す」と、関東軍に追随した[4]。そしてこの方針は1932年9月15日に締結された「日満議定書」の付属文書である「溥儀・本庄秘密協定」で実現した[5]。その後日本は華北分離工作で「北支」や「内蒙」また、占領後の南京に傀儡政府を樹立していったが、これも日本の侵略パターンに沿っている。

併合後、琉球にはしばらくの間、旧慣温存政策がとられ、同時に言語、風俗、生活、文化、歴史観などの精神面で同化が強制され、それにともなって徐々に土地整理事業など法制面でも近代化（日本化）の政策がとられていったのは、他の植民地と同様であった。また、征韓論とほぼ同時期に征琉論ともいうべき主張が、日本の政府高官やジャーナリズムの中から現れた[6]。小熊英二氏は朝鮮民族が日本支配を嫌い中国に帰化、逃亡することを取り締まるために、朝鮮総督府は国籍法を朝鮮に施行しないことによって朝鮮人の日本国籍離脱を防ぎ、朝鮮人は永遠に朝鮮の籍を喪失しないという朝鮮王朝の旧慣法を温存して、国外逃亡の朝鮮民族の取り締まりに利用したことを述べている[7]。日本支配を嫌

い清国に逃亡した琉球人（脱清人）の取締りに関しても、明治政府は琉球王国の旧法（琉球科律）の他領渡海規定をもって取り締まっている（「琉球新報」紙上座談会における上里賢一氏の発言）。琉球の併合は近代日本の植民地形成の一モデルであり、決して他府県の廃藩置県と同レベルの問題ではない。「日本国民」である琉球人に対して危害を加えたことを理由に、明治政府が台湾に出兵した事件も、後年の万宝山事件や、日本政府が「邦人保護」を名目に海外出兵した事実を想起させる。

　このように琉球併合のプロセスは、韓国併合、「満州国」建国のモデルとなった。まず、併合を企図する国から競合する外国の勢力を排除し、外交権を剥奪して日本の独占的勢力下に置き、併合する国の国際的地位も奪うことから始める。そして外交権の剥奪に続いて内政権を剥奪して最終的に併合という一定の型が確立される。とくに琉球や朝鮮など、清国に朝貢する国に関しては、近代国際法をもって、それまで東アジア世界を律していた前近代的秩序、すなわち中国との宗属関係、朝貢関係を否定し、西洋近代的国際関係の論理で侵略を正当化していった。明治政府が琉球を併合した理由は日本の国防上の理由からであり、併合により琉球は帝国の南門と位置づけられた。

(2) 沖縄戦

　アジア太平洋戦争末期、絶対国防圏の最前線であったマリアナが失陥し、続くフィリピン決戦でも敗北し捷二号作戦が発動された。1945年3月から琉球・沖縄において日米両軍による地上戦が展開され、多くの非戦闘員である住民が戦闘に巻き込まれて命を落とした。沖縄戦における住民被害の一大特徴は、日本軍による住民に対する加害行為であるが、沖縄戦における日本軍による住民への加害行為は、スパイ視による殺害や、軍事機密保護のためになされた強制集団死、食糧強奪、避難壕追い出し、投降者殺害、戦闘状態での強制労働、強制退去による戦争マラリア、日本軍性奴隷、強姦、強制連行・強制労働、土地の強制収用、民族的文化財・歴史遺産の破壊などに分けられる。そしてこのような加害行為が起きた背景には琉球・沖縄に配備された第三二軍の沖縄の歴史

に由来する住民に対する不信感があった。日本軍は、沖縄戦の前から、琉球・沖縄の住民を潜在的スパイと見なしていた。それは、琉球・沖縄が日本とは別の独自の歴史と文化、価値観を有していたからである。明治四三年度「沖縄警備隊区徴募概況」[8]や、1922年の沖縄連隊区司令部報告書所収「沖縄県の歴史的関係及人情風俗」[9]、1934年に沖縄連隊区司令部が著した「沖縄防備対策」[10]によれば、沖縄県民は国体思想や軍事思想に乏しいとの認識が示されている。また、日本民芸協会一行が琉球・沖縄を訪れ、柳宗悦と沖縄県当局との間で「方言論争」が起きた際、当時の淵上知事は、「この県民を他県民と同一視しては困る。日清戦争のときには清国側につこうとした人間もいたくらいだ」という趣旨の発言をしている[11]。

沖縄戦の直前、1944年10月に、参謀本部・教育総監部は、「上陸防禦教令（案）」を全軍に配布したが、その中の「住民の利用」に関して次のように書かれている。「住民の利用如何は戦闘遂行に影響する所大なり。故に守備隊長は之が指導に周到なる考慮を払ふと共に、関係機関との連絡を密にして其の状況を明らかにし、各種の労務に服し、或は警戒、監視に、或は現地自活に任じ、終には直接戦闘に従事し得るに至らしむるを要す。而して不逞の分子等に対しては機を失せず断乎たる処置を講じ、禍根を未然に芟除（せんじょ）する等、之が対策を誤らざるを要す」[12]。このように、軍にとって住民対策は重要であり、とくに外地における他民族に対しては治安活動の対象とされた。軍部や行政当局など日本の権力者は、琉球・沖縄住民に対し、抜きがたい不信感を持っていたため、この不信感が沖縄戦に際して、住民をスパイと見なし殺害する行為につながったのである。そして、スパイと見なされ殺害された住民の名誉は回復されていない。

以上述べたとおり、日本軍による琉球・沖縄住民への加害行為は、琉球・沖縄人であるが故の行為である。1945年4月、沖縄戦開始直後の『球軍会報』には、「爾今　軍人軍属ヲ問ハズ標準語以外ノ使用ヲ禁ズ　沖縄語ヲ以テ談話シアル者ハ間諜トミナシ処分ス」という軍の命令が記されている。野村正起著『沖縄戦敗兵日記』[13]にも、1945年4月5日に、軍上層部から発せられた遵守

事項として、多数の移民を排出した琉球・沖縄の住民をスパイと見なすようにと指示が出されたことが記されている。その他、琉球・沖縄の各市町村史や、個人の沖縄戦関係の書籍には、スパイと見なされた住民の証言が多数載せられている。琉球・沖縄では、日本軍による沖縄女性に対する強姦も頻発した。日本軍による琉球・沖縄女性に対する強姦の背景には、琉球・沖縄に対する差別意識があったことが、当時の証言史料や、元日本軍兵士の証言から判明する。強姦とは、占領者、支配者の優越意識に基づいた支配欲の表れである。現在、琉球・沖縄において米軍兵士が地元女性を強姦する意識と同じである。

　琉球・沖縄は皇土の前縁地帯と位置づけられ、1944年3月に琉球・沖縄は、本土防衛、要地防空を任務とする防衛総司令官の担当区域から切り離され、敵の侵攻を予期し地上決戦を任務とする第三二軍が創設されて、琉球・沖縄はその担当区域となった。そして第三二軍は大本営の直轄とされた。このことは、第三二軍が外征軍、作戦軍としての性格をもつことを意味し、さらに、第三二軍が第一〇方面軍の隷下に入ることで、外征軍、作戦軍としての性格が強化され、実質的に外征軍、外地軍になった。沖縄戦に参加した軍人や部隊は、南京戦を含めて、中国大陸で戦った戦歴をもっていた。琉球・沖縄に配備された日本軍は、琉球・沖縄においても当初から外地のように振る舞ったことが知られている。第三二軍の目的はフィリピン決戦の敗北を受けて琉球・沖縄で決戦を行うことであった。軍にとって琉球・沖縄住民の生命財産の保護は目的でなかった。1945年の天長節に大本営陸軍部参謀の種村佐高がしたためた意見書では、ソ連の対日参戦を回避するため、明治以来の近代日本が獲得してきた領土を放棄するべきという主張が述べられており、その中に琉球も含まれていた。また、日本が降伏する直前、近衛文麿がソ連に対して和平工作を行った際にも、日本が堅持すべき事項として国体の護持とともに固有の領土の維持が挙げられており、沖縄は捨てるべき地域に含まれていた[14]。

　これらの事実は、日本にとって琉球・沖縄は固有の領土と認識されていなかったことを示している。当然そこの住民（琉球・沖縄人）も異民族であり、日本軍による琉球・沖縄住民への加害行為は、社会的・人種的（民族的）・政治

的・文化的理由により行われたことを意味し、人道に対する罪を構成する。極東国際軍事裁判所条例（東京条例）に規定されている人道に対する罪の定義は「戦前又は戦時中に為されたる殺戮、殲滅、奴隷的虐使、追放その他の非人道的行為、若は政治的又は人種的理由に基く迫害行為（以下略）」となっており、被害者の人数にかかわらず、人種的理由になどによってなされる残虐行為が、人道に対する罪の構成要件である。沖縄戦における日本軍の住民に対する加害行為は、人種的（民族的）理由で組織的に行われたものである。住民の被害は琉球・沖縄全域にわたっており、被害の内容も共通している。これは、日本軍による住民への加害行為が人種的（民族的）理由によってなされた上に、組織的、政策的に行われたことを示す。しかも、加害者の処罰は現在までなされていない。

　現在沖縄戦の認識に対して日本の歴史修正主義者による書き換えが起きている。国際法学者のテオ・ファン・ボーベン氏は、1993年、国連人権小委員会「人権委員会差別防止・少数者保護小委員会」の最終報告書で、国家による重大な人権侵害の加害者に対する不処罰（国家による加害者の刑事免責）と重大な人権侵害の間には大きな連鎖関係があると指摘している[15]。歴史修正主義者による沖縄戦の書き換えが繰り返される根底には、重大な人権侵害の加害者に対する国家の不処罰問題があると思われる。この視点に立って過去の人権侵害に対する不処罰と現在の人権侵害の関係について、とくに沖縄戦における日本軍の琉球・沖縄住民に対する加害行為について考えてみたい。

　ファン・ボーベン報告書によると、重大な人権侵害に挙げられているのは、集団殺害、強制的失踪、強制労働、略式または恣意的処罰、社会的政治的人種的宗教的文化的性的理由に基づき組織的なやり方または大量規模で行われる処刑、住民の追放、強制移住などである。とくに先住民の場合には、個人としての被害と、集団としての被害の一致が顕著であると述べている。被害者の定義は、「個人であれ集団であれ、身体的心理的被害、情緒的苦悩、経済的損失または基本的自由の相当な侵害を含む危害を受けた人々」であり、被害者とは、このような直接的被害を受けた者の家族や関係者も含むとしている。そして報

告書では、被害者は救済されなければならないとしている。このような重大な人権侵害の被害者が受けるべき救済の内容としては、被害回復すなわち原状回復・賠償・満足・再発防止などである16)。これを沖縄戦にあてはめると、住民のスパイ視虐殺・投降者虐殺・食料強奪・避難壕追い出し・強制集団死・八重山の住民強制退去による戦争マラリア・戦場での弾薬運搬や水汲み、「従軍慰安婦」・朝鮮人軍夫の強制連行などはすべて国際基準での重大な人権侵害に該当する。

　人権に関する国際的規範に照らして沖縄戦の問題を考えると、日本政府は、沖縄戦の被害者に対し、原状回復や賠償、満足などの被害救済を行わなければならないことになる。これに対して日本政府は「戦傷病者戦没者遺族等援護法」(以下「援護法」)によって金銭的補償を行ったと主張するであろう。しかし、「援護法」は、戦後停止された軍人恩給に替わるものであり、本来は民間人に対しては適用されない。住民に対して「援護法」を適用する際、日本軍に対する積極的な戦闘協力が前提条件となっており、沖縄戦の犠牲者に対する謝罪など、国家の非を認める内容にはなっておらず、それどころか、犠牲になった住民を戦闘参加者とし、犠牲者は加害者と同じく靖国神社に英霊として合祀されるのである。それによって、零歳児までも戦闘参加者として靖国神社に祀られることになった。「援護法」は国家の非を認める賠償ではなく、国家の加害行為を正当化する機能を果たしている。

　また、ファン・ボーベン報告書では、被害者の受けるべき救済として再発防止が挙げられ、国家の義務が述べられているが、沖縄戦に関しては、日本政府は歴史修正主義者の沖縄戦書き換えの動きに対してあらゆる方法を講じて阻止するべきである。とりわけ、教科書などへの記載を通して沖縄戦の書き換え防止を行うべきであるが、近年の教科書検定事件で明らかなように、日本政府自身が沖縄戦書き換えを行っているのである。

　さらに同報告書は、重大な人権侵害の加害者について、国家は重大な人権侵害を行った加害者を処罰しなければならないとし、加害者の処罰を怠った場合、国家は責任を免れないとしている。しかし、沖縄戦において住民に対して加害

行為を行った軍人で、国家によって処罰された者はいない。日本政府は本来行うべき加害者処罰や被害者の救済の義務を果たしていないために道義的規範、人権保護の規範が確立されず、歴史修正主義の活動を許していると考えられる。戦争責任の問題において、道義的規範と人権保護の規範を確立し、歴史修正主義者による沖縄戦の書き換えを許さないためにも、沖縄戦における日本軍による住民への加害行為の法的責任を問う必要がある。同報告書では前述のとおり先住民族の場合個人には個人としての被害と集団としての被害の一致が顕著であると述べられている。沖縄戦における住民の死は、まさに個人の被害であると同時に琉球・沖縄人という民族集団の被害であり、琉球・沖縄人に対するジェノサイドである。日本軍がアジア太平洋地域で行った住民に対する加害と同質のものであり、治安活動の結果であると同時に、日本という他者による戦争に巻き込まれた非業の死である。

(3) 戦後の琉球「処理」

太平洋戦争期間中、中国は一貫して琉球の日本からの分離を主張していた。1943年のカイロ宣言では近代日本が暴力的に奪取した地域の剝奪を謳っていたが、その中に琉球は明示されていなかった。しかし、カイロ会議の準備段階から蒋介石は琉球問題についても言及している。中国が回復すべき地域として琉球が含まれており、しかも中国における琉球の地位は朝鮮と等しく、台湾とは異なるとされていた。そして、戦後の琉球については国際管理や非武装地域が構想されていた。しかし、米国の琉球に対する野心への配慮からカイロ宣言に琉球が明記されることはなかった[17]。ポツダム宣言において日本の領域は本州、北海道、九州、四国ならびに連合国の定める諸小島に限定され、その範囲は明示されなかった。1946年1月に出された連合国最高司令部訓令第677号では、沖縄は伊豆、小笠原諸島などとともに日本から分離される地域に指定された。その後琉球「処理」問題は転変したが、冷戦の進行とともに米軍による軍事戦略的統治が模索されるようになる。1947年9月、宮内庁御用掛寺崎英成を通じて連合国最高司令官政治顧問シーボルトに伝えられた天皇メッセージでは米国

による琉球諸島の軍事占領の継続を希望し、その軍事占領は共産勢力の影響を危惧する日本国民の支持も得られるだろうと述べ、また、米国による琉球諸島の軍事占領の手続きは日米の二国間条約によるべきと述べられている。このやり方は戦前から日本がとってきた外交手段である。すなわち、第三者を排除して利害関係の一致する当事者のみ、もしくは、力関係等で日本にとって有利な当事者間で外交案件、とくに紛争や領土問題を処理する場合用いられた。典型的なのは、満州事変における日本と国際社会との対立と国際連盟の脱退である。その後の日中戦争では蒋介石は日本に対抗するために積極的に国際社会を味方につけた。

　その後サンフランシスコ講和条約が調印され第3条において北緯29度以南の南西諸島は米軍の統治下におかれることになった。このサンフランシスコ講和条約第3条による米軍の琉球諸島の軍事統治も中華人民共和国やソ連を排除した片面講和により実現した。冷戦期には中国に対する封じ込め作戦のため琉球・沖縄は日本の防衛と位置づけられ、アジアの冷戦、地域紛争の最前線に立たされた。冷戦の終結した1990年代のポスト冷戦時代においても日本の安全保障の要として地域紛争の最前線に立たされている。

3．琉球人の意識の問題

　このような琉球の現状は日米の軍事戦略、植民地主義の結果である。歴史を振り返ると、日本にとって琉球・沖縄は自己（日本人）の安全を守るための防波堤であり、安全保障上の保険のような存在であると言わざるをえない。しかるに、これまで琉球・沖縄人がとってきた抵抗手段はアメリカに対する抗議と日本政府に対する要請、抗議であった。しかし、日米両政府の意思によって琉球・沖縄を現在の状態にしたのである。琉球・沖縄側が望む結果にならないのは必然だろう。琉球・沖縄側が日本政府に助けを求めるのは、琉球・沖縄人が琉球・沖縄人としてのアイデンティティーを喪失しているからだろう。自分が琉球・沖縄人であるということを自覚せず、他の日本人（大和人）と同様、日

本人を同胞（運命共同体）と錯覚しているから日本を味方と思うのである。琉球・沖縄人のアイデンティティー喪失は琉球併合後になされた同化政策にさかのぼる。ではなぜ、戦前の政策や誤った教育が否定された戦後も琉球・沖縄人はアイデンティティーを回復できず、同化の道を歩んだのか。それは、戦後、とくに「日本復帰」前後の教育者の影響である。戦後の琉球・沖縄社会で影響力を持ったのはいうまでもなく教師たちであった。戦前、教師たちは教え子たちに軍国主義教育と同化主義教育を行っていた。戦後その教師たちは、教え子たちを戦場へ送った反省から軍国主義に対する徹底した反省をしたが、同化主義に対する反省は全くなされなかった。戦前の同化主義を反省することなく戦後にまで同化主義を引きずった教師たちは、「日本復帰」前後に同化主義をさらに徹底させた。琉球・沖縄の言語や歴史、文化を否定し、日本の言語や文化、歴史をめざすべき「標準」として琉球・沖縄の生徒たちに叩き込んだ。社会全体としても、同化主義、日本化を反省する空気はなかった。このように、戦後の琉球・沖縄社会の公的な規範はすべて「標準」である日本の規範に則ることが自明視されてきた。言語も文化も歴史も価値観もその他の規範も、日本を「標準」とし、その規準に合わせることばかりを追い求めていった。そして、土着、在来の言語や文化、歴史などは、一地方的なものとして位置づけられ、独自の言語である琉球語は沖縄「方言」、琉球国の歴史は沖縄県史へと格下げされ、「中央」との間で序列化されていった。その結果、現在の琉球・沖縄人は、琉球・沖縄人としてのアイデンティティーを喪失し、日本人に自己同一化し、自己の文化の価値も理解できず、固有の権利意識も失われてしまった。日本の国内法制度により固有の権利が侵害されても、固有の権利に対する侵害とも思わず、他の日本人一般の権利侵害としか理解できなくなり、その救済を日本政府に求めるためにますます日本に依存するようになった。

　このように、同化とは固有の価値観や規範を捨てることである。すなわち、独自の倫理観を捨てることでもある。倫理、道徳はいうまでもなく、法律といった強制力をもち、かつ一般的な規範とは異なり、各自の内面、価値観に属する問題である。したがって、何をもって善、美徳とするかは、各自の属する社

会の価値観に依拠するところが大きい。よって、琉球・沖縄が同化主義を進めることは、土着の倫理を破壊することでもあり、近代の琉球・沖縄の指導者や社会は自ら進んで倫理観の破壊を行ってきたと言っても過言ではない。ではなぜ、琉球・沖縄社会は自ら倫理を破壊して省みなかったのだろうか。丸山真男は「超国家主義の論理と心理」で近代の日本が超国家主義に走った理由を、国家が政教一致の体制を取り、個人の内面（道徳）まで支配したからだと分析した。そして、国家が個人の内面を支配することが可能だったのは、反体制側（自由民権運動）が権利のみに関心を持ち、道徳の問題には無関心だったからだと分析した。このことは近代の沖縄の指導者層も当てはまると思う。明治以後の琉球・沖縄の指導者たちは、自分たちの社会を後進的だと思い込み、近代化させることを最大の目標としてきた。彼らの描く近代化とは、物質的な豊かさや制度的先進性であった。そしてその象徴的存在が日本であった。必然的に精神的、内面的な問題は軽視され、外形的なものが重視された。ソテツ地獄と呼ばれた時代、大正末期に元大阪毎日新聞経済部長松岡正男が次のようなことを指摘した。「元来天恵の少い琉球は、既述せる幾多の原因によって、疲弊に疲弊を重ねて今日の状態に立ち至ったが、それに油をそゝいで、勢ひを速かにならしめたものは、沖縄県民の虚栄心であった。即ち、沖縄県民は、一日も早く他府県同様の地位を得んことに焦慮した。それがために彼等は、堅実なる努力よりも寧ろ形を整へることにヨリ多く腐心した。かくの如くして出来上ったものは、当然砂上の高楼であらねばならぬ」（「赤裸々に視た琉球の現状」『沖縄救済論集』）。この傾向は戦前から戦後、現在まで受け継がれた。「復帰」後の琉球・沖縄のスローガンは「格差是正」「本土並み」であり、すべて経済的、物質的豊かさなど外形的な豊かさである。反戦平和さえも、倫理の問題というよりは、政治の問題として主張されてきたきらいがある。例えば、近年の県民大会も規模の大きさを誇示するあまり、そのために組織による動員や保革の超党派を訴えるというような形式主義的傾向が顕著にみられる。このような外形を重視し、内面を軽視した結果として現在の琉球・沖縄人は、物欲と虚栄心が肥大化し、倫理は荒廃したと言わざるをえない。自然破壊、伝統文化の破壊消滅、

琉球語の消滅、平和主義の衰退、強者に追従し弱者に対して抑圧する風潮（とくに行政）、拝金主義の横行、肥満率の高さ、伝統的食文化を捨てた結果の長寿社会の崩壊、成人式で暴れる若者に象徴される人心の荒廃など、現在の琉球・沖縄社会の荒廃は、物欲と虚栄心のため自ら美点を捨てたためである。

　戦後琉球・沖縄社会をリードしてきた革新勢力も、内面を軽視し、外形を重視したため、選挙の争点も反戦平和や反基地から経済的豊かさにとって替わられたのは当然のなりゆきだろう。とくに戦後の琉球・沖縄の社会運動は政治を出発点とする。戦争の記憶や、戦後の米軍による軍事支配に対する抵抗を出発の動機とし、既述のとおり、琉球・沖縄人エリートの外形重視主義のため、内面の問題、つまり文化や民族というアイデンティティーの問題にはならない。貴重な固有の文化を持ち、その結晶である文化財や歴史資料を戦争で潭滅されたにもかかわらず、それに対して敬愛し顧ることもなく、戦前のありし日の姿を懐古することさえ忌避されるのである。琉球・沖縄の指導者たちの同化主義の問題は結局は問題を根本的に考えないことに起因すると思われる。問題を根本的に思考しないために、表面的な情勢論に流されることになる。このことは軍事・安全保障問題で顕著である。琉球・沖縄の知識人が在沖米軍の存在意義を否定する場合、日米が主張する抑止論の論拠を崩す方法がとられるが、この場合、抑止論の正しさが認められればそれを受け容れなければならなくなるという危険がある。情勢論は相手の主張の土俵に乗るため、相手に左右される。何よりも対症療法でしかないのである。そうならないためにも、問題を根本に遡って考える姿勢が必要であると思う。

　また、外形主義と同時に琉球・沖縄人のアイデンティティーを喪失させたのは、開発による土着からの切り離しである。開発によって、伝統的共同体が破壊された地元住民は、土着の生活から切り離され、都市の消費生活者に変えられてしまった。その結果、郷土に対する思いが抽象化し、愛情が薄れていった。ちょうど、東京都民に故郷がなく、郷土愛がないのと同じである。このことが琉球・沖縄から利益を収奪しようと企てる者や、琉球・沖縄に軍事基地を固定化しようと思う者たちにつけ込む隙を与えている。

以上述べてきたように、琉球・沖縄人アイデンティティーを回復することは、倫理の維持と民族としての存立のためである。琉球・沖縄人が日本人になるということは、琉球・沖縄人に対する決定権、すなわち「生・殺・与・奪」の権を日本が握るということである。琉球・沖縄人は日本と同一法制度、同権獲得を地位向上と誤解してきた。従来の主張も「同じ日本人として差別するな」「本土並み」であり、自ら生得の権利を日本に渡し、日本人化するため琉球・沖縄人独自のものを否定し、必死で日本人になろうとして自ら日本ナショナリズムに統合されていった。近年の尖閣問題はそのことをよく示している。

　いうまでもなく、琉球・沖縄人は独自の言語を持ち、独自の文化、歴史、精神世界を持ち、それらを育んだ自然や風土など、かけがえのない郷土を持っている。そして何より、琉球・沖縄人自身が独自の民なのである。これらは地球上で2つとないものである。これらは一度失われてしまったならば、二度と元には戻らないのである。今、このかけがえのないものが失われようとしている。ひとつの民族とその文化、風土が消えようとしているのである。私はその一員として民族としての琉球・沖縄人の存立を守らなければならないと思っている。私がこのような民族主義を主張することを危険視する向きもあるかもしれないが、私が主張する琉球民族主義は、決してドイツやフランス、大和民族主義などのような大国のナショナリズムとは違う。大国に支配された者の解放のための思想、運動なのである。被支配者、被抑圧者の解放のための思想であり、いうなれば、弱者の思想なのである。したがって、被害者にも加害者にもならないための思想である。めざすのは平和、共生の社会である。今までの琉球・沖縄の指導者たちは、強者に同化しようとしてきたため、反戦平和を唱えてきた革新勢力でさえ、他の弱者への共感は弱かったと言わざるをえない。グアムへの海兵隊の移転を支持するのはその表れである。私はその反省の上に立って、弱者の立場を意識した琉球・沖縄人の民族主義を主張していきたい。

おわりに——今後の展望——

　先住民族の権利に関する国連宣言採択や、日本政府によるアイヌ民族の先住民族認定、琉球・沖縄問題に関する国連の人権機関による日本政府に対する勧告など、近年の国際社会における人権擁護の高まり、とくに先住民族の権利回復、擁護の潮流と植民地主義研究が日本による抑圧に日常的に晒されている琉球・沖縄人の自覚を高めた。アメリカの軍事基地問題も表面的にはアメリカによる抑圧に見えるが、根本的には日本政府や日本人の合意、多数意見によるものということが琉球・沖縄人に理解され始めた。

　現在、琉球独立の理論的、実践的中心である松島泰勝はハワイ、ニューカレドニア、グアムなど太平洋島嶼地域の脱植民地化、独立の事例を中心に、イギリスの植民地であったインド、スリランカ、パキスタン、バングラディッシュなど南アジアの事例などを参考にして琉球の独立を牽引している。とくにハワイ、グアム、ニューカレドニアの事例を引き、国連の脱植民地化特別委員会や先住民族に関する専門家機構、人種差別撤廃委員会、人権規約委員会などの国連機関の利用や、太平洋諸島フォーラムや ASEAN などにオブザーバーとして参加し、国連の非自治地域リストへの登録を提唱するなど独立の具体的方法を提案している[18]。

　また、あるグループは、スウェーデンとフィンランドの間にあって非武装で自治権を獲得したオーランド諸島の事例を参考に琉球・沖縄の将来を模索している。

　汪暉は著書『世界史のなかの中国　文革・琉球・チベット』の中で近代西洋の産物である近代国家の形式、制度と前近代の東アジアの国際秩序の違いについて比較している。近代西洋の産物である近代国家は内部の統一性、単一性などの画一を求め、国家の内と外に完全な境界を求める硬直性をもつ。これに対して前近代の東アジアの秩序、すなわち中国と琉球・朝鮮などの朝貢国関係は文化や政治、その他習俗に対する多様性、弾力性をもっていた。中国は琉球や

朝鮮などの朝貢国の内政には干渉しなかった。帝国主義の時代には侵略の道具としてロジックを提供した近代国際法が、大国が他者を支配するための道具ではなりえなくなっている現在、伝統的関係を再解釈し、われわれが身を置いている制度の枠組みとその価値に対する省察的、批判的視野を形成することを提議している[19]。確かに、先住民族の権利に関する国連宣言や生物多様性条約などの提示する視点は、既存の国家を分断せずに、既存の国家内部で多様性を保障する道を開く可能性をもっており、前近代の東アジア秩序と通じるものがあるだろう。これも今後の琉球・沖縄の選択肢のひとつかもしれない。

このように琉球・沖縄の現状を打開し、他者の犠牲にされず琉球・沖縄人が自分自身の幸福、利益を追求するために、琉球・沖縄の将来について日本とは独自の道を進む方向が模索され始めている。それは琉球の日本からの独立、連邦制、地方分権の流れに乗って国から権限委譲をめざす道州制などさまざまである。思想・理念としての琉球・沖縄の独立は戦後初期から語られてきた。「復帰」前後からは現実政策として琉球・沖縄の自律が構想されてきた。その中身は特別県構想、自治州、地方分権の流れに乗った道州制、完全独立等である。紙幅の都合上、個々について言及できないが[20]、琉球・沖縄自立論の根底にあるのは琉球・沖縄人の独自のアイデンティティーである。言いかえれば、琉球民族意識の形成運動の一環である。それが異質の法理である地方自治として語られているのである。琉球・沖縄の自立が琉球・沖縄人の独自のアイデンティティーに基づくものであれば、琉球・沖縄人の自立は国際法上の民族の自己決定権に根拠づけられるべきである。琉球・沖縄自立論に共通するのは平和・共生の理念である。琉球・沖縄人と日本人が共生するためには過去の清算と独自の民族性を尊重し、その権利を認めることは不可欠だろう。

注
1) 『琉球新報』2012年1月3日付。
2) 上村英明『先住民族の「近代史」』平凡社、2001年。
3) 江口圭一『十五年戦争小史』青木書店、1991年。
4) 同前。

5）「時局処理要綱案」江口前掲書所収。
6）日本近代思想大系12『対外観』岩波書店、1988年。
7）小熊英二『〈日本人〉の境界　沖縄・アイヌ・台湾・朝鮮　植民地支配から復帰運動まで』新曜社、1998年。
8）「沖縄警備隊区徴募概況」防衛省防衛研究所蔵。
9）大正11年沖縄連隊区司令部報告書所収「沖縄県の歴史的関係及人情風俗」東京都立中央図書館蔵。
10）「沖縄防備対策」藤原彰・功刀俊洋編『資料日本現代史8』大月書店、1983年。
11）『わが沖縄　方言論争』（『叢書わが沖縄　第二巻』）木耳社、1970年。
12）藤原彰編『沖縄戦──国土が戦場になったとき』青木書店、1993年。
13）野村正起『シリーズ戦争の証言一六　沖縄戦敗兵日記』太平出版社、1992年。
14）矢部貞治『近衛文麿』近衛文麿伝記編纂刊行会編、弘文堂、1952年。
15）「人権と基本的自由の重大な侵害を受けた被害者の原状回復、賠償および更生を求める権利についての研究」（テオ・ファン・ボーベン著／荒井信一訳『ファン・ボーベン国連最終報告書』日本の戦争責任資料センター、1994年）。
16）同前。
17）汪暉『世界史のなかの中国　文革・琉球・チベット』青土社、2011年。
18）松島泰勝『琉球独立への道　植民地主義に抗う琉球ナショナリズム』法律文化社、2012年。
19）汪暉前掲書。
20）松島前掲書参照。

6 ヤマトと琉球のマツリとマツリゴト

樋 口　淳

1．マツリとマツリゴト

(1) 卑弥呼と男弟

　古代の日本においては、神祭りと政治が密接に結びついていた。このことは『古事記』『日本書紀』の記述や『魏志倭人伝』『隋書・倭国伝』のような中国の史書の記述から窺い知ることができる。

　例えば『魏志倭人伝』には、「其國本亦以男子為王。住七八十年、倭國亂、相攻伐歴年。乃共立一女子為王。名曰卑彌呼。事鬼道、能惑衆。年已長大、無夫婿。有男弟佐治國。自為王以來、少有見者。以婢千人自侍。唯有男子一人給飲食、傳辭出入。居處宮室樓觀、城柵嚴設、常有人持兵守衛。」のような記述があることが、よく知られている。

　卜部兼方から現在に至る「後漢書・東夷伝倭條」研究を概観した三品彰英は、この「事鬼道、能惑衆、年已長大、無夫婿」の記述について、「鬼道に事えるとは直接に神霊と交わるの意であり、卑弥呼のシャーマン的性能をよく伝える一句である。一定の儀礼を通して憑依状態に入ったシャーマンが、神霊と直接交融し、種々の神託を伝える宗教的様態は、今なお中央アジア、北アジア・朝鮮・日本、さらには南米の未開民族の間に見られるところである」と記している[1]。

さらに三品は「有男弟佐治國」に関して「古代王者にあっては聖権・俗権を分離的に継承し、巫女的女性が聖権を担当する例は、早期社会に広く見られるところである。卑弥呼と男弟との関係も、こうした聖俗分離の一形態を示すものである」と述べる[2]。

祭りの場で神霊と交わり、神の声を聞く女と、その意を受けて世俗の政治を行う男というカップルの存在を、いっそう際立たせるのは『古事記』『日本書紀』の仲哀天皇と神功皇后に関する記述であろう。

神功皇后は、仲哀8（200）年の秋に仲哀天皇が熊襲征伐を企てた折に、仲哀が琴を弾き、武内宿禰が沙庭となって、神託を受ける。神功皇后は、神がかりして、熊襲ではなく豊かな西方の国（新羅）を与えようという神託を告げるが、仲哀はこれを信じず、死にいたる。

とくに『古事記』の場合、聖なる巫女の俗なる天皇に対する優位が鮮明で、「高地に登って西方をみたが、国土は見えず大海があるのみだ」という仲哀に対し、神の怒りは激しく、琴の音はたえて、仲哀はその場で命を奪われる。その後、仲哀に替わって軍を率いた神功皇后が、いわゆる「三韓征伐」を行ったことは、よく知られている。

(2) あの世とこの世をつなぐ

マツリを行って〈あの世〉の声を聞き、〈この世〉の現在・過去・未来の真実を知ることは、宗教の基本であり、このことはキリスト教のように高度に制度化された信仰の場合も、恐山のイタコや沖縄のユタ、韓国のムーダンのような小さな神々に対する信仰の場合も変わらない。このとき、〈あの世〉と〈この世〉を目に見えるかたちで繋ぎ、あの世からのメッセージを伝えるのが〈巫〉である。この場合、いわゆる〈神懸り〉が目に見える形で示されるのが、宗教学的にいえば〈シャーマン〉であり、一般的な〈シャーマニズム研究〉の対象となる。

〈あの世〉と〈この世〉のこの関係を、古代日本の〈マツリ〉と〈マツリゴト〉の世界にあてはめると、図6-1のように示すことができる。この世の中心に

は〈天皇〉を中心とした秩序があり、あの世には、例えば〈アマテラス〉を中心とした八百万の神の秩序がある。この世の中心である天皇は、農耕を主体とした日々の営み、日照りや洪水などの災害対策、疫病の流行や対外戦争などの非常事態にあたって、正しい判断を下すために〈あの世〉の声を聞かなければならない。

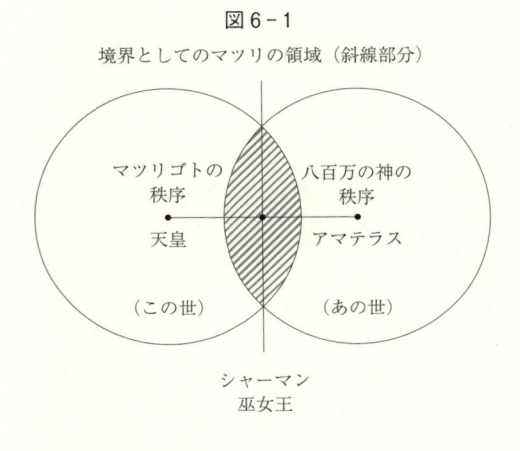

図 6-1
境界としてのマツリの領域（斜線部分）

マツリゴトの秩序　　　八百万の神の秩序
天皇　　　　　　　　　アマテラス
（この世）　　　　　　（あの世）

シャーマン
巫女王

このとき、あの世の声を伝えるのは必ずしも巫女である必要はなかった。神功皇后の場合にも皇后自身が神懸りしたが、それを武内宿禰が〈サニワ・沙庭〉として補佐している。この場合、神懸りした皇后に替わって神の言葉を告げたのは武内宿禰であろう。

記紀には、崇神をはじめ天皇自らが夢で神の啓示を聞いたり、神マツリを主宰する例も少なくない。しかし、あの世とこの世を繋ぐ〈巫〉には、圧倒的に女が多いことは否定できない。しかも、これらの神マツリの多くは、男と女のカップルによって執り行われている。崇神治下の疫病流行に際して、天皇の命によってアマテラスを祀る任にあたった豊鋤入姫や、次代の崇仁治下にアマテラス祭祀を豊鋤入姫から受け継ぎ、伊勢で祀ることとした倭姫のように、天皇の妹などの近親女性が〈斎王〉として、国家祭祀の中心となる社の祭主となったことも伝えられている。このような斎王の歴史を辿った山中智恵子は、古代日本の伝承上の斎王として、実に12名を挙げている[3]。

(3) 斎宮の制度化とその衰退

卑弥呼や神功皇后のような圧倒的な力をもった時代から、〈大王〉が世俗支配の力を強め、〈天皇〉として権力を掌握し、制度の頂点に立つようになると、

〈あの世〉の声を聞く巫女の力は形骸化し、世俗の中に組み込まれ〈制度としての斎宮〉が誕生する。

制度としての斎宮が、いつ生まれたかに関しては諸説あるが、榎村寛之はそれを天武天皇の時代としている[4]。

榎村によれば、663年の白村江の戦の敗戦の後、専制権力を握った中大兄皇子（天智）は有能で忠実な官僚機構を従えて強力な中央集権化を推進する。天智の協力者であった大海人皇子（天武）は、天智の死後、中央集権化に反対する地方豪族の支持をえて、王権を奪取する。その結果、天武は「中央集権政府の長であり、全国の地方豪族の上にも君臨する王者」すなわち〈天皇〉の役割を、はじめて担うことになった。

天武が確立した〈天皇〉の政治制度を補強するために伊勢に派遣された娘の大来皇女が、最初の〈制度としての斎宮〉であるというのが、榎村の主張である。

榎村は「確かに壬申の乱の時に、隠棲した吉野を脱出し、伊勢に入った天武は、伊勢神宮を遥拝した。しかし彼女（大来皇女）の派遣は単なる戦勝祈願だけではないように思う。本来東国支配を意識して創られたと見られる伊勢神宮に皇女を派遣することは、中央政府と地方豪族に君臨する〈天皇〉の、最高のデモンストレーションだったと考えられる。その意味で大来は画期的な存在だった。彼女こそ、間違いなく、律令王権が必要とした斎王であり、〈最初の斎王〉だったのである」と述べている[5]。

以後、鎌倉中期の後嵯峨天皇の時代まで、約570年あまりにわたって斎宮はほぼ絶え間なく存続する。そして天皇の政治的な権力喪失にともなって亀山、後二条と間歇的に登場し、ついに後醍醐の時代を迎える。

この後醍醐に関する榎村の記述も注目に値する。

後醍醐は新しい形の専制君主をめざし、貴族・武士やそれ以外の層からも広範な支持を集め、ついに鎌倉幕府を倒した後、娘を斎王に選んでいるのである。その斎王、祥子内親王は、公的な記録では、元弘3（1333）年に卜定

されたとされているが、実際はその翌、建武元年、新政権がその政治スローガンとした〈建武〉改元の直後に選ばれたらしい。つまり、後醍醐は新しい王権の象徴として形骸化しつつあった斎王制度の再生を考えていたのである。

しかし、後醍醐政権が、こうした復古政策により、武士の期待を裏切り、支持を失ったことは言うまでもない。そして建武の新政の崩壊は、斎王制度の廃絶に直結した。かくて建武2（1335）年以降、斎宮についての記事はなくなり、ついに斎王制度は、その長い歴史に幕を下ろすことになるのである[6]。

以上のような〈マツリとマツリゴトの場において、男と女が役割を分かち合い、補完し合うという関係〉が、中央アジア、北アジア・朝鮮・日本に広く存在することは、はじめに紹介した三品彰英の主張をまつまでもない。三品はとくに「有男弟佐治國」に関して「国王の主権が司霊者的立場に立つ巫女王のそれに依頼する典型的な姿は、古琉球におけるキコエ大君とその国王との間に見られる」と述べている[7]。三品のこの主張は佐喜真興英の『女人政治考』に依拠する。

そこで、次にこの佐喜真興英の『女人政治考』（『佐喜真興英全集』所収）と伊波普猷の『古琉球の政治』を手がかりに、沖縄におけるマツリとマツリゴト、男と女の補完関係を見てみよう。

2．古琉球の宗教政策

(1) 王と聞得大君の伝承

ヤマトに多くの伝承の巫女王がいたように、伝承時代の琉球にも〈世俗の王〉と〈聖なる巫女王〉の存在が窺われる。手がかりとなるのは、古代の神歌を多くおさめた「おもろさうし（草子・双紙）」と、「妹の力」としてよく知られる、兄弟や父親のような男（エケリ・ウッキー）を守る女（オナリ・ウナイ）の霊

的な力を信じるオナリ神の民俗であろう。

　「おもろさうし」によって〈聖なる巫女王〉の存在を明らかにしようとする試みは、佐喜真興英の『女人政治考』を嚆矢とするといってよいだろう。佐喜真は、この著作のなかで支配者としての聞得大君の強い力を讃えるオモロをいくつも紹介した上で、「キコエ大君とは霊威照々世界に聞えた大君の意である」「王姉なる女君が古琉球に女治をふるった。其の有様はオモロ双紙によって是を窺うことが出来る」と述べた[8]。

　彼は、その証左として嘉靖11（1532）年に琉球を訪れた冊封使・陳侃の『使琉球録』を引用した上で、「是等の材料で見ると古琉球に女君が存在し其の霊力で島国を支配して居ったことが分かる。固より男性の王も存在した。女君独裁ではなく王と二重統治権をなして居った。然しオモロを通じて見るならば女君は国王よりも優秀意思の所有者であったことを知りうる。即ち女君は第一次主権者で国王は第二次主権者と称することが出来るのである。女君の有する主権は独自神授であるが、反之国王のそれは専ら女君に依頼したのである」とする[9]。〈聖なる巫女王としての聞得大君〉と〈世俗の王としての琉球王〉の二重統治を認めたうえで、〈聖なる巫女王〉を第一次主権者、〈世俗の王〉を第二次主権者とし、この関係を『魏志倭人伝』における卑弥呼と男弟の関係に比定できると考えたのである。

　このとき、佐喜真が引用した陳侃の『使琉球録』は、伊波普猷が『古琉球の政治』のなかでわかりやすく口語訳しているので、次にそれを紹介してみよう[10]。

　　琉球の風俗は神を畏れる。神は皆婦人を以って尸（巫覡）と為すが、二夫に見えた者は尸となることができぬ。王府に事があると、聚って来るが、其の時分には国王が世子及び陪臣を率いて、これに向かって頓首百拝する。（……）その尸婦は女君といい、350人位の部下があって、其の下で活動して居る何れも草捲を戴き、樹枝を携えている。

6　ヤマトと琉球のマツリとマツリゴト　127

　ここに述べられている女君とは、聞得大君のことであり、『魏志倭人伝』から1300年も時代は下るが、同じく〈世俗の王〉と〈聖なる巫女王〉を目の当たりにした外交官の同じ驚きを伝える記録として興味深い。しかし、ここに見える尸（聞得大君）を迎え、頓首百拝する琉球王の関係から、〈尸〉を第一次主権者、〈国王〉を第二次主権者と性急に結論してよいものだろうか。
　陳侃の記述で気をつけなければいけないのは、これが祭祀という非日常的な場での秩序を示すものであり、世俗的な力関係を示すものではないということである。
　琉球・沖縄文化圏では、例えば海神祭のような現在の祭りの場でも、男たちは司祭としての女を拝む。女たちは、まさに陳侃のいうとおり、山の緑を冠とし、枝を杖として神を演じている。男たちはこれを迎え、拝み、奉仕する。しかし、祭が終わり、日常の生活にもどれば、女たちは主婦や娘に返り、男たちに仕える。
　祭の場では、男たちは司祭である女を通してあの世のカミを拝んでいるのであって、女を拝んでいるわけではない。ここから性急に「女君は第一次主権者で国王は第二次主権者」という結論を引き出すのは、残念ながら正しくない。そこには、女（＝聖）と男（＝俗）という対立と役割の分担が見られるだけで、第一次、第二次という主権の上下はない。
　佐喜真が、もうひとつ間違えたのは、資料としての「おもろさうし」の扱いである。
　彼は、「おもろさうし」を13世紀頃から14世紀頃までの歌謡を集めたものであるとして、おもろの語る古琉球を支配した女君の姿を、16世紀の第二尚王朝の世界に投影しようと試みたが、それも正しくないのだ。
　「おもろさうし」は、嘉靖10（1531）年から天啓3（1623）年にかけて編纂されたもので、収録された神歌の時代はまちまちで、佐喜真の依拠するおもろは、とくに時代の下る新しいものばかりである。
　マツリの主宰者としてのノロを深く研究した宮城栄昌が『沖縄ノロの研究』で詳述しているように、〈聞得大君〉という神女の呼称は比較的新しい。おそ

らくそれは第二尚氏王朝の尚真王の時代に登場したものである。
　〈世俗の王〉を守る〈聖なる巫女王〉の呼称を「聞得大君」とし、高度に制度化された巫女組織の長としなければ、第二尚氏以前にも〈世俗の王を守る聖なる巫女王〉が存在したことは、「おもろさうし」を通して十分に知られる。しかし、尚真以前の〈聖なる巫女王〉たちは、350人の部下をもち、国王をして頓首百拝せしめるような〈劇場的な祭祀の頂点に立つ聞得大君〉とは、性格を異にしたはずである。
　〈聖なる巫女王〉の祭祀を演出し、劇場化したのが尚真であったとする宮城は、次のように書いている。

　　王国の最高神女たる聞得大君の〈聞得〉は〈大君〉の美称辞であるが、大君には君の最高者という意がある。また『おもろ』に〈一大君、大君ぎゃいそこ、漕げ網ゃ強く、又国守り、国守りがいそこ〉とある如く、国守りは大君の同義語で、国の守護神たる機能の所有者が政治社会の確立で大君と化していった経過がみられる。聞得大君が『琉球神道記』に〈聞補（得）君ヲ（三十三君の）長トス〉と、また『女官御双紙』に〈此おふきみ三十三君の最上なり〉とある如く、王国の最高神女として公的地位を占めたのは第二尚氏時代以後のことで、第一尚氏王統時代あるいはそれ以前の最高神女は多分〈さすかさ〉であったと、伊波普猷は『きみよし考』で述べている。聞得大君が、比較的新しく出現した神女たることを証するものとして、おもろ御さうし目録の第一〈首里王府の御さうし〉（きこゑ大ぎみがおもろ）・第三〈きこゑ大君がなしおもろ御さうし〉や、聞得大君とその対語の鳴響む精高子が謡われている〈おもろ〉は全体的に新しく成立したものに属するとされるが、それから的確に時代を推定することは困難である。ただ聞得大君とおぎやかもい＝尚真王及び天続ぎ＝尚清王との関係を示したものが第一・三・七・一二に合計で一三首もあり、1500（明応9）年の赤蜂の乱に対する聞得大君の戦勝予祝の〈おもろ〉もある（1-35）。これでみる限り聞得大君の出現が尚真と深い関係があったことが知られる。また〈おもろ〉からみた聞得大君の機能

として国王に世を守護し支配する霊力を捧げ、あるいは世果報や長寿や戦霊力をみおやすことが最重要なものとしている点からみて、この神女が絶大なる政治権力と結合していたことが推測され、その権力保持者こそ尚真王であったことを容易に想起せしめるに足るのである[11]。

宮城はここで尚真の「絶大なる政治権力」について語るが、この政治権力と聞得大君の制度化について初めて説いたのが、伊波普猷であり、彼の〈古琉球〉とは、まさに尚真の治世の謂いである。

(2) 〈古琉球〉のマツリとマツリゴト

伊波普猷が『古琉球の政治』を河上肇の「崇神天皇の朝神宮皇居の別新に起こりし事実を以って国家統一の大時期を劃すものなりと云ふ私見」(『京都法学会雑誌』1911年)の紹介から始めていることは、興味深い。沖縄を訪れ、伊波の話に耳を傾けた河上は、直ちにこれを伊波に送っている。

この論文は、そのタイトルが示すとおり、崇神天皇の時代に〈世俗の中心としての皇居〉のほかに〈聖なる中心としての神宮(斎宮)〉が別に設けられ、豊鋤入姫がアマテラスを祀る任にあたったことが、単に〈政教分離の始まり〉といった意味にとどまらず、中央集権的な国家の存在を目に見えるかたちで世に示す画期的な出来事であったとするものである。

河上によれば、崇神以前の小国家の群立する時代には、各氏族の長がそれぞれの祖先を氏神として祀り、その社を氏族長の居処においていた。しかし〈数多の氏族〉を従える大王・天皇となった崇神は、その聖俗にわたる権威を示すために、自らの氏神であるアマテラスを数ある氏族の〈共同の祭神〉として、宮中から笠縫邑に遷し祀り、皇女の豊鋤入姫を齋王とすることによって〈数多の氏族〉共同のマツリを執り行わせ、ハツクニシラス・スメラミコト(御肇國天皇)として中央集権国家の礎を築いたというのである。

河上のこの主張は、さきに紹介した榎村寛之の主張とよく似ている。榎村は、齋王を制度化し、中央集権国家の頂点に立った最初の〈世俗王〉を崇神ではな

く天武としているが、その主張は河上のそれの延長上にあるとしてよい。

　伊波普猷の『古琉球の政治』は、河上の考えを沖縄にあてはめ、さらに精緻に展開したものである。

　伊波によれば、尚真は〈古琉球〉における中央集権の創始者であり、彼の行った改革は数多いが、その第一は沖縄諸地域の支配者であった按司の首里集居である。

　この首里集居について、伊波は次のように書いている。

　　首里に永住するようになった諸按司は、其の領地には地頭代という役人を置いて之を治めさせたが、もともと祖先崇拝の人民であるから、折り折り其の祖先の墳墓に参詣する為に、故郷を見舞うことがしばしばあった。こういうように彼等をしばしばその墳墓にかえすということは、復古的な考えを起こさせる基になり、政策上よくないというので、首里王府では三平等に各自の遥拝所を設けさせることにした。即ち〈南風の平等〉には赤たに首里殿内を、〈真和志の平等〉は山川に真壁殿内を、〈西の平等〉には儀保に儀保殿内を、それぞれ建てさせた。(……) これらの神官は何れも未婚の女子で、名家の女子を以て之に任じ、その職名を〈大あむしられ〉といった。この〈あむ〉は母の意で〈しられ〉は〈しらす〉即ち治めるの意である[12]。

　伊波は、徳川政権が参勤交代によって大名を江戸に集居させ、政権の祖である家康を東照宮に祀って権現信仰を普遍化したように、尚真が按司を首里に集居させ、中央に聞得大君をおき、三地域の方向に三平等という遥拝所を設け、三名〈大あむしられ〉という神官によって、その聖地を守らせた、と考えている。彼は、この制度は、崇神や天武の斎宮創設と同じく、世俗的な支配者の強い政治的意図を反映していたとして、次のように述べている。

　　〈大あむしられ〉には政治的な意味のあることが能くわかる。三司官が三山又は三平等と関係して出来たかどうかの研究は未だやったことがないが、

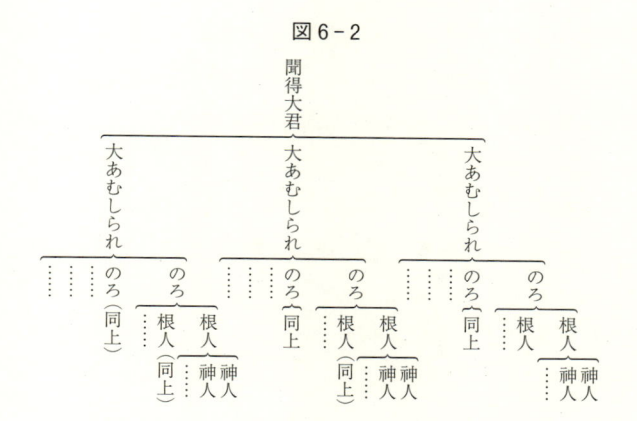

6 ヤマトと琉球のマツリとマツリゴト 131

図6-2

```
             聞得大君
    ┌─────────┼─────────┐
  大            大            大
  あ            あ            あ
  む            む            む
  し            し            し
  ら            ら            ら
  れ            れ            れ
 ┌─┼─┐      ┌─┼─┐      ┌─┼─┐
 の の       の の       の の
 ろ ろ       ろ ろ       ろ ろ
(同 根       (同 根       (同 根
 上) 人      上) 人      上) 人
    ┌┴┐       ┌┴┐       ┌┴┐
    根 神     根 神     根 神
    人 人     人 人     人 人
   (同       (同       (同
    上)       上)       上)
```

　三人の大あむしられを三司官即ち三人の〈よあすたべ（国務大臣）〉と比較して考えるとその間に面白い関係がありそうに思われる。実際この大あむしられ等は、大勢の〈祝のろ〉即ち〈のろくもい〉という田舎の女の神官等を支配して、政治上可なり重要な位地を占めていたのである[13]。

　三平等のあむしられ等は、各其の管轄内の官民を率いて、自分の神社及び其の管轄内の拝所に参詣することもあり、時には聯合して、聞得大君御殿に参詣し、それから首里中の拝所を拝み廻ることもあった[14]。

　「それから国王の御葬儀とか、聞得大君の〈おあらおり（聞得大君が任命されてはじめて齋場御嶽を参詣する儀礼）〉とかいう場合には、大あむしられ等は各其の管下の〈のろくもい〉を悉く召集して、オモロの謡い方などを練習させて、行列に加わらせたのである[15]。

　ここで伊波のいう〈のろくもい〉とは、さきほどあげた海神祭をはじめとする沖縄各地の祭祀を現在も担う祝女のことである。伊波は〈古琉球〉における祝女の姿を、次のように書いている。

　　〈のろ〉には祝という字があてはめてあるが、これには〈祈る人〉の義が

ある。彼女等の任命の時には、銘々の監督者たる〈大あむしられ〉の所にいって、辞令を受け取ったのである。そして彼女等は〈のろ〉の〈しるし〉として〈玉加玻羅〉即ち曲玉を拝領し儀式の時にはいつも之を首にはいたのである[16]。

　〈のろ〉の神社を祝殿内（のろどんち）といい一間切即ち今の一村に数カ所もあって、何れもその地の信仰の中心となっていた。〈のろくもい〉は何れも世襲で、〈おゑか〉即ち吏員と等しく、役地として一定の土地をあてがわれ、其の在職中耕作の権を与えられていた。これが即ち〈のろくもい地〉である[17]。

伊波は、聞得大君、大あむしられ、のろの関係を、図6-2のようにわかりやすく示している[18]。そして図の下位に示された根人（ねっちゅ）について、次のように説く。

　さて右に述べた〈のろくもい〉以上の神職は政略上いわば人為的に出来上がったもので、何れも純然たる官吏であった。そして首里王府はこれら〈のろくもい〉を自然に出来上がった根人（根神即ち氏神に仕える尸）の上に置いて、之等を支配させたのである。だから昔は〈のろ〉と根人とは仲があまりよくなかったとのことである。そして根人の下にも亦多くの神人（支家の神に仕える尸婦）があるのである[19]。

以上のような伊波の記述に明らかなように、古琉球の祭祀組織は〈聞得大君→大あむしられ→のろ〉という制度化された神女と、〈根人→神人〉という制度以前の神女が、接木のように組み合わされることによって成り立っていたのである。

　ここで伊波のいう〈根人〉とは、さらに正確に言えば〈根人〉と〈根神〉のカップルのことであり、根神はつい最近までの沖縄の神祭りのなかで、祝女とともに大きな役割を果たしてきた。伊波の言う〈古琉球〉以前の世界において、根神は、聞得大君が王と対をなしたように、村（シマ）という小さな共同体の長である

根人＝男と対をなす巫女王であったはずである。この根人と根神こそ、尚真が〈古琉球〉の政治を打ち立て、王と聞得大君のもとにマツリとマツリゴトを組織する以前の、シマ（村共同体）のマツリとマツリゴトの原型である。

尚真は、根人と根神という〈男＝エケリ・女＝オナリ〉のオナリ神信仰を基礎とすることによって、世俗を支配する〈古琉球の王〉とそれを守る〈聖なる聞得大君〉という秩序を生み出すことができたのである。

(3) オナリとエケリの行方

今日、根人と根神の関係を正確に解き明かすことは難しい。彼等は、制度としてその地位を保証され、辞令とともに祝女殿内という土地まで与えられた祝女とちがって、ほとんど記録が残されていないからである。しかし伊波のいうように「田舎の村落へ行くと、今（伊波の時代）でも一字に一箇所の根所（村＝シマの宗家）があるが、根所は大方村落の真中にあって、之を中心として、家族的の村が出来た。ところが後には種々変動があって、出て行く者もあり、入って来る者もあって、其原形は失われたが、それでもなお同字内のものは大多数親類で、大概根神の氏子になっている。それから根所に属する人員が増加して、最早之を悉く包括することが出来ないようになると、分家を立つるに至るのである」[20]。この分家を立てる場合に、オナリ神の力が働く。このことについても伊波の貴重な証言がある。「古来琉球の習俗として人家相続して七世に及ぶと、必ず神が生まれるということになっている。そしてそれは男女二柱である。祖考以上始祖に至る亡霊をもって神と為すのである。親族の女子二人を選んで神こでと為し、これに一切の祭事を司らしめるのである」[21]。

ということは、分家であっても七代立てば、一族はその本家に始祖を祀る祭壇をもち、二人の神人を選んで神祭りを行う資格をうる、ということだろう。

伊波はさらに、この二人のうち「一人をオメケイ・オコデ（男神に奉仕する者）といい、他の一人をオメナイ・オコデ（女神に奉仕する者）というのである。ついでにいうが、琉球の上流社会では兄弟をオメケイといい、姉妹をオメナイといっている。普通の人は兄弟をエケイ（エケリ）といい、姉妹をヲナイ

（オナリ）といっている。それからここで注意すべきことは、祭儀を行うとき、女神に仕うるオメナイ・オコデが男神に仕うるオメケイ・オコデよりも上席に坐ることである。それはエケイ神よりもヲナイ神が上になっているからである。それから琉球語で兄弟姉妹というべき熟語がヲナイ・エケイ（姉妹兄弟）となっているのも注意すべきことである。これはとりもなおさず母権時代の遺風である」22)と書いている。佐喜真興英は、伊波普猷のこのような記述に触発されて『女人政治考』で、〈聖なる巫女王〉を第一次主権者、〈世俗の王〉を第二次主権者としたのであろうが、それはともかくとして、新しく一族を立てるにあたって、男女二人の祖霊をまつる神女を選び、オナリ神・エケリ神としたことが重要である。

　伊波は、「このコデの任命は専ら祖宗神霊の命ずるところにより、予め祖宗の神霊がコデになるべき者及び巫(ユタ)に神懸りするか、又はコデと為るべき者に病気させるとかで、神意を知らしめ、その女がコデとなることをお請けすれば、病気が立ちどころに癒されるといわれている」23)と書く。つまりこの二人の神女(コデ)に、祖霊が降り、神懸りすることで神の資格を得るとする。

　祝女や根神をはじめとする沖縄の神女たちは、現在でも祭りの前には精進潔斎し、神屋にこもり、神の降臨をまつが、必ずしも巫女としての能力を要求されることはない。まして、神の働きによって病を与えられ、巫となることによってようやく癒される〈巫病〉をうることはない。巫病によって神懸りの能力を得るのは〈ユタ〉であり、ユタが共同体の神祭りに参加することは、ありえない。

　しかし、伊波のいうように、かつては神役の女に神が降りた可能性は否定できない。まして尚真による〈古琉球の政治システム〉の確立以前においては、根神あるいはコデが巫女であり、神懸りして託宣した可能性は否定できない。

　だが、いずれにせよ、強力な中央集権を確立した尚真は、神や祖霊の気まぐれな託宣に頼ることを捨てて、按司たちがかつて有していたはずの〈託宣を聞く男〉の権力を奪い、霊力によって彼等を守る〈オナリ神〉を首都・首里の三箇所の斎場（三平等）に振り分けた。その上で、壮麗な儀礼を仕立て、それを

執り行う三平等のあむしられに霊力を集中し、あむしられの頂点に聞得大君を置き、オナリ神の託宣を聞く男の権力を独占したのである。

　首都・首里で起こったことは、当然、地方にも浸透する。シマ建ての中心であった根人とそれを守る根神は、祝女を頂点とした祭祀組織の下に組み込まれ、根人は根神の託宣を聞く機会を失った。そして神懸りの能力や府病は、ユタという周縁的な巫覡のもとに追いやられたのであろう。

　琉球の経験した以上のような〈世俗の王〉と〈聖なる巫女王〉の関係の変質は、崇神や天武の時代に斎宮制度が確立した時代に、ヤマトで経験されたこととよく似ている。

（4）尚真の八重山征伐と尚清の大島征伐

　沖縄本島と周辺の島々において尚真が確立した〈古琉球の政治〉は、以上のようなものであったと思われるが、尚真はその支配を拡大し、八重山と奄美を〈古琉球〉のうちに収めることをめざした。〈古琉球〉をひとつのユートピアとして、尚真の11の事績の徳を讃える伊波普猷は、遠慮がちにではあるが、ここでも事実を正しく伝えている[24]。

①尚真の八重山征伐（1500年）
　まず八重山であるが、伊波は次のように書いている。

　　両先島（宮古・八重山）は首里王府が重きを置いたところであるが、如何に統治しにくかったかということは、八重山に於ける赤蜂酋長の反乱を見てもわかる。『女官御双紙』を見ると、この時戦功を立てた宮古島の酋長中宗根の豊見親（大将の義）を島の頭に任命すると同時に、其の妻のオトガメを〈大あむ〉に任命した。そして八重山でも当時赤蜂と対抗して事大主義の首領であった長田大主を島の頭に任命すると同時に、其の時功労あった其の妹のマイチバアを〈大あむ〉に任命した。
　　宮古には〈大あむ〉の下に数人の〈のろくもい〉がいる。八重山にも〈大

あむ〉の下に数人の司(つかさ)がいる。どういうものか、八重山で〈のろ〉といっていない。そして此処では〈大あむ〉のことをホールザーマイといっている。両先島では、琉球の民族宗教は餘り栄えていないような観がある。ホールザーマイ及び数人の司は首里王府から渡されたオタカベ（祝詞）を文字通り暗証するのみである。宮古でも多分そうであろう。兎に角其処には民族的宗教を押売りしたような形跡がある[25]。

　赤蜂を倒した尚真は、宮古に豊見親、八重山に長田大主をおき、オトガメとマイチバアを〈大あむ〉に任じて〈のろくもい〉〈つかさ〉の長とし、祭祀にあたる神女たちに「首里王府から渡されたオタカベを文字通り暗証」させた。これは、沖縄本島で尚真が行った〈古琉球〉の宗教政策の延長である。宮古・八重山は、琉球の祭祀空間を３つに分けた儀保殿内・首里殿内・真壁殿内の〈三平等〉のうち島尻と久米島を管轄とする真壁殿内のうちに組み込まれた。
　伊波はここで、宮古・八重山には「民族的宗教を押売りしたような形跡がある」と正直に述べているが、尚真の八重山征伐以前の八重山が、いかなる政治(マツリゴト)・宗教(マツリ)の制度を有していたかは、残念ながら不明である。
　『琉球と国家祭祀制度』において、八重山の政治宗教史に精緻な考察を加えた後田多敦も「八重山は、一五〇〇年のオヤケアカハチ・ホンガワラ事件で、首里王府軍に制圧され、琉球国の統治機構に組み込まれた」[26]としながら、尚真以前の八重山祭祀は「制度化以前」とし、尚真王以前にすでに制度化されていた可能性はあるが「始期ははっきりしない」、いずれにせよ八重山固有の祭祀は〈古琉球〉の祭祀組織に「制度として取り込まれることで、原初的な民族祭祀から変容したと考えられる」[27]と書くにとどめている。

②尚清の大島征伐（1537年）
　次に奄美だが、伊波は次のように述べている。

　　大島は或点に於いては、とくに宗教の点に於いては、両先島よりも、一入

琉球的である。(……)琉球史の語るところによれば、大島が初めて琉球に来貢したのは文永3（1266）年英祖王（エゾノイクサクモイ）の時代で、英祖はその翌年大屋子を派遣して統治させた。その後2回の喜界島征伐、2回の大島征伐を経て、奄美大島諸島は全く琉球化されたが、慶長14年島津氏の琉球入によって、大島・喜界島・徳之島・沖永良部は分割されて、薩摩の直轄になった。それから17年を経て、寛永元年に、島津氏は大島諸島の役人に冠簪衣服階品を琉球から受けることを厳禁したが、大島諸島の人民は其の後も不相変〈母国琉球〉を慕うて已まなかったので、これでは統治上不都合だといって、島津氏の方では琉球と大島との精神的連絡を断つ為に、83年を経て、寛永3年の10月20日に、とうとう大島・喜界島・徳之島・沖永良部四島の人民をだまして、その系図及び旧記類を悉く取上げて、焼いて了った。これとりもなおさず純然た植民政策を実行せんとしたのである[28]。

以下、伊波は、島津の治下においても〈琉球と大島との精神的連絡〉が如何に細やかであり、その「300年の政治も政策も私達の精神的連絡のみは断切ることができないということ」を縷々述べているが[29]、琉球王朝が行った〈古琉球〉の〈植民政策〉に対しては、全く無自覚なままである。

確かに、宮古・八重山と同じく、尚真に続く尚清の大島征伐（1537年）以前の文書をもたない奄美諸島にとっては、琉球王国とヤマトの史料に頼って自らの歴史を語らなければならないという歯痒さがあるが、近代以前の歴史を大きく①古代を奄美世、②グスクを有する〈按司〉の登場する按司世（11世紀以降）、③大島征伐（1537年）以降の那覇世、④島津侵攻（1609年）以降のヤマト世、という4つの〈世〉に区分するのが一般である。

古代の奄美に関する記録は、『日本書紀』をはじめ少なくない。奄美諸島は、沖縄本島と同じく、古代から海をむすぶ交易の拠点であった。中世には特産の蝶細が平泉にまで届き、徳之島で焼かれたカムィ焼は、11～14世紀の琉球列島全域に交易路を広げた。現在、奄美から八重山にいたる最初期の琉球文化圏の存在を確認できるのは、この焼物のおかげである。また遣唐使以来の中国との

密接な関係も重要で、当時の交易の跡をしめす中国陶磁の存在も各地で確認されている。

このように豊かな古代・中世の文化を有する奄美の歴史を、伊波のように『中山世鑑』などの後世史料に頼って一方的に論ずることは、今はない。

1537年の大島征伐の後、琉球王府は1539年に本島の国頭と奄美諸島を管轄する自奥渡上之扱(おくとよりうえのさばくり)理職を定め、大島・喜界島・徳之島・沖永良部を15余の間切という行政区に分け、各間切に首里大屋子あるいは大親(うふや)という長をおいた。この各間切の祭祀を担ったのが祝女(のろくもい)であり、祝女の上位に〈大阿母知良礼(うふあんしやれ)〉または〈大あむ〉という高位の祭司がおかれた。伊波普猷は「のろくもいは一代に一度はきっと本琉球にいって、国王に謁して、辞令を貰ったものである」[30]と述べている。

尚真の確立した〈古琉球〉のマツリとマツリゴトのシステムは、以上のような手順で、奄美諸島を包摂することに成功したのである。

(5) 八重山征伐と大島征伐の帰結

尚真・尚清の二代にわたる八重山・大島征伐と琉球王朝の覇権確立は、那覇の中国・朝鮮・日本および東南アジア交易の中心としての地位を高めた。すでに北山・南山を制圧して本島の覇権を確立した第一尚氏が、卓越した存在であったことは1458年に尚泰久が首里城の鐘に刻ませた〈万国津梁〉の銘によっても明らかである。しかし、琉球列島の北と南に位置する八重山と奄美が、対中国・対日本の重要な交易拠点としての歴史を有し、16世紀初頭に至るまで、なお琉球王朝を悩ます存在であったことも事実である。

『沖縄県の歴史』で〈アカハチ事件〉の項を執筆した田名真之は、八重山征伐にふれて「八重山の山原遺跡から元末・明初の磁器・青磁が出土しており他の遺跡からも13世紀から16世紀の中国陶磁が出土している。宮古でも14世紀から16世紀の中国陶磁が宮国元島遺跡や保良本島遺跡などから出土している。このことは宮古・八重山が独自に中国と交易していたことを示していると考えられる。あるいは中国商人と日本商人との出会貿易地とも想定されるが、いずれ

図6-3

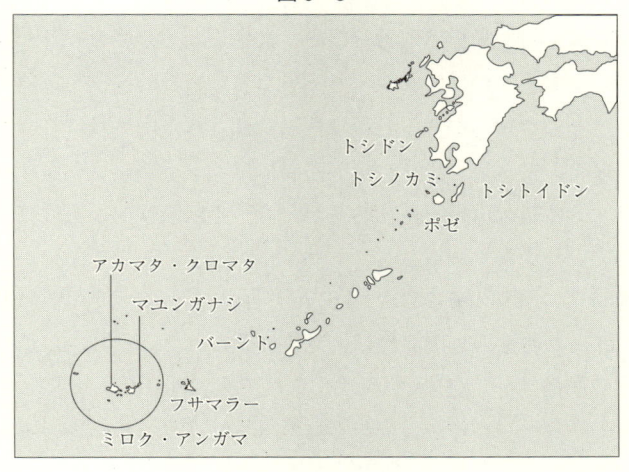

にせよ中山（＝尚氏）の中国貿易と競合する関係にあったことになろう。アカハチ討伐はそうした宮古・八重山独自の交易を封じ、中山の独占を実現することにつながっていたと考えられる」と書いている[31]。この田名の指摘が、奄美大島征伐にも共通することが多いのは、言うまでもない。

　尚真・尚清の政治的な意図〈マツリゴト〉は、八重山・大島征伐によって見事に達成された。その〈マツリゴト〉の根幹を担う〈マツリ〉のシステムも、八重山・大島諸島民にスムーズに受け入れられ、琉球王朝が消滅した今日に至るまで民衆の間に生きている。

　伊波は、八重山に関して「兎に角其処には民族的宗教を押売りしたような形跡がある」と述べているが、宮古・八重山諸島には、世の初めに大洪水があり、兄妹だけが残されて、やむなく結婚し、一族の祖となったという「兄妹始祖洪水神話」が多く伝えられている。「ノアの箱舟」の話のように、洪水神話は世界中に分布するが、兄（エケリ）と妹（オナリ）の組み合わせを始祖とする「兄妹始祖型」の神話は、世俗の支配者である兄を、霊力ある妹が守る、というオナリ神信仰と親和的である。八重山のみならず奄美においても、大島征伐以前にすでにオナリ神

の信仰が存在したことが推測できる。

　しかし、ここで男が世俗の政治を担い、女が聖なる祭祀を担うという男女の役割分担が確立するなかで、かつての〈男たちの宗教的役割〉は如何なるものであったか、という疑問が残る。琉球列島には、八重山諸島のアカマタ・クロマタ・シロマタ、マユンガナシ、奄美諸島にはトシドン、ボゼなどの来訪神の祭りがあり、その祭祀は秘密結社的性格をもつ年齢階梯的な男性祭祀集団によって担われているからである。

　これら来訪神の祭りの分布は、図6-3が示すように、沖縄本島をのぞく南西の八重山諸島と北東の奄美諸島に、見事に分かれる。私は、かつてこの問題を「来訪神の民俗学」(専修大学現代文化研究会、2010年)で論じたので、ここで詳述することはしないが、琉球王朝の〈マツリゴト〉の場で聞得大君を中心とした女性祭祀集団が制度化され、力を増すなかで、かつてこれに匹敵し、競い合い、補完し合っていたはずの男性祭祀集団が力を弱め、周縁化し、時には姿を消していった可能性は十分に存在すると考える。

3. 国家神道と琉球処分

(1) 国家神道の誕生

　1868年3月13日、五箇条誓文に先立って、明治新政府は「此度、王政復古神武創業ノ昔ニ被為基、諸事御一新祭政一致之御制度ニ御回復被遊候ニ付テハ、先第一、神祇官御再興御造立ノ上、追追諸祭奠モ可被為興儀、被仰出候。依テ五畿七道ニ布告シ、往古ニ立帰リ諸家執奏配下ノ儀ハ被止、普ク天下ノ諸神社神主禰宜祝神部ニ至迄、向後右神祇官附属ニ被仰渡候間、官位ヲ初諸事万端、同官へ頭立候様、可相心得候事。……」という神祇官再興と祭政一致の布告を行った。

　「此度、王政復古神武創業ノ昔ニ被為基」というこの布告は、「王政復古」どころか「諸事御一新」であって、古代・中世の〈マツリゴト〉と〈マツリ〉の

男女分業を棄却し、天皇（＝現人神）が〈マツリゴト〉と〈マツリ〉を２つながら独占する、全く新しい近代システムの誕生を告げるものである。そのことは、かつて同じく〈新政〉を宣言し、崇神あるいは天武以来の天皇親政を再興しようとした後醍醐が、新しい王権の象徴としてまず娘の祥子内親王を斎宮としたことと比較すればよくわかる。

　村上重良は、『国家神道』のなかで、国家神道の歩みを「形成期、教義的完成期、制度的完成期、ファシズム的国教期」の四時期に分け、その第１期（1868年〜1880年代末）を近代天皇制国家成立期の国家神道としたうえで「明治維新当初の神道国教化政策は国民教化政策に代わり、明治10年代には、祭祀と宗教の分離によって国家神道の基本的性格が定まった。この間に、宮中祭祀が確立し、伊勢神宮を本宗とする全神社の再編成が行われた。この段階での国家神道の教義はふつう大教と呼ばれ、天皇崇拝と直結した神社信仰が主体であったが、内容はなお流動的であった」とする[32]。

　この第１期に断行された琉球処分によって、琉球王国は近代日本に組み込まれ、琉球国王と聞得大君を頂点とした〈マツリゴト〉と〈マツリ〉の男女分業システムも崩壊する。

(2) 琉球処分と聞得大君制度の消滅

　1872（明治５）年、外務卿副島種臣の「（琉球王）尚泰ヲ藩王ニ封シ、華族ニ列シ、其ノ外交ヲ遏メ」という〈琉球＝日本専属論〉を採用した明治政府は、９月14日に、冊封詔書を交付し、国王尚泰を琉球藩王とした上で、1879年４月４日には〈琉球藩〉を〈沖縄県〉とし、尚泰を東京に移住させ、華族に列する。明治新政府のこの手法は、尚真が琉球各地の按司を首里に住まわせ、按司から祭祀権を剥奪したやり方に酷似している。

　尚泰が、琉球国王から琉球藩主になり、東京に移住することによって、聞得大君を中心とする祭祀組織は役割を終えた。

　さきに紹介した『琉球と国家祭祀制度』のなかで、後田多敦はこの過程を克明に記している。琉球王国が沖縄県となり、琉球のマツリゴトが〈王〉から〈知

事〉の手に委ねられ、旧王国祭祀の維持一切が尚家のイエノマツリに格下げされ、尚泰個人の帰属とされると、聞得大君のマツリは経済的に行き詰まり、自然に消滅していく。

しかしながら、国王と聞得大君という中心を失った村ごとの女性祭祀組織は、大方の予想に反して、明治政府から祭祀維持のための田畑を私有財産として保護され、年々の祭祀も滞りなく行われ続けることとなる。

(3) 沖縄神社の創建と御嶽

祭祀と宗教を分離し、国民教化に邁進した近代の国家神道システムは、伊勢神宮を頂点として日本全神社の再編成を行い、1925（大正14）年には沖縄にも県社・沖縄神社をたて舜天、尚円、尚敬、尚泰に加え源為朝を祭神とした。しかし、その一方で、仏教、キリスト教をはじめとする既存の宗教への帰依を認め〈信仰の自由〉を保証した明治新政府は、琉球列島の〈オナリ神信仰〉を固有の民俗信仰として残したのである。1881（明治14）年の「沖縄県社寺役知役俸飯米等給与ノ件」以来、1939年まで各地の祝女や司に祭司としての俸給を与え、地域の祭祀を支え続けた。

その政策が大きく変わったのが、村上のいう国家神道の第四期「ファシズム的国教期」である。

村上は、この時代に「日本軍国主義は中国侵略からからアジア全域の軍事支配に乗り出し、日本の支配地域には、つぎつぎに神社が創建された」[33]とするが、沖縄もまた例外ではなかった。

とくに昭和14年から沖縄調査を行い、17年から沖縄に移り住んだ鳥越憲三郎は、日琉同祖論をかかげたこの時代を象徴する研究者である。彼は、沖縄各字の御嶽を一箇所にまとめて村社とし、各村から神職を募り養成し、祝女を雇員に切り替えるという〈宗教改革〉を提唱したことで知られる。

琉球列島の御嶽には、本来、聖なるクバの木が立つだけで、鳥居はない。しかし、この時期には、鳥越等の主張する御嶽と神社の〈日琉同祖〉が称揚され、各地の御嶽の入口に鳥居が立てられた。

現在では、沖縄本島の御嶽に鳥居は見られないが、石垣をはじめ八重山諸島の御嶽には鳥居が残されていることが多い。伊波普猷のいうように、かつて八重山諸島の人々に「民族的宗教を押売り」した旧琉球王国の人々にも、今次大戦下に沖縄に〈鳥居を押売り〉したヤマトの人々にも、胸の痛い光景である。

注

1) 三品彰英著『邪馬台国研究総覧』創元社、1970年、128頁。
2) 同前、129頁。
3) 山中智恵子『斎宮志』大和書房、1980年。
4) 榎村寛之著『伊勢斎宮と齋王』塙書房、2004年。
5) 同前、27頁。
6) 同前、161頁。
7) 三品前掲書、129頁。
8) 佐喜真興英著『佐喜真興英全集』新泉社、1982年、42頁。
9) 同前、46頁。
10) 伊波普猷著『古琉球の政治』郷土研究社、1922年、73頁。
11) 宮城栄昌著『沖縄ノロの研究』吉川弘文館、1979年、111〜112頁。
12) 伊波前掲書、35頁。
13) 同前、36頁。
14) 同前、60頁。
15) 同前、63頁。
16) 同前、38頁。
17) 同前、38頁。
18) 同前、71頁。
19) 同前、66頁。
20) 同前、68頁。
21) 同前、67頁。
22) 同前、68頁。
23) 同前、68頁。
24) 同前、11〜14頁。
25) 同前、50〜51頁。
26) 後田多敦著『琉球と国家祭祀制度』出版舎Mugen、2010年、170頁。
27) 同前、24頁。

28） 伊波前掲書、52～53頁。
29） 同前、54頁。
30） 同前、55頁。
31） 田名真之ほか著『沖縄県の歴史』山川出版社、2004年、95頁。
32） 村上重良著『国家神道』岩波書店、1970年、75頁。
33） 同前、80頁。

7 韓国の「市民社会」の現段階とヘゲモニー闘争

丸山 茂樹

はじめに──政治と市民社会と選挙戦──

　2012年は韓国にとって4月の国会議員選挙、12月の大統領選挙の年であり、その帰趨は今後の韓国の行方に大きな影響を与えることになる。本論でもこの2つの選挙をめぐる情勢についても述べるが、主として論じるのは韓国の市民社会が直面している課題について、如何なるヘゲモニー闘争が展開されているか？……を浮き彫りにすることにしたい。

　ここで予め、筆者の韓国体験を述べておくと1999年から2001年までの足かけ3年、国立ソウル大学に留学して学びつつ、聖公会大学大学院においては協同組合論・社会運動論の講義をして、学生と教師の両方を体験する機会があった。丁度その時期に市民団体による総選挙に対する「落薦・落選運動」が行われ、身近に見聞することができた。数百の市民団体が連帯し、数多くのリーダーたちが活躍したこの運動は、とくに首都圏では批判された候補の90％以上が落選するなどの大成功を収めた。その中心リーダーは紛れもなく進歩的な市民団体である参与連帯・事務所長の朴元淳（パクウォンスン）弁護士であった。筆者は帰国後もほぼ毎年1度は韓国を訪れ、市民団体や知識人との交流を重ね大学や研究所で講義する機会をもった。

　帰国から丁度10年を経た2011年10月、朴元淳氏はソウル市長選に野党と市民団体の統一候補として立候補し当選した。ソウル市とこれを囲む京畿道の首都

圏人口は約2,200万人、韓国のほぼ半分を占める。しかも政治的・経済的・文化的な比重は圧倒的であり、この選挙結果は韓国の政治・社会情勢を大転換させたといわれている。

朴元淳氏はなぜ勝利することができたのか？大転換とは何を意味するのだろうか？　この問いと応えの中に、韓国の政治と市民社会の動向が凝縮していると筆者は考えている。

1．市民社会とヘゲモニー

本論では、上記の諸問題について考察するとともに1998年から2007年までの10年間、金大中、盧武鉉と続いた「進歩的」政権が2007年の大統領選挙で内部分裂して保守政党ハンナラ党候補の李明博氏に敗北し、大統領の座を譲らざるをえなかった。なぜか？　市民社会の中で如何なる変化があり、如何なるヘゲモニー闘争が演じられたのか？　そして野党と市民運動はそこから何を学んだのか？　……等を論じたい。しかし本論に入る前に、あらかじめ「市民社会」と「ヘゲモニー」という用語について筆者の考えを述べておきたい。

市民社会についての定義は多様であり論者によってまちまちである。また韓国と日本では使われ方が違う。ここで筆者が「韓国の市民社会」という場合、「自覚した人々の社会的活動によってつくられた運動と組織と社会」という意味で用いることにしたい。

韓国では長い間「運動圏」「在野運動」「民衆運動」という用語が、「制度圏」「市民運動」「市民社会」という用語とは厳密に区別され、「市民社会論争」が交わされ、両者は別の次元・世界の出来事として認識され論じられてきた。言い方を変えれば「労働運動」「農民運動」「学生運動」などは「市民団体」「市民社会」の運動ではなかった。今もなお同じだと主張する論者が少なくない。しかしながら筆者の立場は政治的民主主義が実現した1990年代以後、とくに金大中政権以後は両者を隔てた壁は基本的には取り除かれたと考える。勿論、議会内の抗争と議会外の大衆行動、制度内の部分的改良要求と制度自体を変革し

ようとする要求の間には大きな差異がある。言葉を変えれば"穏健な民主主義運動"と"ラディカルな民主主義運動"の相違は厳然としてある。しかしそれにもかかわらず両者は、基本的に実現した政治的民主主義の土台の上に立って、議会の内外で、また暴力的手段ではなく不服従・非暴力の手段によって、企業、行政、地域社会における生産・サービス・流通・消費・廃棄へと循環して営まれている人間生活のすべての領域において政治的民主主義のさらなる拡張・徹底、社会的民主主義、経済的民主主義、多様な文化の創造によって人間解放と持続可能な共存・共栄の生活をめざす点においては共通しているのである。

また「ヘゲモニー」という用語は一般的には「覇権」「主導権」という意味で使われているが、ここではこれに限定させず、アントニオ・グラムシが『獄中ノート』でより広く拡張させた概念、すなわち「強制力を持つ権力と共に、同意を獲得する影響力——政治的・文化的・知的・道徳的・イデオロギー的に指導的影響を及ぼすこと」として使用することにしたい。

広い範囲の人々にヘゲモニーを及ぼすことを抜きに社会運動の勝利を得ることはできない。たとえ一時的に権力を得ても、強権支配はやがて破綻するのは歴史の証明済みだ。自己の哲学・イデオロギーを隠さず伝え広めることと、同業組合的なレベルで利益誘導をして支持を獲得するのとは別の次元のことである。社会を変革し質を高めてゆく過程が、正に同意を獲得・形成し、新しい文化を創造してゆく過程である。ヘゲモニーを拡張する運動・闘争は、政治的・経済的な要求達成のみならず、知的・文化的・道徳的な同意を獲得し、人々の意識や文化を変革・創造することによって実現されるのである。繰り返すが心情的なラジカリズムや一時的、物理的な勝利によっては社会変革は実現しえない。ひとつの社会運動の総括は歴史に耐えられる質的転換を定着できたか否かによってのみ評価される。

2．朴元淳ソウル市長の誕生

2011年10月26日に行われたソウル市長選挙において革新系無所属の朴元淳氏

がハンナラ党公認の羅卿瑗(ナギョンウォン)氏を制して当選した。支持票は朴元淳氏が52.2％、羅卿瑗氏が46.4％。接戦が伝えられる中での5.8％差は予想以上であった。この戦いには前哨戦があった。後にも触れる１年前の2010年６月の統一地方選挙がそれだ。この選挙において保守派（ハンナラ党、自由先進党）が進歩派（民主党、民主労働党、進歩新党など）に地滑り的な惨敗を喫した。これはすべての世論調査機関の信頼性を揺るがすほどの出来事であった。与党内では李明博大統領の権威失墜をもたらし、党内でより幅広い中道路線へのヘゲモニー闘争を続けてきた朴槿恵(パククネ)前党代表（朴正熙元大統領の長女）の存在感を高めた。またこの選挙では野党各派が調整して１本化した候補の多くが勝利し、改めて首長選挙における党派エゴによる候補者乱立は止めるべきこと、また議員選挙でも可能な限り候補者を調整することの重要さを思い知らしめた。

　この経験が今回のソウル市長選において、「野党も市民団体も何としても統一候補を実現させよ！」というプレッシャーになった。統一候補がどのような方法で選ばれたかは後ほど述べるが、朴元淳氏の当選は、2012年の総選挙・大統領選挙の優劣を占う材料にもなった。そして進歩諸勢力の協力の必要性を公論にまで押し上げ、さらに一歩を進めて野党勢力の政党再編成の実現にまで繋がって行った。

　2010年の統一地方選挙、2011年のソウル市長選挙、この２つの選挙の前にどんなことがあったか？　選挙以前の韓国の政治状況を簡単にスケッチしておこう。

　2008年春、大統領に就任してアメリカを訪れた李明博氏は米国の牛肉輸入規制緩和を発表。これに反対する数十万の人々の数カ月に及ぶ巨大なデモの前に立ち往生した。親子連れの家族や高校生、中学生などこれまで政治闘争に全く登場してこなかった若い世代を含む巨大なローソクデモによって李明博政権は大打撃を受けたのである。大地から沸き起こるようなごく普通の市民の長期にわたるデモに対して、李明博大統領は二度も国民に謝罪声明を出し、狂牛病の危険性のある米国の牛肉輸入を撤回した。しかし、政権内の右派、警察、大マスコミは、北朝鮮との間に発生した事件を梃子にして軍事的緊張を煽りつつ、

7　韓国の「市民社会」の現段階とヘゲモニー闘争　149

　このデモは後ろで指導する左派勢力とマスコミ内のデマ扇動者のせいであるとして、犯罪者摘発の名のもとに弾圧を始めた。政権内には穏健派もいた。彼らは政治的に妥協しつつ経済発展を前面に押し立てて福祉政策の改善によって沈静化を計ろうとした。しかし結果的に前者がイニシアティブを握った。そして李明博政権は民主労総への弾圧・分裂工作と御用組合づくり、市民団体への大規模な捜査、逮捕、起訴。民主労働党に属して学校の中で"違法行為"をしたとする教員組合の組合員や公務員などへの大量処分・解雇、進歩的と目される民間団体との業務委託契約や諸プロジェクトの解消、放送局員への弾圧、KBS首脳の解雇・露骨な人事支配など、手段を選ばぬ抑圧と弾圧が行われた。

　また新聞社とテレビ会社の兼営を禁止してマスコミ権力の集中を分散させていた従来の法律を改正し、保守系新聞社のテレビ業界進出への道を開いた。あるジャーナリストは「軍部独裁時代とどこが違うのか？」と疑問を投げかけた。これに対して韓米FTA協定への反対の闘いは国民的な規模に広がりはじめた。

　しかしながら野党各党、諸市民団体の内部矛盾も明らかになった。北朝鮮政府の核開発政策と軍事的緊張を公然と批判する者と沈黙する者。韓米FTA協定への是非をめぐる対立。経済成長戦略か公平な分配戦略か、電力や鉄道などの民営化・構造改革路線の是非など多岐にわたって路線対立が生じた。

　10年にわたる金大中・盧武鉉政権は、社会政策では進歩的であり続けたが、経済政策では貿易自由化政策を促進し、輸出企業の育成政策をとったため、全体としてGNPは増えて経済は発展したが社会的格差が増大した。また欧米やアジアとの貿易協定はそれほどの摩擦は生じなかったが、これらとは異質な国家主権の侵害、医療や社会保障制度にも介入の余地がある韓米FTA協定をめぐっては進歩派内にも一時亀裂が生まれた。これらの矛盾と軋轢は労働組合の分裂や政党内の論争の火種になったのは事実である。

　しかし治安警察による抑圧と社会階層間の格差がますます広がるという社会経済情勢の中で、進歩派内が互いに接近したのもまた事実である。例えば李明博政権が進める「四大河川の大改修」事業には皆一致して「大土建業界への肩入れと環境破壊」として反対し、「住宅政策」では「金持階層の投機マネーへ

の規制」、「学校給食の完全無償化」でも一致した。この要求は高騰する教育費、増加する欠食児童、衰退する農業の振興策、地域経済の活性化としても「一石三鳥・四鳥」もの効果を期待できたからである。こうした諸要求が、地方選挙における首長候補の１本化となって凝集したのだ。

　選挙の背景となった情勢はこの程度にして、まず放送局３社の共同出口調査によって両候補の得票内容をより詳しく分析しておきたい。

世代別・男女別・地域別の支持の特徴

○世代別支持率

	朴元淳	羅卿瑗
20代	69.3%	30.1%
30代	75.8%	23.8%
40代	66.8%	32.9%
50代	43.1%	46.3%
60代以上	30.4%	69.2%

○男性と女性の支持率

	朴元淳	羅卿瑗
男性	55.7%	43.8%
女性	53.4%	46.3%

○地域別の支持率

　ソウル市内25行政区の内、いわゆる金持ちが階層が住む地域と言われている漢江の南部に位置する３つの区（江南区、松皮区、瑞草区）と軍隊関係の施設のある竜山区の４つの区でハンナラ党の羅卿瑗氏が勝ち、他の21行政区で朴元淳氏が勝利した。とくに貧しい人々やソウル大学生が多く住むと言われる冠岳区では同氏は62.5%を得ている。

○選挙結果への評価

　ここで明らかになったのは、男女別の支持率はそれほど大きな差異はないが、世代別では明瞭に40歳代以下の若い世代が圧倒的に朴元淳候補を支持したことである。とくに30代では75.8％という驚異的な数字であった。しかし50歳代では3.2％差ながらハンナラ党が勝った。60歳以上の世代では保守派が69.2％の圧倒的多数が羅卿瑗候補を支持した。

　このことについてさまざまな論評があるが、その1つは「選挙の前に北朝鮮との間に軍事的緊張があり、政府とマスコミはこれを選挙の争点にした。このキャンペーンに煽られたのは朝鮮戦争を体験し、冷戦時代をよく知っている世代であった。彼らは反共主義教育に染みついており、保守へと回帰したのだ。しかし若い世代は選挙の争点を目の前の生活の課題、すなわち就職難の解決、非正規職の待遇改善、福祉の充実、高い教育費負担の軽減等を求めた」というもの。

　また別の評論は「地域別の得票率は貧富の格差を表現している。サムソン電子、現代グループ、LG電気などに代表される財閥・輸出産業はウオン安の恩恵を受けて大発展を遂げている。しかしこれはごく一部の企業に恩恵を与えたにすぎない。大多数の庶民は生活苦、貧弱な福祉に不満を持っている。ウオンの価値は外貨に換算して一時期の半分に低下し、ガソリンや食料など輸入品の価格高騰のみでなく、海外旅行や留学が難しくなった。学生もその父母たちも高い学費負担に喘いでいる。貧困層のみなら青年学生、中産階層もまた状況の変化を期待したのだ」と見る。

○保守マスコミの論評

　韓国で最大の発行部数を誇る保守マスコミの『朝鮮日報』でさえ、「中産階級の崩壊が敗因であった」と述べている。すなわち「韓国のGNPの成長率は昨年、8年ぶりの高さになる6.2％であった。しかし所得分配率は過去6年で最低の59.2％であった。これは国全体で所得が伸びても勤労者の取り分が減ったことを示している。サラリーマンを中心とする中産階級の割合は、1990年代

の100世帯当たり75世帯から、最近は66〜67世帯へと減少した。代わりに増えたのは貧困層だ。彼らは昨年、初めて300万世帯を超えた。その割合は経済協力開発機構（OECD）加盟国平均（10.6％）の２倍に達した（2011年10月27日、電子版）。

　また同じく保守系の『東亜日報』は韓国で増え続けている「非正規職の賃金が正社員の半分、格差さらに広がる」として次のように伝えている。「韓国労働研究院が統計庁資料をもとにまとめた『非正規職をめぐる労働統計』と題した報告書によると、昨年、正社員の月平均賃金を100とした場合、非正規職の平均賃金は54.8であることが分かった。８年前の2002年の非正規職の平均賃金は正社員の67.1だったが、2005年＝62.7、2008年＝60.9と毎年減り続けている」（2011年10月25日号）。

○市民運動の政策要求が結実

　今回の選挙はハンナラ党の呉世勲（オ・セフン）ソウル市長の辞職によって実施された。辞職の理由は彼の「全児童への学校給食の無償化に反対する」政策の是非を問う住民投票であった。呉世勲氏は「もし敗北したら辞職する」と声明して背水の陣をしき、バラマキ福祉は財政破綻を招くと訴えたが、投票率は規定数に達せず無効となり、結局、市長職を辞職した。選挙戦でハンナラ党と羅卿瑗候補は、呉世勲前市長と同じく「バラマキ福祉は止めるべきだ。無償給食は貧しい家庭に限るべきだ」と主張したが支持は広がらなかった。

　市民団体と野党は地域に根を張る学校の父母組織や生協などとともに「給食の全児童への無償化」の署名運動を学校区ごとに積み重ね、一般父母のみならず農民や中小企業者へも支持を広げていった。そして、これが非常に重要な点であるが、野党各派に対して候補の統一を要求した。政策を実現するためには勝たねばならない。野党が党利党略に流れていては、人々の熱望は実現しない……と。日本ではあまり報じられていないが、久しく沈静化していた学生運動も再起の兆しを見せ、「学費の半額化」を要求して９月29日には3,000人余の学生デモがソウルの繁華街明洞を埋め尽くし警官隊と衝突している。このような

大衆的な圧力こそが候補一本化への決定的な力となった。

3．野党・市民運動の統一候補の実現

　2011年のソウル市長、2012年の大統領に相応しい人物は誰であるか？　韓国のマスコミは仮想の候補者を設定して、仮想の候補者がもし競うなら？　という「世論調査」をしばしば行う。その結果は、いつも圧倒的な人気を得たのが安哲秀氏（ソウル大学融合科学技術大学院院長）であった。朴元淳氏の数倍の人気投票があった。
　しかし安哲秀氏は朴元淳弁護士（希望製作所常務理事）と会談し、「朴元淳氏は立派な人物であり彼を市長候補として支持する。自分は立候補しない」と正式に声明し、選挙への立候補を断念した。安哲秀氏が如何なる人物であるかは後に述べる。無所属候補の2人の間では決着がついたが次は野党との調整がある。当初、野党第一党の民主党は朴元淳氏に入党を申し入れた。民主党の思惑は自党の候補者が市長の座を確保すれば、来るべき国会議員選挙・大統領選挙で大変有利な地歩を固めうるという魂胆である。しかしこれを朴元淳氏は受け容れなかった。民主党支持層のみならず、より広範な人々の基盤の上に立ちたいというのが同氏の立場であったようだ。
　結局、候補者は無所属の朴元淳氏の他に民主党の朴映宣氏と民主労働党の崔圭畔氏の3氏に絞られ、最終的には次のような予備選挙で候補者を決めることに合意した。「①関係政党と団体が認める陪審員団による世論調査、②一般市民による世論調査、③大集会を開きその現場における投票。この3つの調査結果と投票のパーセントの合計で第1位を得た者を野党・市民団体の統一候補とする」というもので、最終的に10月3日に奨忠体育館で開かれた市民参加の予備選挙が行われたのである。
　その結果は下記のとおりで、10月26日の選挙の20余日前のことであった。
　　　朴元淳氏（無所属）　　　　52.15％
　　　朴映宣氏（民主党）　　　　45.75％

崔圭曄氏（民主労働党）　　　　2.28％

　先にも述べたように首長選挙で野党が乱立しては勝利が覚束ないことを知る人々はこれを心から歓迎。選挙戦はかつてない熱狂的な雰囲気の中で行われ、朴元淳氏が勝利したのは上述のとおりである。2011年10月27日、当選して初登庁した朴元淳市長の初仕事は「全児童に無償給食を11月から実行せよ」という決裁文書への署名であった。

4．朴元淳氏の歩みと戦略的思考

　朴元淳新ソウル市長が10年前に進歩的な市民団体、参与連帯の事務所長であった時に落薦・落選運動の先頭に立ったことはすでに述べたが、もう少し詳しく彼の軌跡を辿って、彼が如何に戦略的な思考のもとに行動しているか見ておきたい。朴元淳氏の軌跡は彼の個人史という以上に韓国の市民社会の目的意識的な発展戦略にそっているように思われる。

○学生運動から人権派弁護士へ
　朴元淳氏は1956年生まれ、国立ソウル大学で学ぶが学生運動で逮捕投獄の経験があって退学させられ、後に壇国大学史学科を1979年に卒業。司法試験に合格し、地検検事を経て1983年に弁護士を開業した。
　以後、人権派弁護士として活躍し『国家保安法研究』（全3冊）、『歴史は彼らに無罪を宣告する』のほか『アメリカ市民社会紀行』、『朴元淳弁護士の日本市民社会紀行』、韓国の優れた活動グループとの出会いをルポルタージュにまとめた『地域で希望に出会う』など多数の著書を刊行している。金大中大統領に次いで後に大統領となった盧武鉉氏とは、同じく人権派弁護士として親しい関係にあった。著書を読むとその温厚な人柄、他人の仕事や実践から学ぶ謙虚さ、けっして他人を傷つけない暖かい言動と、不正を許さない芯の強靭な精神の持ち主であることがわかる。また直接お話しすると、どんな質問にも真正面から応える誠実さが魅力的で人を惹きつけてやまない。

○参与連帯

　1994年に進歩的な市民団体である参与連帯（参与民主社会市民連帯）の結成に参画し、盟友で初代の非常勤事務所長となった曺喜昖氏（チョヒヨン）（聖公会大学教授）の後を引き継いで、2代目の常勤の事務所長となる。

　それまで韓国の市民運動の先駆者として最も影響力をもっていたのが5年前1989年7月に結成された経実連（経済正義実践市民連合）であった。経実連は、政権の打倒をめざす在野運動・民衆運動・学生運動とは一線を画し、合法的な手段・方法によって主に政府や財界に対して市民生活の社会的・経済的な諸要求を突きつけた。また不正や腐敗を批判するとともに生活圏、公共圏のあり方について諸提案を行った。とくに庶民にとって切実な住宅問題について、軍部や財閥が国有地の有利な払い下げを受けている事実を告発するなど、社会的な共感の輪を広げた。しかしながら政治的民主化を求める在野運動、民衆運動とは連帯せずむしろ批判するスタンスをとった。また企業社会とも親密で「経実連ビル」の礎石には市民の個人的な寄付者とともに大企業も寄付者として記録されている。経実連は総合的な市民運動団体として業績をあげたが、それとは別に女性解放運動、環境保護運動、地方自治、福祉活動、生活協同組合など個別の領域の運動団体も1980年代から90年代にかけて続々と多数組織されてゆく。そんな中で民衆運動、在野運動の政治的要求と連帯しつつもそれを合法的に実現したいと思う進歩的な人士によって、参与連帯が組織されたのである。それには経実連の体制内派的な限界を乗り越えようとする意図も窺える。すなわち徹底した権力や財閥への監視と代案の提出。国会、政府、検察、裁判所、財閥など大企業への情報公開要求。民主社会に相応しくない法律の改廃、民主社会に相応しい新しい法律や福祉制度の提案。その実現のための言論戦や合法的デモ、政府への対話要求、その実現のためにマスコミを最大限に活用した。現在では大統領府と政府総合庁舎の両者を見渡せる丘の上に地下1階・地上5階建ての自前の本部ビルをもち、五〇余名のレベルの高いスタッフを擁している。ある意味で革新政党を名乗らず、候補者を立てないけれども事実上の革新政党の観がある。政党を叱咤激励、批判したり協力したりするが、政治権力をめざ

すのではなく、その基底をなす市民社会そのものをつくろうとしているのである。

○民主主義の壁

　朴元淳氏の参与連帯における功績の1つは検事、裁判官、国会議員など権力機関に属する人間について与野党を問わず、その発言と行動、犯罪を含む詳細な履歴のファイルを1人1冊ずつ作成したことである。この膨大なドキュメントは大勢の活動家、法律家、学者、ジャーナリスト等の協力によって作成されたもので、権力者をおびやかす権威のある資料となっている。記録の中には、民主化運動の弾圧に関与した政治家、軍人、官僚、警察、検事、裁判官。汚職、国有財産の不当な払い下げ、子弟の徴兵逃れ、等をうけた組織、軍人、官僚、政治家。脱税などの裁判記録などの証拠・新聞雑誌記事の複写など、要するに反民主的・反社会的行動の記録が収録されているのである。一朝一夕にはつくりえないこれらの資料が、落薦・落選運動で威力を発揮した。このファイルを収納したガラスケースの部屋は「民主の壁」と呼ばれ、見学はできるが厳重に管理されている。

○落薦運動と落選運動

　日本ではあまり正確に伝えられていない"落薦運動"に触れておくと、与野党を問わず各政党に対して、『民主の壁』のファイルをはじめとした根拠に基づいて「国会議員に相応しくない経歴を持つ者を公認候補にしないでほしい」と要求したのが"落薦運動"である。この要請に従って多くの政党が立候補者の見直しを行い、公認を取り消した。確かな根拠に基づく要請にもかかわらず公認され、立候補した候補に対して、公開質問を行い、彼らを選ばないように呼びかけたのが"落選運動"であった。運動が大成功を収めたのはすでに述べたが、市民団体の老舗である"経実連"はこれに対して"市民運動からの逸脱"であると批判し、運動に加わらなかった。市民運動団体の力量は会費を納める会員数や出版物の読者数、予算規模などによって計られるが、この運動を契機

にして「市民運動の代表的存在は、経実連ではなく参与連帯である」と言われるようになる。毎月1万ウォンの会費を出す会員が1万人以上となったのだ。しかし、追い抜かれたとはいえ経実連は当時も現在も多くの会員を擁しており、その中に大学教授、弁護士、専門家、宗教家など多くの知識人がいて数々のプロジェクトを持ち、依然として韓国社会の中で大きな影響力を持ち続けている。

○美しい財団

　2003年朴元淳氏は参与連帯の常任執行委員長を辞任し「美しい財団」を組織して常務理事となる。この財団を組織したのは「市民社会を発展させるために資金の裏づけが欠かせない。財団に資金を集めさまざまな市民運動、地域活動を支援するとともに、市民運動に参加した優れた若者たちが運動を継続できるように支援し、人材育成を行う。また国民に良き社会のために"寄付をする文化"を根づかせ定着させる」ことをめざすという。

　財団の活動は2つの面で展開された。ひとつは資金集めであるが、これは寄付する人の願いと趣旨を尊重する仕組みにした。寄付者の求めること——例えば、老人福祉、身障者への福祉、従軍慰安婦への支援、貧しい子弟への教育の機会の提供、街づくり活動への援助、などの各目的ごとに独立の基金口座をつくり、公正な審査を経て配分し、その結果を公表する透明な運営をしたのである。第1号の寄付者は従軍慰安婦であった老女からであった。これによって絶大な信頼が得られて、莫大な基金を短期間に集めることができた。また、市民運動の中から育ってきた若い男女を大学院や海外へ留学させてレベルの高い運動家を育てることができた。

　もうひとつの面は、「美しい店」というリサイクル・ショップの展開である。各家庭の不用品の寄付を募り、ゴミを出さずにリサイクルさせることによって資源を大切に使い、人々に有意義な働く機会をつくり、ボランティア活動の場と寄付文化をつくる。ボランティアはここでは"天使"と呼ばれている。個人だけでなく企業や行政からもこれを受け入れ、積極的な協力を得たので、短期間に全国的な展開ができた。その後に「美しい店」は財団から分離独立し、政

府の「社会的企業」の認証を受けて順調な経営を続けている。

○希望製作所

　2006年1月から活動を開始した財団法人・希望製作所は、市民運動と政治運動のためのシンクタンクであり、かつ人材養成機関である。趣意書によれば「より良き韓国を創造しようとする人々」──彼によれば「ソーシャルデザイナー」──を組織することによって政策的代案を研究し実践する独特のシンクタンクだ。先に述べた参与連帯は「政党ではない政党」「市民的政党」であった。参与連帯が民主政治を担保するための150ヵ条からなる腐敗防止法の立案したり、国民の生活保障のための国民基礎生活保障法の立案したのは代表例である。けれども市民運動の維持・継続は容易ではない。運動が盛り上がるときには会費や寄付を寄せる人も増えるが、沈静化すると財政難に苦しみ専従者の給料にも差し支える。正義感に燃える活動家たちが高級官僚、企業の専門家、御用学者たちと対等に論争し、彼らを論破するためには資金を確保し、人材を育て、市民団体を支援しなければならない。そこで組織したのが先述の「美しい財団」であったがさらに必要性を痛感されたのが、シンクタンクの必要性である。現場の諸運動の経験を集約整理して専門知識と斬新なアイデアに裏打ちされた政策提言をする能力・機能が必要である。政治的な民主主義は曲がりなりにも達成されたが、次なる未来を構想する力がない限り、現存する新自由主義・格差社会を乗り越えることはできない。

　これまでの韓国の市民運動はソウルの知識人が中心であったが、誰もが参加できる「参加型」か必要であること、暮らしの舞台である「地域」こそが中心であるべきこと、抽象的な観念論を避けて実事求是の「実用的」な人間中心、「エコロジー志向」、文化中心の「肯定的な代案提示」であるべきだ、としている。こうして「希望製作所」が構想された。

　この財団法人には韓国社会で尊敬を集めている数々の著名な人々が理事となった。資金は大勢の貧しい人々から、三星（サムソン）、現代（ヒョウンデ）、LG（エルジー）など財閥系大企業に至る広範な個人、企業、団体が拠出した。そして修士・博士号をもつ専門性の

高いスタッフ50名以上を集めて出発した。出帆早々に希望製作所は数多くのレポートや出版物、講座などの実績を上げる。中でも「小規模発電所プロジェクト」は名前とは異なり、「起業コンサルタント」部門である。すなわち、人々が地域のニーズに基づいて中小企業を立ち上げるのを支援部門であり、失業と格差が最大の社会問題である韓国において非常に期待される部門であった。

○李明博政権の弾圧と再起

　ところが、2008年の李明博政権の発足以後、希望製作所をめぐる情勢は急変した。政府や自治体との契約は打ち切られ、財閥系をはじめとする企業からの寄付はストップした。希望製作所は直ちに政策転換をして、大企業や政府関係の寄付、契約に依存することなく個人会員の会費に依存する体制に切り替えることを決める。多くのスタッフも大幅に削減する処置をとった。事務所ビルもソウルの中心街から郊外へ移転した。そして会費を定期的に支払う会員を増やすことに努力を集中し、各団体や自治体が派遣する無償で働く出向研究員を獲得した。こうして朴元淳氏の構想を支持する人々の総結集によって希望製作所は危機を乗り切った。李明博政権の希望製作所つぶしは挫折したのである。そしていよいよ朴元淳氏は政治の舞台への挑戦に乗り出す。

　このように参与連帯への参画、美しい財団の創設、希望製作所の創設、ソウル市長選挙への立候補という朴元淳氏の歩みは、同氏の個人史であると同時に、一歩一歩韓国の市民社会の弱点を克服して前進させていく過程であったと言うことができると考える。

5．政党の再編成とヘゲモニー闘争

　ソウル市長選挙を前後して政党の再編成と政党内の変化が生じている。さまざまな理由で分裂していた野党は民主統合党と統合進歩政党の2つになった。
　最大野党の民主党系は、金大中元大統領の系列の人々、盧武鉉大統領の系列の人々、非常に保守的な思想の人から進歩的な人などが、政界への進出の際の

指導者の系列や選挙区事情によって入り組み複雑に分岐して分裂と統合を繰り返してきた。また軍事独裁政権のもと、政権に育成されてきた労働組合であると見られてきた韓国労働組合総連合にも変化が生じた。李明博政権の労働組合切り崩し・御用組合設立の動きに抗して体制から自立して野党第一党である民主統合党と接合し幹部は集団入党する意向である。つまり民主党と市民統合党と韓国労働組合総連合の幹部による民主統合党が結成された。同党は韓米FTA協定に反対すること、福祉政策を優先して格差社会を是正することを確認した。わかりやすくいえば中道派から中道左派への緩やかにヘゲモニーが旋回をしたのである。

　野党第2党である左派の民主労働党の内部にも変化が生じた。若い女性弁護士で国会議員の李正姫（イジョンヒ）氏が党首となって民主労組から相対的に自立し、より柔軟な政策に転じた。その結果、2011年11月に新進歩統合連帯の魯会燦（ノフェチャン）と独自の進歩的政策を唱えてきた国民参加党の柳時敏（ユシミン）が統合進歩党を結党することに合意した。進歩派な左派政党の誕生である。

　この中道左派と左派の両党と無党派の市民団体のリーダーたちが、国民の切実な要求を優先して政策協定を結び、対立点は保留して統一候補選びに成功すれば、4月の国会議員選挙、12月の大統領選挙で有利な地歩を築くことができるであろうと思われたのである。

　他方、保守党のハンナラ党は、これまで公認候補や閣僚人事で疎外され続けてきた朴槿恵派が事実上のヘゲモニーを奪取した。危機に陥ったハンナラ党は党再建のために非常委員会を設置することを決め、その委員長に朴槿恵氏を選んだ。朴槿恵氏は2012年度予算案を大幅に修正し「保育、教育、非正規社員、青年失業、高齢者」など福祉予算を大幅に増やすこと。「金持への優遇税制を改め」所得税最高税率を35％から39～40％に引き上げること。党の綱領から「保守」という表現を削除し「大中小企業の相生・発展」を入れること、などを提案している。要するに経済成長優先という名のもとに大企業優先をしてきたことへの決別をわかりやすく表現したい、ということであろう。

おわりに——アジアの市民社会の展望の中で——

　すでに述べたように韓国では保守派も進歩派もともに福祉優先を唱えている。韓国の政治と市民社会の中で生じているヘゲモニー闘争の性格は、一言で言えば、「国民生活が第一、福祉優先」への政策転換には大きな相違がなく、何れが信頼できるか？　ということになる。政争、権力争奪に明け暮れて、影で特権を貪る政党人は嫌われ飽きられてきた。そして、無所属の朴元淳氏がソウル市長に当選し、いま大統領への人気投票では安哲秀氏が第1位になった。同氏は決して進歩的思想の持ち主ではない。思想傾向はニュートラルでもともと医学者であったがITソフトの研究開発で大成功を収めた。その後アメリカに渡り自然科学、医学、人文科学を総合した融合科学技術を提唱し、ソウル大学教授、融合科学技術大学院長に就任。自らが開発したITソフトを非営利事業には無償で開放し、営利企業には有償で提供することにより莫大な利益を得た。しかしそれを個人財産とせず、社会に役立てるために財団を設立する。彼の科学も政治も財産も国民の幸せに役立てるべきだ、という発言と実際行動が国民的な支持を得て今回のブームとなったのである。

　目下、研究活動と財団の仕事に忙殺されている同氏が大統領選挙に立候補するか否かは今の段階（2012年1月15日）では不明だ。仮に立候補せずハンナラ党の朴槿恵氏が大統領に当選したとしても、もはや巨大企業優先の新自由主義政策の継続は困難な情勢である。新自由主義路線を突っ走ってきた李明博氏の政策は転換せざるをえないのだ。つまり、GNPの増大を唯一の指標とするのでなく、生活、福祉、地域経済、農業、文化などの豊かさを指標にする市民社会の価値観を政策に取り入れざるをえないのである。

　この稿では触れなかったが、韓国の社会運動を発展させた法制度に、「環境農業育成法」、「社会的企業促進法」、新しい「消費生活協同組合法」、「協同組合基本法」などがあり、これらの法律による運動と組織は着実に増え、活動領域を広げている。今回は朴元淳氏や政党中心に述べることになってしまったが、

上記の制度と運動の重要性は指摘しておきたい。

　振り返って日本の論調と政治を見ると「韓国はFTAの先進国である。経済は隆々と発展している。日本もTPPで早く追い着こう」という類の主張が新聞や雑誌を彩っているが、事実誤認もはなはだしい。日本では脱原発、TPP阻止、消費増税阻止、震災からの復興など、歴史を左右する重要な課題が目白押しであるが、政党や労働組合は機能麻痺の観がある。新しい社会運動の勃興を志す人々の結集を促したい。

　2011年末に北朝鮮の指導者が死去によって交代した。今後の政策の行方は不明であるが期待できる要素は乏しい。2012年1月の台湾の総統選挙は国民党の馬英九氏が勝利した。4年前には大敗した民進党が「格差社会の克服」を旗印にかなり追い上げたが「経済発展第一」を掲げた国民党に及ばなかった。大陸の中国政権は露骨に国民党の馬英九氏を支持したようだ。その中国は今年、指導者の交代が予定されているが、今のところ新指導部が人民主権を尊重する政策に舵を切り替える予兆は全くない。迂遠でも自覚した市民の下からの社会運動に期待する以外に道はない。

　日本、中国、台湾、北朝鮮、韓国の動向をみると卒直に言って、組織論・運動論の戦略をもって市民社会づくり、社会変革への歩みで先頭を切っているのは韓国である。アジアの市民活動家や研究者が互いに長所や短所を語り、経験を学びあうという姿勢で交わりを深めてゆくことを期待したい。

〈参考文献〉
朴元淳著／石坂浩一編訳『韓国市民運動家のまなざし』（風土社、2003年9月）
川瀬俊治・文京洙編『ろうそくデモを超えて――韓国社会はどこへ行くのか』（東方出版、2009年10月）
権寧勤・丸山茂樹「韓国における自由貿易協定交渉をめぐる動向」（JC総研季刊誌『にじ』2011年春号、所収）
丸山茂樹「韓国の"社会的企業育成法"の施行1年」（『ロバアト・オウエン協会年報』第33号、2009年3月、所収）
丸山茂樹「韓国の新しい"生協法"の特長について」（生協総合研究所『生活協同組合研究』2010年5月号、所収）

8 「市民社会」論と「世間」論の交錯

古 川 　 純

1．「市民社会」論事始

(1) 総論――「市民社会」への問題関心――

① 「市民社会」研究（とくに中国）に関する研究の機縁

（i） 在外研究で北京滞在中（1998年3月～1998年9月）に、西単の書店で鄧正来『国家与社会――中国市民社会研究』（四川人民出版社、1997年11月）の書名に注目した。私は「中国市民社会研究」という語に初めて接したのである。鄧氏は、香港中国社会科学研究所所長で『中国社会科学季刊』（1992年11月創刊、香港）の主編であり、1956年生まれの方である。私はその著書の中で、「建構中国的市民社会」、「市民社会与国家――学理上的分野与両種架構」、「中国発展研究的検視――兼論中国市民社会研究――」、「国家与社会――中国市民社会研究的研究」、「中国市民社会理論的研究――序《国家与社会》」、「中国近代史的国家与社会――序《転型時期的社会与国家》」など（1993～1997年、発表論文など）に接することができた。著者は、「国家与社会――中国市民社会研究的研究」において、civil society = the state (civitas) [koinonia politike (polis), societas civilis] からジョン・ロック的な「社会先于国家」「社会外于国家」（社会が国家に先行すること、市民社会の前国家性・前政治性、および社会が国家の外に在ること、市民社会の非政治性）への転換の意義について述

べる（同書118～119頁）。また、civil society の翻訳語問題に関して論じ、台湾および香港ではこれを「民間社会」と訳するけれども、「民間」の語には中国の伝統的な「民反官」「民間対抗国家」「統治（国家）――被統治（民間）」という2項対立的な戦略的効果が込められている、とする（同書120～121頁）。著者によれば、これに対する「市民社会」という訳語で示される批判的視点を概括すれば、ⓐ市民社会は市場経済または私有財産権をその基礎とし、その上に市民社会の「私域」がある、ⓑ市民社会は血縁親族関係でも垂直的指令関係でもなく、平等で自治的な契約的性質の関係を生じさせる、ⓒ市民社会は法治原則を遵守し、社会構成員の基本的権利を保護することを前提とする、ⓓ市民社会内部の活動と管理は、高度なしかし相対的自治の性質を備える、ⓔ市民社会は自治の原則に基づくが、個人の社会活動参加においては個人に選択の自由を尊重するとともに相応の責任を求める、・市民社会は意見を伝達する公共の媒体および意見を交換する公共空間を有し、これによって社会運動が起こり国家の活動と政策形成に影響を及ぼすが、これを市民社会の「公域」という、ⓕ市民社会は内部に民主的発展過程を有する、などである（同書123頁）。中国における非国家領域としての「市民社会」の自立・自律性の研究は、なお始まったばかりである。

　(ii) 中国社会論研究から
　①岸本美緒「『市民社会』論と中国」（『歴史評論』1994年3月、歴史科学協議会第27回大会　パネルディスカッション／「近代」の成立と社会的編成・報告）は、①中国社会論の背景にある「近代」観・研究者の「近代」観に注目し、「中国社会論は、同時に近代論でもある」と指摘する。また②「近代」形成期の中国の社会編成について、中間団体論に重点をおいて考察し、「市民社会」の語をひとつの補助線として論点を整理する。その中で、まず「市民社会」の概念は、「身分制・封建制的団体からのアトミスティックな個人の解放に重心をおいて」捉える場合と、「受動的な大衆によって構成される『大衆社会』との対比に力点をおき、旧中間団体の自律性を倫理的に継承する主体的個人の構

成する社会として」捉える場合とでその意味が大きく異なることを指摘し、「個の解放・自由という課題」と「団体的秩序を支える倫理的自律性という課題」との緊張関係の中に「市民社会」という語の魅力がある、と述べる（57頁）。岸本氏の論稿でとくに注目されるのは、市民社会における団体の意義、「中間団体」論である（明末以来の郷団自治、郷村社会・地方社会の自生的秩序形成力への言及）。なかでも、中間団体の積み重ねとして国家を考える場合の方法論――第一は、「中間団体が対外的に主張する自治的権利に注目し、諸団体相互の権利の調整（いわば団体的特権の体系化）において国家全体の構造を考えてゆく方法」、第二は、「中間団体内部の結集の契機や協同意識に注目し、その直接延長線上に国家的構想を構想する方法――に関する整理は、「官」でも「私」でもない「民間の公共的活動」（救貧・学校などの自治的活動）＝「公的public」な活動の把握を可能とするであろう（65〜67頁）。「旧中間団体の中にある種の団体的エトスを認め、その拡大として新しい共同性を捉えようとした」従前の研究者に対する岸本氏の柔軟な再評価は、中間団体における個人の秩序形成力をもとに「市民社会」を歴史的に把握し直すことを志向する私に強いインパクトを与えるものである。

②アジアにおける同様の「市民社会」形成の研究に関していえば、大畑裕嗣「韓国における市民社会論の動向――『韓国の国家と市民社会』を読む――」（『思想』1994年10月、韓国社会学会・韓国政治学会編『韓国の国家と市民社会』〔1992年、ソウル、両学会が1992年4月に共同開催した学術発表会「韓国の政治変動と市民社会」報告の論文集〕）が注目される。大畑論文は、なぜ今韓国で「市民社会」が関心を集めているのかという背景にふれた後に、論点整理と問題提起を行っている。なかでもとくに注目されるべきなのは、非マルクス主義的市民社会論が「市民社会における共同性」に注目し、「市民社会形成のための市民内部の関係についての共同体意識（すなわち公共精神）を涵養しなければならない」と主張している点である（137頁）。また、生活協同組合運動をはじめとする韓国の「新しい社会運動」（主に地域性を強調し生活の統合性を主張する「住民運動」と、「自律的協働性」としての社会関係の構築という新

しい価値観に立脚した「市民運動」から構成される）がすでにそれに対応しようとしているとの紹介も重要であろう（139頁）。歴史的には、（李氏）朝鮮朝末期における「市民社会」の萌芽と抵抗の検討も注目されると思われる（137頁）。なお、20世紀末から21世紀に、ソウルで「参与連帯」や「希望製作所」を創設し市民運動とは異なる意味での「市民社会」をつくる活動を行ってきた朴元淳弁護士がいる。朴弁護士は2011年10月のソウル市長補欠選挙に無所属でありながら野党統一候補として推薦され、市長当選を果たした。21世紀韓国の「新しい風」として韓国の「市民社会」論（「市民政治」論）をリードしていくと考えられる[1]。

(iii) 清末民（＝中華民国）初の「商会」と「中間団体」

朱英『転型時期的社会与国家——以近代中国商会為主体的歴史透視』（華東師範大学出版社、1997年、武漢）は、「清末民初的市民社会与公衆領域」に対する関心に基づく基礎的研究であり、「蘇州商会档案」（档案とは資料［公文書］ファイル）および「天津商会档案」（商会［shan hui］とは貿易会社）に関する実証研究を行うことによって、「商会」を主体とすることで「市民社会」、「公衆領域」形成の歴史の本質を見抜く研究である。中でも注目されるのは、「商会の市民社会的特徴」（市民社会の発展モデルの検討、新式社団商会の誕生、商会の自治の特色、商会の内部運用の契約規則）、「商会の独立した経済活動」、「商会の独立した政治活動」、「商会の独立した司法活動」、「商会の独立した輿論刊行物」などである。

朱英・前掲書も市民社会の発展モデルの検討において依拠・引用している文献、William T. Rowe, The Public Sphere in Modern China, *MODERN CHINA*, Vol. 16, No. 3, July 1990）および Philip C. C. Huang, "Public Sphere"/"Civil Society" in China? The Third Realm between State and Society, in: Symposium: "Public Sphere"/"Civil Society" in China?, *MODERN CHINA*, Vol. 19, No. 2, April 1993, は、後述のハーバーマスの「市民的公共圏」論（トーマス・バーガーによる英訳版が1989年に出版され、英語圏の中国研究者に、そ

れまで比較的に軽視されてきた中国近代史の分野＝「市民社会」を研究する新しい方法論を与えた）に示唆を受けながら、「官」(guan)・「公」(gong)＝"public"・「私」(si) または「官」・「民」(min)＝"popular" or "communal"・「私」の3分法（近代西欧をモデルとした国家と社会の2項対立は中国に不適合だとして、国家と社会の間に第三の領域を設ける3項対立型）を採用して (Rowe, p. 321)、中国経済における「集団所有」部門の存在に西欧よりも「公」意識が持続・発展する可能性を見ている（Rowe, p. 326) [2]。

②市民社会と「公共圏」をめぐって

「市民社会」論については、いうまでもなくユルゲン・ハーバーマス（細川貞雄・山田正行訳）「一九九〇年新版への序言」『公共性の構造転換　第2版』（未来社、Jurgen Habermas, Strukturwandel der Öffentlichkeit, Untersuchungen zu einer Kategorie der bürgerlichen Gesellshaft, 1990）の新たな分析視角の提起がある。「序言」によると、中欧と東欧での〈遅ればせの革命〉がハーバーマスの理論的に提起した「公共性の構造転換」にアクチュアリティを与えた（iii頁）。本書の中心的な問題提起は、《市民社会（Zivilgesellshaft）の再発見》である。ある論者は「アソシエーション関係」の概念を用いるが、それはかつて「市民的公共圏」の社会階層が形作っていた「協会組織」(Vereinwesen) を継承するものである（xxxvii～viii頁）。とくに注目すべき点は、以下の新たな把握であろう。

(a) 《市民社会》(Zivilgesellshaft) の語の意味への注意の喚起：近代を特徴づけるものとしてヘーゲルやマルクス以来慣例となっている「（政治的）市民社会」(societas civilis) から「（脱政治的・経済的）市民社会」(bürgerliche Gesellshaft) への翻訳とは異なり、この《市民（ツィヴィール）社会》には労働市場・資本市場・財貨市場を通じて制御される経済の領域という意味はもはや含まれていない（xxxvii頁）。

(b) 《市民社会》の制度的な核心をなすのは、「自由な意思に基づく非国家的・非経済的な結合関係」である。例として、教会・文化的なサークル・学術

団体・独立したメディア・スポーツ団体・レクリエーション団体・弁論クラブ・市民フォーラム・市民運動・同業組合政党・労働組合・オールタナティブな施設があり、《市民社会》のなかでこうした結社が傑出した地位を占める(xxxvii頁)。かくしてハーバーマスは「新しい市民社会」への構造転換を論じた。しかし、ハーバーマスのいう協議的デモクラシー（deliberative democracy）が「市民社会」を同質的な市民による合意の形成と捉えることを批判し、「市民社会」は差異のある市民が構成し小さな市民のまとまりが重畳的に存在して構成していることを指摘して、「市民社会」の中の対抗的な諸勢力による対決的な討議的デモクラシー（discursive democracy）を対置するドライゼクの主張がある（後掲、篠原一『市民の政治学』岩波新書、2004年)[3]。

③星野英一、岩崎育夫、坂本義和の「市民社会」概念

（ⅰ）星野英一『民法のすすめ』（岩波新書、1998年）

星野は、まず「民法と市民社会」において①「『市民社会』とは何か」（111～114頁）を次のようにまとめる。polis（ギリシャ語）と societas civilis（ラテン語）は古代都市国家における自由民の共同体を意味したが、モンテスキューの『法の精神』は国家を成員の共同体という面ではなく権力支配機構という面を強調する見方へ転換した。civil の語は「政治的な支配服従関係を示す形容詞 politique と区別されて、法を媒介とする市民相互の水平的結合関係を示すものとされた──国家に対する非政治的社会を「市民社会」とし、権力機構＝国家、非権力機構＝市民社会とする分離が理論的に説明された。ヘーゲルに始まり（国家から独立した「欲望の体系」としての経済社会）、ロレンツ・フォン・シュタインが展開し（人権宣言の原理を基礎とする社会体制のうち国家権力と分離されつつ国家をその安定のために求める経済社会）、マルクスにおいて徹底的な完成を見た（「ブルジョア社会」：「ブルジョアとしての人間」の「利己的な精神」の支配する「欲求と労働と私的利益と私的権利の世界」で政治的存在たる国家と全く分離）社会理論である。中世都市における同業組合的な社会が事実としての市民社会の起源をなす。ドイツ語の bürgerliche Gesellshaft の bürgerlich の意味が英語やフランス語では2つの異なる語で示されている問題があり、citizen, citoyen が「市民」をあらわしブルジョアは bourgeois の語であらわす。②次に、「広義の『市民社会』と狭義の『市民社会』」（115〜117頁）を以下のように分ける。「広義の市民社会」とは「自律して運行する経済社会と権力機構である国家の二元性を背景とし、国家から一応独立した自律的社会であり、経済社会を含むもの」、「経済社会」、経済社会を含まず「国家にも対峙している」市民社会である。「狭義の市民社会」は「広義の市民社会」から経済社会の部分を除いたもの＝Zivilgesellshaft（資本主義経済社会の中でその弊害に対して自らを守る団体・運動を含みつつ、それに尽きない、NPO などの利他的・愛他的団体、さらに学会から趣味の集いにいたる仲間的団体をも含む、広範な自発的団体とその活動）を意味する。③さらに、「第二の意味の『市民社会』」（118〜121頁）を取り上げ、「狭義の市民社会」を2つの次元から見る。ⓐ「事実概念としての市民社会」とは「広義の市民社会から市場経済社会を除いたもの」「自律した人間（個人）の自発的団体が形成する社会」（ハーバーマスのいう「自由な意思に基づく非国家的・非経済的な結合関係」に近いであろう）であり、市場経済に対する防壁としての協同組合や労働組合、ボランティア団体（NGO ないし NPO とその活動）、宗教団体、社会事業団体、文化団体、学術団体、スポーツ団体、レクリエーション団体とその活動、消費者団体、環境保護団体、人権擁護団体などの市民運動団体とその活動、独立したメディア（ハーバーマス）、ⓑ「規範概念としての市民社会」とはこれらの団体とその活動をその背後にあってこれを支える理念の面から捉えたもの（自由平等で自立した人間が自由意思によって取り結ぶ社会、かけがえのない人間が自由に設立し解散することができその運営について各自が平等の立場で参画し自由に脱退する可能性のあることを基本理念とする団体）であるとする。④民法は「自立した平等な人間相互の非権力的で自由な関係を規律する基本的な法」であり、「狭義の市民社会」を規律する法である（121〜123頁）。⑤「狭義の市民社会」はアソシエーションにあたるが、「同志愛」「人間的共感」「人間的親密性」が育ち「共同体」になる＝NGO や NPO、宗教団体である[4]）。

(ii) 岩崎育夫『アジア政治を見る眼——開発独裁から市民社会へ』(中公新書、2001年)

①現代の市民社会への関心は東欧・アメリカ・アジアの3地域が代表的である。東欧諸国では労働組合・教会など共産党独裁に反対する人々の活動拠点および国家に対抗する運動のシンボルを「市民社会」と呼び、アメリカでは国民が参加するさまざまな団体の多様な活動により民主主義がうまく機能すると考えられ、社会の多様な団体や組織が「市民社会」と呼ばれアメリカ民主主義を支えてきたが、1970年代に国民の社会団体参加率が低化し、「市民社会」の危機・民主主義の危機とされた。1990年代に「市民社会」への関心が高まった。アジアでは開発主義国家の下で豊かな階層が誕生し彼らは教育水準も政治意識も高く積極的に社会活動に参加するが、権威主義体制を批判し民主主義の推進力となる。彼らの参加する団体を「市民社会」と呼ぶ（11〜12頁）。岩崎はこうした「市民社会」を定義して、「国家から自律した、国民が自発的につくる社会団体や組織が活動する領域のこと」、具体的には専門家団体・NGO・労働組合・学生運動・宗教団体・互助団体・コミュニティ組織・企業など国家の影響を受けることなく国民が自分たちでつくった団体＝「市民社会団体」とする（12頁）。

②「アジア政治を分析する道具としての市民社会」（197頁〜）は領域に焦点を当てて次のように言う。①(a) ヨーロッパ政治学の見方によれば、「国民が政治、経済、社会の領域でつくる公的私的な団体の活動領域＝国家以外のすべての領域」（民主主義の定着との関連で有用）、(b) アメリカ政治学の見方によれば、「社会団体の活動を公的領域と私的領域に分け公的領域で活動する団体が市民社会」（民主化との関連で有用）。②「全体主義体制」体制とは「国家がいわば100％社会を統制・管理すること」で「この体制下では原理的に国家から自立的な社会団体は存在しえない」、「開発主義国家」では「資本主義経済と権威主義体制を特徴にするもので国家の社会管理が厳しいとはいえ100％ではなく50％や70％の管理でしかないので、自立的な社会団体、すなわち市民社会の領域が存在しうる」、③「市民社会の機能」については、政治活動だけでな

く経済活動・社会活動も市民社会の活動に含まれ環境保護・消費者や弱者救済コミュニティ文化活動・企業活動も市民社会活動である。④民主主義の定着に果たす「市民社会」の機能に注目すると、(a) 権威主義体制の民主化機能、(b) 民主主義がうまく機能するための社会土壌を提供する機能（ロバート・パットナムは自発的自律的団体を「社会資本」と呼び、野鳥愛好会や PTA、サッカー・ファンクラブでもよいとする、ヨーロッパ型見方である）[5]。

(iii) 坂本義和『相対化の時代』（岩波新書、1997年）
　①市場の「世界化」（globalization：世界全体を1つの単位として貫徹していること）と市民社会の「普遍化」（universalization：それぞれの社会で多様に形成されるが基本的に共通の思想や行動様式が通底していること）が進行している。インターネット時代のコミュニケーションのレベルでは市民社会も急速に「世界化」の方向に進んでいる（40～41頁）。
　A．国家と国際社会の相対化が進行する。資本主義市場経済は国家からの自立を志向し、その自立的発展に必要な秩序維持に国家の役割を限定する（脱国家、脱軍事化）が、これは規制緩和・撤廃による経済の自由化（liberalization）である。
　B．市民社会は国家からの自立を志向し、その自律的発展に必要な秩序形成に国家の役割を限定する（脱国家）。これは政治の民主化過程（democratization）である。
　A．B．は脱国家という点で共通するが、しかし2つの間には重要な差異と矛盾がある。(a)「市場化」は基本的に人間の社会関係の商品化（commodification）に立脚し、市場は国家や国境を超え国家間対立は緩和して部分的には摩擦の域にとどまる。しかし、他方で必ず不平等や格差を生じ国内で・国境を横断して社会的な亀裂を生み出す危険がある。(b)「市民社会」は社会関係と歴史過程の人間化（humanization）を基本的な役割とする。したがって両者は対立するのである（41～42頁）。
　②(a)「市民社会」とはなにか。坂本の理解によれば、「人間の尊厳と平等

な権利との相互承認に立脚する社会関係がつくる公共空間」で「無時間的な空間ではなく、不断の歴史的形成の過程そのもの」という。つまり、先験的な非歴史的定義ではなく、1980年代から東欧その他での民主化運動やさまざまな市民運動が生み出した歴史的変動の過程で「市民社会」の語が復活し再定義されてきたことを参照する。ポーランドでは労働者組織「連帯」と反体制知識との討論と協力により「市民社会の新たな意味づけが与えられた。「自発的連帯、多元性、自由なコミュニケーション、民主的参加を原則とする運動組織とそれを通じて形成される市民的公共空間」が復活・再定義された「市民社会」である。この「市民社会」は単なる分析概念ではなくひとつの批判概念であり規範的意味をも含んでいる。「人間の尊厳と平等な権利とを認め合った人間関係や社会をつくり、また支えるという行動をしている市民の社会関係を指しており、そうした規範意識をもって実在している人々が市民なのである」(42〜45頁)。

(b)「市民」の代表例は何か。「規範意識をもって行動している国内あるいは民際(トランスナショナル)のNGO組織やボランティア・グループ」、「都市に限らず農村を含めて地域、職場、被災地などで自立的で自発的(ボランタリー)に行動する個人グループ」、「そうした活動に共感をいだいて広い裾野を形成している、厚い層の市民に支えられていることが、きわめて大切」である。「市民社会」とは「絶えず市民自身が再定義していく歴史的過程」であり、市民が自分たちの行動や運動の意味づけを自分たちで行いつつ「自分たちの共同のアイデンティティと公共空間を確立して行くという、歴史的な過程の自己表現」である(45〜46頁)。

坂本・「市民社会」論で重要なのは、「市民社会」を「都市」に限定せずに普遍的に捉え、「都市に限らず農村を含めて地域、職場、被災地などで自立的で自発的(ボランタリー)に行動する個人グループ」、「そうした活動に共感をいだいて広い裾野を形成している、厚い層の市民に支えられていることが、きわめて大切」という理解であろう。

(ⅳ) 篠原一の「市民社会」概念と石田雄の「市民社会」論

(A) 篠原一『市民の政治学──討議デモクラシーとは何か──』(岩波新書、2004年)

①「第1の近代」から「もうひとつの近代」＝「第2の近代」へ、という歴史理解で篠原は次のように言う。近代は西欧中世後期(10〜15世紀)の中で準備された。ヨーロッパ都市は12世紀頃からライン河を挟むかたちで形成され、16世紀頃から、ルネッサンスの発展、近代的市場の拡大、宗教改革に象徴される初期近代(近世)が始まり、やがて科学革命、近代国家の発展、近代産業の成立、市民革命を経て18世紀中葉から本格的な近代が始動する(これが「第1の近代」の始まり)。近代社会の構造的特質はこの段階で確立する。この近代社会の爛熟の中から、近代の成功の結果として種々の矛盾とリスクが発生し「第1の近代」は大きく揺らぐ。このような矛盾とリスクに対する警告として各種の「新しい社会運動」の現象が発生し、「第2の近代」への転換の兆候が現れる(3〜4頁)。

②近代の構造をどのように理解するか。資本主義、産業主義、近代国家、個人主義(中世後期に個人の誕生、自律した個人、理性を持った人間として個人に人権付与、個人は国家への自由と国家からの自由を持つ＝近代的市民社会の成立)、科学主義とする(12〜24頁)。

③「第2の近代」(「新しい市民社会」)はどのように始まるか。(a) 結社革命──フランス革命は社会は国家と個人のみから構成されるべきものと考え、前近代社会の階層制や階層的組織(社団)を粉砕し中間団体を排除した。しかし旧い社団は残り、また自発的結社なくしては社会の運営ができないことはトクヴィルが自発的結社の盛んなアメリカのデモクラシーを称揚したことから明らかである(社会主義から「社会」主義 [Social-ism] へ)。(b) 多文化主義──グローバリゼーションは一元主義に依存しやすい、それを防ぐカウンター・グローバリゼーションとしてオーストラリアやカナダの多文化主義が注目される(57〜60頁)。

④「新しい市民社会」論について、以下のように述べる(93〜99頁)。(a) 古典的市民社会論(国家と市民社会の2つの円が部分的に交錯した二領域論)

――ⓐロック・スミス系列（二領域論）と、ⓑモンテスキュー・トクヴィル系列（伝統的な societas civilis、市民社会を国家など公的組織から独立したものと考えず政治社会をひとつの共同体ととして考え、その中で自律的諸集団によって政治秩序が保たれると考える）、ⓒグラムシ（市民社会は国家と経済を媒介するもの、家族・学校・教会・マスメディアなどが含まれる、支配は暴力装置を持つ国家によってのみなされるものではなく市民社会を通してもなされる、市民社会は「抵抗の拠点」にもなるが「支配の通路」にもなる。アントニオ・グラムシの「ヘゲモニー論」（同意による支配）は現代の「新しい市民社会」論と同様の三領域論になっている（これはグラムシは20世紀に活躍した思想家であることを示している）。(b) 三領域の分化――国家と経済社会（市場）と市民社会の３つの領域が相互に接合（３つの円が部分的に交錯、96頁図3）しながらむしろ市民社会が優位に立つべきと考えられている[6]）。

⑤「社会関係資本」（social capital）という用語は人間関係を示す（ネットワークや信頼関係の意味）。政治学者のパットナム（社会関係資本の再生による市民社会の再生）は、イタリア地方制度改革と自治体の機能の研究の結論として、次のように言う。(北イタリアの) 中世都市以来の市民的伝統を保持してきた地域が成功を収めた。「市民的伝統を持つ共同体」とは信頼関係・互酬制の規範・ネットワークの形式・市民の積極参加など「社会関係資本」を蓄積してきた共同体であり、市民の積極参加は市民の自発的結社を通して行われるが、こうした行動様式は中世都市の伝統を持っていた北中部の地域に盛んであり制度パフォーマンスが高かった（113～116頁）。

パットナムの「社会関係資本」で言及された「中世都市以来の市民的伝統を保持してきた地域」は、後述の「中間団体」論の考察に結びつき、増田四郎『西欧市民意識の形成』が辿り着いた「市民的伝統」形成の歴史的起原探求の重要性を理解させる。

(B) 石田雄「丸山真男と市民社会」（石田・姜尚中『丸山真男と市民社会』世織書房、1997年）は言う。(a) 丸山真男は何故「市民社会」という概念をほとんど使わなかったのか、という問に対して、石田の理解する丸山の分析は、

「日本社会の現実は『前近代』と『超近代』の重畳が特徴的であり、『非近代』と『過近代』が同時に存在する」と言っており、「市民社会」は日本には存在する余地がないと考えていたようだ。前近代的要素と超近代(「近代の超克」)をめざす思想潮流とが重なりあって典型的な「市民社会」が出現しなかった日本の姿が「市民社会」という言葉を使わないで説明されている。またファシズム分析でアメリカのマッカーシズムに言及し「民主主義の名におけるファシズム」の危険性を警告している。丸山は日本において「市民社会」をつくり出すことを課題と考えたのではないかというのが石田の仮説である。(b) 石田の「市民社会という分析枠組みに関する私見」によれば、ハーバーマスは新版「序文」におけるZivilgesellshaftという新しい概念を提示したが、bürgerliche Gesellshaftとの区別が不明確になる恐れがあるので、石田は「市民社会」概念を使うよりも「要請としての『公共圏』」という概念を使うことを提案する。実在としての「公共圏」ではなく要請としての「公共圏」といった意味は、「市民が横並びの状態にあるのではなく常に不平等な権力状況の中に位置づけられるから、各個人の発言が意味のある討論を引き起こすためには」この権力状況を考慮した是正措置が絶えず必要になるからである。東アジア諸国(中国など)で「中間層」の増大といわれる現象によって「市民社会」が成熟したというように実体化されてしまうと、その「中間層」といわれる「市民社会」の成員の中にある異質性(急速に増大する傾向にある格差)を見逃す危険性があるとし、その構成員の内的多様性を捨象してしまうことを十分に警戒する必要があると言う。この指摘は、岩崎・前掲書のような「アジア政治を分析する道具」としての「市民社会」論を警戒することになるだろう。

(2) 「中間団体」の意義

① 「中間団体」の倫理性の淵源を訪ねて

　村上淳一『ドイツ市民法史』(東京大学出版会、1985年)は、川島武宜「市民社会における法と倫理」(『法社会学における法の存在構造』1950年)のいう「典型的な市民社会」論に次のような疑問を提起する。はたして「市民社会」

は「自律的な個人」の「アトミスティックな集積にすぎな」かったのか、「自律的人間」はなぜ「自主的人間人格」であって「我利我利亡者的利己主義者」ではなかったのか（2〜4頁）。

　村上の問題意識は、次のようにまとめられるのではなかろうか。つまり、中世において「他律的な政治的干渉」を及ぼした主体は「中間団体」（荘園・ツンフト・ギルド・家族など）であるが、しかしそれらの「中間団体」は個人に対しては「他律」の側面を見せながらも団体としてはそれぞれに強力な「自律」を行い、「諸種の社会的政治的団体」からなる自律的政治社会を形成していた。「絶対制国家」がそれら「中間団体」を無力化したあとも個人はかつての「中間団体」の自律性を（もはや政治的でないとしても）倫理的な自律性として受け継ぐことができたのではないか。市民社会の自律性は資本主義経済の「経済的自律」のみに基礎づけられるのではなく団体によって媒介された「倫理的自律」をも必要とした。（4〜6頁）村上の指摘する「中間団体」は、ドイツの市民層を主たる担い手とする前期結社運動（1765〜1819年）において、愛市協会（工業、芸術および有用なる事業促進のためのハンブルク協会、1765年）、読書協会（ボンの読書協会、1787年）、インフォーマルな行動グループ（ハンブルクの幸福社、1794年）、政治的討論グループ（ベルリンの水曜会、1783年）、学生の改革運動（イェーナの自由人協会、1794年）、民族的・政治的な支援団体（ケーニヒスベルクの美徳連盟、1808年）などのように形成された（117〜123頁）。

　「倫理的自律」が失われて市民社会が「我利我利亡者的利己主義者」の社会に変質していくにつれて「経済的自律」も不可能になり、団体的秩序としての市民社会が崩壊して初めて川島論文のいう「自由な孤立せるアトム的人間」が出現する。この「アトム的人間」は権威主義的組織化の対象であり、「自由からの逃走」のはてに全体主義的支配をもたらしたのではなかったのか。「自律的個人」、「個人の倫理的自律」を欠いた「市民社会」は、「我利我利亡者的利己主義者」社会であり、中国市場経済社会の現実はまさしくそういう社会なのであるといってよいのかもしれない。

②中国・「社会主義市場経済」登場後の市民団体登録数の増加の意味

　Minxin Pei, Chinese Civic Associations: An Empirical Analysis (*MODERN CHINA*, Vol. 24, No. 3, July 1998) は、必ずしも「市民社会」と「中間団体」論を問題意識としているわけではないが、本稿に関係のある興味ある統計分析を行っている。

　それによると、1979年から1992年までの市民団体数（芸術・健康・教育、自然科学・技術・エンジニアリング、慈善・宗教・公共問題、レクリエーション・友好、企業取引、社会科学・人文科学・管理学、職業・管理者）の増加率について1978年と1992年を比較し、また全国と主要都市（重慶、寧波、青島、上海）の都市部・地方、台湾とを比較している。その特徴は、社会科学・人文科学・管理学団体（全国団体で13％→28％、地域団体で8％→27％）および企業取引団体（QC活動などの団体、全国で3％→27％、地域で2％→22％）の急増である。また新規団体結成に関しては、1979（改革開放経済の開始）～1983年の間については、1983年の急落（反精神汚染キャンペーン）、1984～1989年については、1984年の地域における急増、1989年＝天安門事件のあと国務院は社会団体登録規則を制定、1990年の新団体の急減、1992年（「社会主義市場経済」の語の登場）の団体増の再開となって現れている（Pei, pp. 292-293, pp. 299-305）。ただし、公共問題（市民運動）団体数が伸びないのは政治改革の欠如が理由であり、政治改革なしには宗教団体や市民運動団体の成長はないと思われる[7]。

③北欧中世都市の個人の誓約団体たる「コンユーラーチオ」成立の意義（増田四郎（『西欧市民意識の形成』から市民団体意識の誕生を考える）

　増田四郎『西欧市民意識の形成』（講談社学術文庫、1995年；昭和24（1949）年初版刊行）

　（ⅰ）「補論・市民意識形成の問題」（増田論稿の要点である、302～317頁）
①「近代資本主義」「近代市民社会」の起源問題（M. ウェーバーの「プロテス

タンティズムの倫理と資本主義の精神」以来の論議）であるが、近代資本主義はある特殊な主体的・精神的条件と客観的・物的条件とが何らか特定の歴史的・社会的環境意を機縁として結合することによってはじめて成立する。しかし、客観的・物的条件の完備は必ずしもそのままに新しい社会経済機構の持続と繁栄をもたらしえない。そこにはそうした社会の進歩をひとつの生活規範とさえ信じる精神緊張の筋金が通っていなくてはならない。またそのような社会の育成に働きかけた精神的基盤が何であったかをするどく顧みなくてはならない。西欧近代社会の特質を生み出した精神的基盤——西ヨーロッパ中世都市の団体意識の問題を問うわけである。　②増田の考察の重点は、その団体意識の構造ないし発生形態であり、<u>団体を支える市民的精神である</u>（下線は引用者、以下同じ）。近代西ヨーロッパに特異なものは、<u>公共世界に奉仕する個人の自主的・規範的精神であり、この精神を育んだ歴史的・社会的源流として中世北欧都市の市民意識に突き当たったのである。</u>　③中世北欧都市の市民意識もまた団体的訓練の場として、比類のないひとつの有力な精神的源泉であったと考えられる。北欧都市における市民意識形成の仕方こそ「西ヨーロッパ」の近世的団体意識を、古典古代とも、東洋のそれとも区別する基本的なメルクマールとなったものである（古典古代および東洋社会と区別するひとつの指標）。中世北欧都市の成立は12、13世紀であり、18、19世紀の近代「市民社会」の成立とは5、6世紀の隔たりがある。その間の14、15世紀の中世末期には「公共世界」を盛り上げる「自治的な個人の誓約団体」としての市民感情が活きており、法的平等と自衛の原理に立つ「市民」（Bürgerstand）という階級的自覚、規範意識、社会生活上の公民的訓練が幾世紀にもわたって築かれていた。　④東洋社会に欠如している精神的基盤は西ヨーロッパではすでに11、12世紀に自力で出現・準備されていた。氏族的・祖先崇拝的なものと国家的なるもの以外に「<u>社会</u>」の存在を知らず、その社会を単に「<u>世間</u>」と観じて「世渡り術」を卑俗な規範として守るこの国〔日本〕の庶民のあり方に想い比べて権利闘争の場として自覚した西欧市民の意識的高さを強調しなければならない。　⑤<u>何故西ヨーロッパ社会にのみ特色ある団体意識が生まれたのか</u>。それは結局、国家観

と宗教観の根本的な相違に発するように想われる。西ヨーロッパの個人が、個人と国家との間に無数の団体をつくり、その団体及びその構成員たる個人が国家権力とか宗教権威に対していかなる態度をとるか、いかなる実感を持つか、その態度なり実感をいかに具体的に客観化するか、およそ東洋とは異なる仕方でこれに対決するのである。 ⑥市民意識の源流を辿る場合、市民意識の形成はあたかもキリスト教の普及という現象とほとんど同じ次元で考察されるべき問題となる。

(ii) （本論稿のなかから） 公共団体たる都市は村落団体とは質的に異なった高次の特質を持つ。市民意識の最も純粋強固なものは北欧の中世都市である。古代ないし南欧イタリア都市に見るごとき氏族的伝統の残滓を完全に払拭した個人の誓約団体たる相貌をとって成立する。コンユーラーチオ（Conjuratio；Eidgenossenshaft, Schwurbrudershaft）と称される Commune の成立には、1112年のケルンの例（富商クラブのイニシアチブ）、フライブルグ・イム・ブライスガウの24名の conjuratiores fori（都市建設仲間、主体は遠隔地商人から生じたもの）の例がある。彼らはいずれも生粋の商工業者でありゲルマン的・キリスト教的な宗教的結合（confraternitas）と潜在的に存在した職業的結合（Zunft, Gilde）の精神の上にある種の政治的反抗を契機として、おのおの「個人の誓約」に基づく全く新たなる団体「都市」を創設した。誓約団的結合としての「都市」の誕生、それは地縁的であると同時に人的な公共団体である。原則として法的平等を享受する市民は「都市の空気は自由にする」の法諺そのままに一定時効（通常満１年）による身分上の自由を獲得する。特殊法である都市法ならびに都市裁判権の保護を受けるとともに、市参事会（Rat, consules）員の選挙を通じて市政自治に参与する（59～62頁）。

(iii) Commune になることによって都市はいかなる政治法制上の変化を体験したか。都市は「都市民」（Stadtvolk）を単位として保持する、錯綜した個別的封建関係を民主主義的に置き換える。市民が「誓約団体」であるという性格から、誓約の当事者はあらゆる市民＝都市の城壁内・城壁外に居住するすべての人たち（実際には15歳以上の者）。誓約によって平等な「仲間」（Genosse）

となるから他国の者も満1年間その都市に居住する場合は団体に加盟する(139～141頁)。

(iv) 何故北欧都市のみに特殊な市民的団体意識が生まれたのか(南欧とは異なる所以は何か)。幾世紀の長きに渡って訓練された公共世界に奉仕する個人の誓約団体としての「都市」と、あらゆる魔術的・氏族的な諸制約から解放された等族的自覚に燃える「市民」は、近代国家の法制、税制・軍制・役人制などに原理的な影響を与えた(157～158頁)。

(v) conjuratioと呼ばれる特異な誓約団体(満15歳以上の個人による誓約に基づく「法の前に平等」な「平和と友愛」を念ずる結合の自覚の例は、ケルン(自由のための誓約、1112年)、ブリュージュ(1121年)、トリール(1142年)などの誓約団体の成立。conjuratioは魔術的なるもの[8]、祖先崇拝的なるもの、氏族的なるものの働く場を絶対に許さない個人平等の誓約団体なのである(162～163頁)。

2．「世間」論事始

(1) 阿部謹也[9][10]『「世間」とは何か』(講談社現代新書、1995年)、同『近代化と世間　私が見たヨーロッパと日本』(朝日新書、2006年、146～162頁：日本人の歴史意識――「世間」とは何か、自然との関係、「世間」と時間、「世間」の景観、「世間」の神々)を要約しながら「世間」論を考える

①「世間」とは何か(12～30頁)

「世間」とは何かについてきちんと答えられる人はいない。研究した人もほとんどいない。「世間」は「社会」とは違う。西欧では「社会」というとき、個人が前提となる。個人は譲り渡すことのできない尊厳をもっているとされ、その個人が集まって「社会」をつくるとみなされている。「世間」は個人の意思によってつくられ個人の意思でそのあり方も決まるとは考えておらず、「世間」は所与とみなされている。家庭のなかで「そんなことでは世間に通用しな

い」といわれたり、「渡る世間に鬼はなし」とか「世間の口に戸は立てられぬ」などの諺を知らない人はいないだろう。いわば「世間」は日本人の生活の枠組みとなっているにもかかわらず、その「世間」を研究した人がいない。

私たちはいつも「世間」の目を気にして生きている。日本人はみな「世間」から相手にされなくなることを恐れており、「世間」から排除されないように常に言動に気をつけている。

「世間」について本書では歴史的に説明するが、作業仮説として「世間」を以下のように定義しておく。「世間とは個人個人を結ぶ関係の環であり、会則や定款はないが、個人個人を強固な絆で結びつけている。しかし、個人が自分から進んで世間をつくるわけではない。何となく、自分の位置がそこにあるものとして生きている」。(下線は引用者、以下同じ)「世間」には形をもつものともたないものがある。「形をもつ世間」とは、同窓会や会社、政党の派閥、短歌や俳句の会、文壇、囲碁や将棋の会、スポーツクラブ、大学の学部、学会などである。「形をもたない世間」とは、隣近所や、年賀状を交換したり贈答を行う人の関係をさす。本書では後者の「世間」を考える[11]。

「世間」には厳しい掟がある。それはとくに葬祭への参加に示され、その背後には「世間」を構成する2つの原理がある。(1) 長幼の序と (2) 贈与・互酬の原理(対等な関係においては貰った物に対してはほぼ相当な物を贈り返す)である。団体旅行の例を考える。そこには小さな「世間」ができていて、列車内で宴会が始まればその「世間」に属さない人の迷惑などはかえりみられることなく、自分たちの「世間」の利害が何よりも優先される。「世間」は排除的であり、差別的ですらある[12]。

私たちは学校教育の中で、文章の中では扱わないことを会話と行動においては常に意識してきた。「世間」は、いわば学者の言葉でいえば「非言語系の知」の集積であって、私たちはこの「非言語系の知」を顕在化し対象化しなければならない段階に来ている。明治10 (1877) 年頃にsocietyの訳語として「社会」がつくられ、明治17年頃にはindividualの訳語として「個人」が定着した。それ以前には「社会」の概念も「個人」の概念もなかったが、「世の中」、「世」、「世

間」が「社会」に近い意味で使われることもあった。「社会」の言葉が使われてもその概念が本来持っている意味と日本の実情（「世間」）との間の乖離が無視される傾向が出てきた。この点についてはとくに知識人に責任がある。

② 「世間」はどのように捉えられてきたのか（32〜56頁）

　仏教では「世間」という語は本来、サンスクリット語の「ローカ」（壊され、否定されていくものの意）の訳語である。「世間」は、生命を有するもの（有情世間）とそれらの生命を住まわせている山河や大地など（器世間）に分けられる。仏教における「世間」は「穢土」として表現され、貪(おごり)、怒り、愚かさを煩悩とし、その他に5つの悪が示されている。この「世間」のかなたに「浄土」が描かれているという構図になっている。「世間」の研究を本格的にするためには、仏教が室町・戦国時代の15〜16世紀に「国民的宗教」に変貌しつつあったということを押さえなければならない。また仏教が「個人としての死者」に関わり、神社を中心とする神信仰・神道が家を単位とする「集団としての地域社会」と密着して発展してきたということも前提として考えなければならない。

　先に（序章）「世間」では個人は姿を見せず集団の中に埋没していると述べた。この「世間」の構造に仏教が関わっている。「無心」や「無我の境地」を追い求めた仏教の基本的教義が深い関係を持っていることは明らかである。「無心になる」とは、「私」を無にして「対象」を全面的に受容するという生活態度と深く関わる。「私」を「自然」に近づけることであり、自我を離れて「無心の自己」になることである。このような思想は鎌倉仏教の中では、法然(ほうねん)、明恵(みょうえ)、道元などによって熟してくるのだが、そこでは日常の生活の中で人間の心が成熟してゆけばそれはそのまま成仏(じょうぶつ)につながってゆく、と説かれている。ここに「世間」と仏教の接点があり、日常生活の中で一人ひとりが座禅を組んだり発心(ほっしん)する機会をつかめばよい、目標は成仏にあるというものであった。

③真宗教団における「世間」——親鸞とその弟子たち（100頁〜）
　（i）親鸞の「世間」を見る目（100〜106頁）
　①「非僧非俗」の立場　永承7（1052）年は末法元年である。鎌倉新仏教が生まれてくる前に院政時期があり、その頃各地に浄土信仰を伝える聖（ひじり）が活躍していた。奥州の藤原氏は砂金と馬を朝廷に土貢し、それらを求める人々が奥州に下って行った。博多では宋商人との取引が活況を呈し、宋からは大量の宋銭が輸入され、貨幣経済は各地に展開してゆくことになった。このような時代背景のもとに鎌倉新仏教が生まれてくるのであるが、その担い手となった親鸞は9歳の時に慈円について出家得度している[13]。慈円は天台座主（ざす）として旧仏教を代表する人物であったが、親鸞は旧仏教が朝廷と結びつき王法と仏法が一心同体の関係にあるその教えを批判し、大衆の側に身を置いた。親鸞は「非僧非俗」の立場を貫こうとしていた。その背景には流罪となり官僧の身分を解かれて藤井善信の名を与えられながらもこれを受け容れず、俗に入らず、僧でもないと自らを位置づけたという状況がある。「非僧非俗」とは世俗世界をも自分の世界として認めないという態度を表わすものであった。
　②親鸞が20年の長い間布教していたのは、東国であり利根川流域であった。この地の農民たちは、平将門の死後もその怨霊が生き延びて再生すると信じていた人々であり、呪術宗教の徒であった。これらの人々を前に親鸞が「世間」をどう見ていたかという応えはない。親鸞にとっては現世がすでに地獄であり、保元・平治の乱以後の殺人が日常茶飯事となった世界は地獄以外の何物でもなかった。「善信（＝親鸞）が信心も聖人（しょうにん）（＝法然）の御信心もひとつなり」という言葉の背後には、如来から与えられ包まれ支えられているという確信があり、自分はこの世に生まれる前からすでに救われているという事実がある。
　③徹底的な否定の思想　「非行・非善、悪人正機（あくにんしょうき）」（善人なほもって往生をとぐ、いはんや悪人をや）の念仏他力が強力に説かれた。善も善人も、自力も、行も、父母の追善供養も、弟子も義も、学問すら否定されている。これらの否定は日本の歴史の中では他に全く見られない徹底的なものである。その教えを受けた人々の間にはそれまでに見られなかった新しい生き方が生まれたのは当

然であった。本願の名号の中には諸神・諸仏の万徳がすべてこめられており、したがって正しい念仏者はあらゆる諸神や諸仏の権威を恐れる必要は全くなくなったのである。念仏者の前では「天神(てんじん)・地祇(ちぎ)も敬服(きょうふく)し、魔界・外道(げどう)も障碍することなし」(「歎異抄」)と説かれた。20年にわたる布教活動をした東国では人々の生活に大きな変化をもたらさずにはおかなかった。

(ⅱ) 初期真宗集団の革新性 (106〜118頁)

①真宗と民俗　親鸞の説いた教えは支配者による弾圧を引き起こしかねない要因を抱えていた。①教えそのものと、②念仏者が持つ組織が持つ意味であった。領家・地頭・名主に支配されていた農民が念仏者となり、道場を中心とする横の組織がつくられていったが、かつての旧仏教の寺社を維持する経済的基盤が揺らぎ始めたため、寺社は領家等とともに念仏者の弾圧に乗り出した。親鸞の教えは日本の道徳を今にまで貫いているように見える孝養を否定し、祖先崇拝も生霊や死霊などの怨霊の慰撫もともに否定されている。真宗と民俗の関係について、福島・相馬藩の例を取り上げる[14]。相馬藩は天明7 (1787) 年の大飢饉の復興策として北陸地方から農民を移住させたが、彼らは真宗の門徒であった。彼らは神宮の大麻や出雲神社の神札を受けなかった。湯殿講(出羽三山)などの土着の講組織にも加わらなかった。葬送でも土着農民の行う霊膳や霊水を用いることなく、野位牌も使わず、六文銭とか杖、草鞋も入れず、経帷子(きょうかたびら)も着せず、白衣位牌もない。地元では妙見信仰(物忌、潔斎など)が盛んであったが、真宗農民の間では神棚や神札、路傍の祠など一切ない。門松や盆棚や位牌もなく、屋敷神もない。法名軸が位牌代わりに仏壇の横にかけられているくらいである(松野純孝「親鸞と習俗」)。現在でも教団としては位牌は公的に禁止されている。真宗においては墓をつくらないところも少なくない(いわゆる無墓制)。こうした親鸞の教えが持つ画期的な意味は明らかである。周防笠佐島(すおうかさじま)では無墓制であり、迷信やタブーの弱い生活を送っている。島全体に講が形成されているが、その運営は輪番制であり、特権者はいない。こうした横のつながりの強さは祖先信仰の弱さと深い関係がある(児玉識「近世真宗の

展開過程——西日本を中心として」）。他の地域から嫁入りした女性たちは共同体規制があるにもかかわらずこの島の暮らしやすさを評価しているという。

②親鸞と民衆信仰　親鸞は決定的に新しい視点を確立したうえで、その教えを伝えるに当たっては民間信仰を媒介として専修念仏を広めていった。当時の民間信仰である不断念仏を下地に入れて専修念仏を伝えていったといわれる。ほかに、聖徳太子信仰、善光寺如来信仰、弥勒信仰、毘沙門天信仰などもあげられる。農民の痛みは親鸞の痛みであり、親鸞の教えを伝えるには必要な方便であった。

では、真宗教徒にとっては「世間」とはどういうものであったのか。「念仏衆には階級の上下や僧俗の区別がなく、在家止住である」といわれる。教徒たちは互いに同行・同朋と呼んで結びついていたが、このような同朋集団は「門徒の老」を中心として結びつき、寺院をもたない。道場を共同で維持し、土地や建物などは門徒惣中の共有であった。彼らが日本で初めて平等観を打ち立てたともいえよう15)。

③講という組織　道場を中心とする寄り合い・談合は真宗の発展の大きな原動力となったが、親鸞の死後、本願寺が成立してからは、門徒の政治的会合の性格を強く帯びるようになった。これに関して、蓮如（本願寺8世、1415〜1499）は道場を中心とする「座」の性格が変貌してきたことを批判し（文明5年の御文）、談合・寄り合いが本来の宗教的目的を失い世俗化（「世間」化）しつつあることを問題にした。講は、各地で「二日講」、「五日講」、「六日講」という形でつくられたが、これらの講は村落の門徒農民の同族的結合ではなく、血縁を超えた地縁的結合体であったといわれる。地縁的結合も村ごとの結合ではなく、村や郷を超えた広大な地域にわたるものであった。講を結んだ門徒たちものちには階層的秩序をもつにいたるが、本来は「弥陀の前には平等」という観念を共有していたといわれる。こうした村や郷を超えた組織をもつにいたった背景には、荘園制の崩壊による郷村制の成立と農民の惣的結合があった。

④門徒の集団　親鸞の「面授の弟子」たちが自らの弟子をつくり、その弟子たちがさらに弟子をつくるという形で多くの門流が生まれていった。そこには

師弟関係が生まれ、師は「知識・善知識」と呼ばれた。弟子たちは「毛坊主」と呼ばれ、彼らは村で筋目のある長百姓として田畑の高を持ち、俗人とはいえども出家の役を務めるものであった（飛騨の記述から）。彼らは村の中でかなり有力な百姓であり、名主・組頭・惣代などの村役を担当したのである。注目すべきなのは、門徒の葬式には寺ではなく<u>道場主が導師を勤めた</u>ことと、神社は門徒の地域では影の薄い存在となっていたことである。門徒の地域においては強固な信仰に支えられて独自な組織と慣習がつくられていった。これらの人々の集団は<u>日本の集団の中で傑出した存在</u>として、とくに一向一揆や百姓一揆に際して大きな力を発揮することになった。<u>門徒の集団がつくりあげた新しい人間関係の在り方</u>は無視できないものがある。彼らは魔界や怨霊を信ずることなく、独自な形で<u>合理的な生活様式</u>をつくりあげた（のちには彼らもそれなりの「世間」をつくってゆくことになったとしても）。

④明治以降の「世間」と「個人」（174頁～）
　（i）「社会」の誕生（174～177頁）
　①「社会」という言葉　「社会」という言葉は、明治10（1877）年に西周（にしあまね）が society の訳語としてつくり、その後定着したもの。日本での「社会」の初見は文政9（1826）年の『輿地史略』（青地林宗訳）であるが、それは Kloofterl「修道院」の訳語としてであった。「社会」が定着するまでに40以上の訳語があったが、中には「世間」の語もあったが訳語としては定着しなかった。何故なら、society という言葉は個人の尊厳と不可分であり、その意味を込める必要があったために「世間」を採用できなかったのである。
　②個人の尊厳　日本で individual という言葉の訳語として「個人」が定着したのは、明治17（1884）年頃であり、「社会」という訳語に約7年遅れていた。それ以前には日本には「個人」という言葉はなかっただけでなく、個人の尊厳という考え方もわずかな例外を除いて存在しなかった。この訳語の成立は決定的な意味を持っていたが、現実にはまだ西欧的な意味での「個人」が成立しないところに西欧の法・社会制度が受け容れられ資本主義体制がつくられ、新し

い「社会」と呼ばれたのである。その「社会」はそれまでの人間関係から区別され、それまで多くの人が用いてきた「世間」はこの頃から公文書から姿を消した。個人の尊厳がまだ十分には認識されないままなので、「社会」という言葉はそのような事態を反映して個人の尊厳とは切り離されて法・経済制度の意味で用いられており、人間関係を含んだ概念にはまだなっていない。一般民衆は従来の人間関係を感性の次元では持ち続け、差別や「世間」の言葉を存続させている。

3．「市民社会」論と「世間」論の交錯を考える

　(1) 以上において近代「市民社会」(「第1の市民社会」)における「市民」(キリスト教の普及と中世北欧都市における誓約団体「都市」の当事者たる個人の誕生の意義)、「第2の市民社会」(「新しい市民社会」)における「市民」(一枚岩ではない階層社会の格差のなかの諸個人)を検討した。日本の「世間」は「第1の市民社会」を形成しないうちに「第2の市民社会」の実体を迎えている。日本の個々人は多数の「世間」を渡っているがその当事者(規範・秩序形成と維持の主体)ではない。

　そもそも「世間」には当事者はいないのか？　阿部『学問と「世間」』(岩波新書、2001年)は、「世間」と社会の違いについて以下のように言う(111～113頁)。社会は改革が可能であり、変革しうるものとされているが、「世間」は日本人にとっては「変えられないもの」とされ、「所与」とされている点である。西欧では個人がすでに確立されており、個人の意志が結集されれば社会を変えることができるという道筋が示されていた。しかし「世間」はそのような道筋は全く示さることなく、「世間」は天から与えられたもののごとく個人の意志ではどうにもならないものと受けとめられていた。したがって「世間」を変えるという発想は生まれず、改革や革命という発想も生まれなかった(日本人が長い間社会科学的思考をもてなかった背景である)。

(2) 真宗門徒の「世間」否定・破壊、呪術からの個人の解放、合理的で平等なヨコの組織づくりは、自律的結社（中間団体）の誕生を意味したが、誓約団体的な結社の中で自律的な規範意識、秩序形成能力、およびその訓練は歴史的な積み重ねを経て個人「市民」と「市民社会」の成立をもたらしたであろうか。また、その精神・人間類型は日本社会に一般化したと言えるだろうか。

　(3)「新しい市民社会」と「世間」の「交錯」はどのように表現されるであろうか。「市民社会」円と「世間」円は重複する部分をもちながら分けて図示できる。その上で、多数の「世間」円に鋭角的に食い込む多数の「市民社会」＝結社（NPOなど）円が認識できるが、場合によってはいくつかの「世間」が壊れたり、逆に小文字の「市民社会」＝結社（NPOなど）のある種の「世間」化が起こったりしているのではないか。しかし、社会関係そのものをつくることができないままの「孤立死」のケースや、「無縁社会」といわれる新しい現象をどう見るべきなのかであろう。【注】

　①2004年4月にイラク・ファルージャで起こった日本人拘束・拉致事件と「自己責任」論噴出の背景を問い、日本社会に潜む根本問題を考えてみよう。検討のキーワードは「官」（governmental, official）と「市民社会」・「公」（civil society, public, public sphere）と「私」・「私人」（private：個人の親密領域と同時に経済的な特殊欲の活動領域）の関係構造である。非政府的公共領域（「公」）は「政府的公共領域（「官」）に対して拡大・成熟の方向を辿ってきた。問題を「官」対「私」のみでなく、「官」対「公」・「市民社会」の関係として考えなければならないのではないか。

　私は、3・11東日本大震災後のボランティア・ネットワークの立上げと拡大は、かつての不合理な「自己責任」論（個人に優位・命令する「官」至上主義で「公」にある個人を非難する）を克服したと考えている。

　②また、3・11東日本大震災後のボランティア・ネットワーク立上げは、震災と津波によって壊れた東北各地・被災地の村落共同体の「世間」を内側からつくり直し、新しい復興のための結社＝小文字の「市民社会」として再生しつ

つあるように思われる（老・壮・青の三結合による地域再生の新しい「寄り合い」活動が方々で報告される）。
　【注】この問題の議論については、本書の山田＝古川「対談」を参照していただきたい。

注
1）　朴元淳新ソウル市長誕生と韓国社会の変化について、洪日杓（韓国・ハンギョレ経済研究所首席研究員）『朴元淳ソウル市長』登場の意味および展望」（NEWSLETTER 2011年11月号、NPO 現代の理論・社会フォーラム）および洪日杓／丸山茂樹訳「韓国の政党政治の変化の可能性と市民政治運動」（FORUM OPINION 16号、2012年3月、同 NPO）を参照。
2）　中国における「公」と「私」の観念は、そもそも西欧とも日本とも異なる独自のものがあるのではなかろうか。これに応えるのは、溝口雄三「中国における公・私概念の展開」『思想』No. 669（1980年3月）である。溝口論文は、中国における「私」を独・秘・竊・独占・自環・姦邪とし、他方、中国の「公」については、①開放から衆人と共同するの「共」、衆人ともに通ずるの「通」、自環の反義として「公は平分なり」（正・不正の倫理性を含む）、②「共」から衆人の共同作業場・祭事場などを示す公宮・公堂、やがてそれを支配する族長を公と称し、さらに統一国家成立後は君主や官府など支配機構にまつわる概念になるとする。これに対して日本の「公オホヤケ」（大家・大宅）は、大きい建物およびその所在地、古代的共同体における収穫物や貢納物の格納場所、さらにそれを支配する族長の祭・政上の支配機能を指す語であって、上記の②に片寄ると指摘する（19～20頁）。
　　　さらに、溝口雄三『方法としての中国』（東京大学出版会、1989年）によれば、中国の「公」は「つながりの共同」を意味し、そのなかには「私」が含まれ、「縁」ネットワークが重要であって、個人の自我の確立のため「縁」のつながりを切ることは反倫理的行為であるという。他方、日本の「公」は「領域の共同」を意味し、「私」を介在させない（62～63頁）。つまり、「私」の領域の自立、個人の内面世界たる自我の自立が重要だということになる。溝口氏の分析によるならば、岸本論文のいう旧中間団体による「公的な public 活動領域」の自律は「公」観念によって裏づけられるということになり、日本こそ「オホヤケ」＝「官」とアトミスティックな「私」の2項対立的問題を抱えて今日に至ったといえようか。
3）　現代における「市民社会」の再評価のためには、テキストになるものとして、星野智『市民社会の系譜』（晃洋書房、2009年）が参考になる。なお、シュテファン＝ルードウィッヒ・ホフマン／山本秀行訳『市民結社と民主主義　1750～

1914』(岩波書店、2009年)の原題は *Civil Society 1750-1914*であるが、翻訳者・山本はこれを「市民結社と民主主義」と訳出した。アソシエーション論の観点から言えば慧眼であろう。

4) 本書・内藤論文は、20世紀末日本の「市民社会」論に星野・市民社会論を取り上げ評価しているので、参照していただきたい。

5) 参考文献として、岩崎『アジアと市民社会』(アジア経済研究所、1998年)、岩崎『アジアと民主主義』(同、1997年)、服部民夫他編『アジア諸国における中間層論の現在』(同、2000年)、吉野屋正伍他編『アジア社会の構造変動と新中間層の形成』(こうち書房、2000年)がある。

6) 内田弘は「第三次市民革命＝男・女・健常者・障害者、多数者・少数者、人間・自然の共生社会＝市民社会に制御される資本主義」とする。「市民社会の三段階発展論」(季刊 FORUM OPINON 2号、2008年7月所収：NPO 現代の理論・社会フォーラム)。

7) 中国市場経済社会のなかで重要なのは、中国農村の村民自治と村長等の直接選挙制実施の効果であろう。これに関しては、『北京青年報』1998年5月1日掲載の「農民『海選』跨世紀村官」、*CHINA DAILY* 紙1998年6月22日の "Village elections democratic" や "Local elections take damocracy to countryside" などの報道、さらに『アエラ』1997年10月27日掲載の「村々で広がる草の根民主主義」、*TIME* 誌1998年3月30日掲載の "Village Voices" などの紹介がある。問題は、省・国レベルの直接選挙制であるが、故鄧小平氏は1997年の時点で、国政レベルの直接選挙には50年を要するだろうと予言したとされる (前掲 *TIME* 誌、27頁)。

8) 「魔術からの解放」(世界の呪術からの解放：Entzauberung der Welt) について、マックス・ウェーバーは『プロテスタントの倫理と資本主義の精神』(大塚久雄訳、岩波文庫改訳版、1989年)は、次のように言う (第2章 禁欲的プロテスタンティズムの天職倫理)。

　　カルヴァン派において「教会や聖礼典による救済を完全に廃棄したということ……。世界を呪術から解放するという宗教史上のあの偉大な過程、……ギリシャの科学的思考と結合しつつ、救いのためのあらゆる呪術的方法を迷信とし邪悪として排斥したあの呪術からの解放の過程は、ここに完結をみたのだった。……呪術的聖礼典的なものが何らか救いをもたらしうるというような信頼の心を、生ぜしめないためだった。」この有名な叙述はプロテスタンティズムの教義が「近代」をこじ開け合理的「個人」を成立させたラディカルさを示すものである。conjuratio 誓約団体成立の前提であろうか。

9) 阿部謹也 (1935年2月～2006年9月)：ドイツ中世史・西洋社会史研究；1964年

8月：小樽商科大学講師、1966年10月：同助教授、1969年10月～：ドイツへ出張（2年間）、1973年10月：同教授、1976年4月：東京経済大学教授、1979年4月～：一橋大学社会学部教授、1992年12月～1998年11月：一橋大学学長、1999年4月～2002年3月：共立女子大学学長。『ハーメルンの笛吹き男——伝説とその世界』（平凡社、1974年10月）、『中世を旅する人びと——ヨーロッパ庶民生活点描』（平凡社、1978年6月）、『刑吏の社会史——中世ヨーロッパの庶民生活』（中公新書、1978年10月）、『中世の窓から』（朝日新聞者、1981年3月）、網野善彦と共著『中世の再発見——市・贈与・宴会』（平凡社、1982年6月）、『甦る中世ヨーロッパ』（日本エディタースクール出版部、1987年7月）、『自分の中に歴史を読む』（筑摩書房、1988年3月）、『西洋中世の罪と罰——亡霊の社会史』（弘文堂、1989年1月）、『社会史とは何か』（筑摩書房、1989年9月）、『歴史を読む——阿部謹也対談集』（人文書院、1990年2月）、『ヨーロッパ中世の宇宙観』（講談社学芸文庫、1991年11月）、『「世間」とは何か』（講談社現代新書、1995年7月）、『教養とは何か』（講談社現代新書、1997年5）、『大学論』（日本エディタースクール出版部、1999年5月）、『学問と「世間」』（岩波新書、2001年6月）、『日本人の歴史意識——「世間」という視角から』（岩波新書、2004年1月）、『阿部謹也自伝』（新潮社、2005年5月）、『「世間」への旅——西洋中世から日本社会へ』（筑摩書房、2005年7月）、『近代化と「世間」——私が見たヨーロッパと日本』（朝日新書、2006年12月）、阿部謹也追悼集刊行の会編『阿部謹也　最初の授業・最後の授業——附・追悼の記録』（日本エディタースクール出版部、2008年9月）。

10)　阿部謹也氏はなぜ「世間」を対象化したのか。上記『自伝』によると、「世間」論への遠望——社会史の試み（108頁、1960年安保闘争期の大学院生時代）、「世間」を対象化する（330頁）をもとに判断すると、学問の場に身を置く中で日本の「世間」の存在に気がついていたこと、ヨーロッパでは何故個人が日本と違った発展を見たのかを明らかにしたいと考えたこと、ヨーロッパで「贖罪規定書」を読み「告解」のあり方の変化を学ぶことでキリスト教の広がりが個人の成立に果たした役割を知ることとなったこと、刑吏の差別を調べた結果日本の被差別部落の差別問題と関わることが増えたこと、日本の差別に関わりをもって以来「世間」の研究は縄がほどけるように進んでいったこと、などであった。「世間」の原型には贈与・互酬の関係が示される（『日本霊異記』）が、贈与・互酬の関係の核にあるのはキリスト教以前の世界にあった呪術である。ヨーロッパではキリスト教の「贖罪規定書」で呪術は全面的に否定されていたのでキリスト教の浸透にともなって呪術は消滅していった。日本では今日に至るまで呪術を禁止するという動きは見られなかったから贈与・互酬の関係は現在まで生き残っている、と阿部氏は言う。

11) 日本の「世間」(阿部・前掲『近代化と「世間」』89頁〜132頁)について。明治以後に近代化は全面的に行われたが、それができなかった分野に人間関係がある。親子関係や主従関係などの人間関係には明治政府は手をつけることができなかった。その結果、近代的な官庁や会社の中に古い人間関係が生き残ることになった。明治9 (1876) 年にsocietyが「社会」という語に、また明治17 (1985) 年にindividualが「個人」という語に翻訳された。しかし訳語ができても社会の内容も個人の内容も現在に至るまで全く実質を持たなかった。西欧では個人という言葉が生まれてから9世紀もの闘争を経てようやく個人は実質的な権利を手に入れたのである。日本ではこの世を「世間」と見なす考え方が支配してきており、それはサンスクリット語の「ローカ」の訳語で、「壊されてゆくもの」の意味であった。この世は不完全なものということであり、「世間」はあの世をも含んだ。「世間」は俗化されて「無常な世」という意味で用いられることが多かった。

12) 「世間」はどのような人間関係を持っていたのか。前傾『近代化と「世間」』は次のように言う (95〜98頁)。①贈与・互酬の関係が貫かれていた。マルセル・モースがニュージーランドのマオリ族やアメリカ先住民族の慣行から「贈与・互酬」の概念を抽出しており、その基礎には呪術があった(レヴィ＝ストロースによれば欧米人の中にも贈与・互酬の慣行の痕跡があるようだ)。「日本の「世間」の中には自分が行った行為に対して相手から何らかの返礼があることが期待されており、その期待は事実上義務化している(例えばお中元やお歳暮、結婚祝いや香典など)。重要なのは、贈与・互酬関係における人間とはその人の「人格」ではなく、その人が置かれている「場」を示している存在である。日本の世間はヨーロッパのような公共的な関係にはならず、私的な関係がまとわりついて世間を擬似公共性の世界としている。贈与の場合は受け手の置かれている地位に送られるものであって、その地位を離れれば贈物が来なくなっても仕方がない。②次は長幼の序。現実の日本では長幼の序は消えつつあり若年者が優位に立ちつつある。③時間意識の問題がある。「世間」の中には共通の時間意識が流れている(「今後ともよろしくお願いします」という挨拶は日本特有のもので、欧米にはそれにあたる挨拶はない)。欧米の人は一人ひとりの時間を生きているので、そのような共通の時間意識はない(「先日はありがとうございました」という挨拶も欧にはない。欧米にはそのときのお礼はそのときにするものであって、遡ってお礼を言う習慣はない)。

「世間」は広い意味で日本の公共性の役割を果たしてきたが、西欧のように「市民を主体とする公共性」ではなく、「人格」ではなく、それぞれの「場を持っている個人の集合体」としての全体を維持するためのものである。公共性は「官」を意味する場合が多い。「世間」は「市民の公共性」とはなっていない。「世間」の

なかでは時間はほとんど止まったままである。キリスト教のような「直線的な時間意識」もほとんど見当たらない。いわば「世間」には歴史がないのである。「世間」にとって歴史とはどのようなものか。それは突然襲いかかってくる台風や嵐などのように受け身で体験するものでしかなく、歴史的事件に見舞われても、しばしの間耐え忍んでいれば通りすぎてしまうものと感じられている。

13) 親鸞（1173～1262年）。鎌倉時代前半から中期にかけて活動した、浄土真宗の宗祖。親鸞は9歳の時に京都・青蓮院においてのちの天台座主・慈円のもとで得度し、範宴と称した。出家後は叡山に登り、天台宗の堂僧として不断念仏の修行をしたとされる。叡山において20年にわたる厳しい修行を積むが、自力修行の限界を感じた。1201（建仁元）年春頃、親鸞29歳の時に叡山と決別して下山、聖徳太子が建立したとされる六角堂（京都市中京区）に百日参籠、95日目の暁の夢中に聖徳太子が示現した（救世菩薩の化身）とされる。この夢告に従い、法然（浄土宗の宗祖）の草庵（京都市東山区丸山町）を訪ね、百日に渡り法然の元へ通い聴聞する。法然の専修念仏の教えに触れ、入門を決意した。1205年頃親鸞から法然に改名を願い出て、善信と名乗ることを許された。1205年、興福寺から朝廷宛に専修念仏の停止の訴えが出され、1207年後鳥羽上皇の怒りに触れて先週念仏の停止と法然・親鸞を含む7名の弟子が流罪に処せられた。このとき、法然と親鸞は僧籍を剥奪され、法然は土佐国へ、親鸞は越後国国府（新潟県上越市）に配流が決まった。1211年11月、流罪から5年後、岡崎中納言範光を通じて順徳天皇より赦免の宣旨が出された。そして同月、法然に入洛の許可がおりた。法然は1212年1月25日、京都で入滅（80歳）。親鸞は法然との再会が適わぬことを知って、越後にとどまり、1214年（流罪赦免から3年後）、東国（関東）での布教活動のため、家族や門弟らと越後を出発、信濃国善光寺から上野国佐貫荘を経て常陸国に向かった。親鸞は、1216年に「大山の草庵」（茨城県城里町）、笠間郡稲田郷に「稲田の草庵」を結び、これらを拠点として約20年間、布教活動を行った。その後、62、63歳の頃に京都に戻り、1262年11月28日、娘の覚信尼などに看取られ入滅（90歳）。遺骨は鳥部の北辺の「大谷」に納められた。流罪より生涯に渡って非僧非俗の立場を貫いたとされる。1272年（親鸞入滅から10年後）、親鸞の弟子たちも協力を得た覚信尼により、「大谷」の地より「吉水の北の辺」に改葬し、「大谷廟堂」を建立した。1321年、「大谷廟堂」は本願寺3世の覚如により寺院化され、本願寺と号し成立した（Wikipediaなどを参考にまとめた）。

14) 玄侑宗久師（福島県三春町・臨済宗妙心寺派、福聚寺住職；芥川賞作家）は「特別講演 今、三春に生きるということ」（季刊 FORUM OPINION 15号、2011年12月、NPO 現代の理論・社会フォーラム、40～55頁）の「富山のお寺の疎開協力～

越中・越後・越前門徒移住の因縁と復興」の項（44頁）で同趣旨を述べておられる。

15) 玄侑宗久・釈徹宗（浄土真宗本願寺派、如来寺住職）『自然(じねん)を生きる』（東京書籍、2011年）は、禅宗と真宗という宗派の異なる両師の興味ある「縁起の思想」対談を収めている。(1) 浄土仏教の場合、「因果」が縦であるのに対して横の発想が「縁起」。「縁起」がそのまま「他力」につながっていき、「因果」的に意思を込めるあり方が「自力」につながっていく。禅宗は縦が強く浄土仏教徒は反対のように思われているが、禅には北宋禅（儒教的）と南宋禅（道教的）があり、日本に渡来したのは南宋禅である。しかし日本の場合は国家権力や武士階級と結びついたのでどうしても儒教性を帯びてしまう。だから禅と浄土仏教は真逆のものと捉えられるが「自然(じねん)」（道教の老子の「無為自然の境地」）をめざしていた点では同じである。日本には先行して大陸から入った道教的な横の文化があった（玄侑）。(2) 横のままでいようと思ったら強固な組織をつくらないことである。組織を強固にするのは完全に縦の欲求である（玄侑）。親鸞は弟子を持たず集まってきた仲間を「御同行」と呼んだ（釈）。それはあくまでも対等で権威づけをしたくないという積極的な意志がある（玄侑）。凡人の絆・愚者のつながりという視点があったのである（釈）。(3)「他力」はどう考えても「因果」では説明できない、仏の慈悲によって浄土に達するというわけであるから（釈）。「自力」が極まれば「他力」にならざるをえないと思う。禅定を中心に据えた日本仏教は最終的に「他力」に行き着くしかない。そこに「縁起の思想」もぴったり重なる（玄侑）。(4) 現代日本人は「縁起」を感じる力が枯れている。「縁起」の場に身を置く力・活用する力がない（釈）。「因果」ばかり考えているのだ（玄侑）。「縁起」は関係性の認識モデルだと思う。関係性に積極的に巻き込まれることを「縁起の実践」と個人的に名づけて実践している（釈）。(5) 浄土に「帰る」という感覚は道教のなかで老子的（法然は老子的）、浄土に「往く」という感覚は荘子的（親鸞は荘子的、往ったことのないところに往くといい、でも安心しろという）（玄侑）。浄土宗と浄土真宗は思いがけないところで別れた（釈）。浄土仏教の説教師が「往くんだ、往くんだ」と繰り返し言っている（玄侑）。

【補論1】 人権の「普遍性」と「文化拘束性」
―― アジア人権憲章への可能性 ――

古川　純

はじめに――問題関心――

　世界の各地域には、アメリカ人権条約（南北アメリカ大陸）、ヨーロッパ人権条約（ヨーロッパ大陸、ただし未加盟国がある）、バンジュール憲章（アフリカ大陸）のような地域的人権条約機構が存在するが、アジア地域はそれを未だ持たず、地球上で地域的人権条約にカヴァーされていない唯一の地域といってよい。東アジアおよび東南アジアの数カ国（中国、北朝鮮、ミャンマー、カンボジア、ヴェトナム、インドネシアなど）は、人権侵害の状況と歴史によって批判を受けてきている。Michael C. Davis（香港中文大学）によれば、これらの諸国は、人権保障の世界標準（universal standards for the protection of human rights, or human rights standards）を拒否する理由として、経済開発（発展）と文化的独自性および主権を強調してきた。とくに人権保障の基準をどの国においても平等に適用すべきだとする人権の世界標準論に対するこれらの諸国政府による非難は、西欧的人権概念の基礎にある古典的な自由主義的観念である「人間性」に対して加えられる。そして、それに支えられる人権価値とアジア社会の伝統的価値ないし非西欧的価値とは両立しえないと主張される。さらに政府反対派の主張する言論の自由や法の適正手続きに対しては国家安全保障や社会の安定と秩序を対抗させて、政治的抑圧を正当化しようとする[1]。

　Eliza Lee（香港中文大学）によれば、歴史的に西欧社会に根を持つ人権

――とくに自由権（言論の自由を中心とする市民的自由）――について、時代と地域、文化とイデオロギー・価値システムに拘束されない基本的な人間性の概念に依拠するとする「普遍主義」の立場（universalist position）は、人権が特定の文化や政治に先立って存在することを強調する。実際には、西欧的人権観念は、ギリシャ・ローマの文化に始まる「自然法」的伝統および近代の（ロックの自然法理論、カントの自律的選択をなしうるとする啓蒙思想の）個人主義の基礎に根ざしているのであるが、「普遍的な人間性」のゆえに人権は「普遍的」で「譲り渡すことのできない」権利であるという。しかし、この「普遍主義的人権観念」は非西欧社会にとっては西欧的価値や偏見の押しつけと批判される。これに対して「文化相対主義」の立場（relativist position）は、あらゆる社会行動は一定の文化に内在するルールや規範への引照によってはじめて理解できるものであると主張する。つまり、所与の生活に拘束されないような判断基準はありえず、いかなる文化的伝統も自己の標準を他の文化的伝統に対して恣意的に強制することはできないというわけである。これは、文化多元主義（cultural pluralism）の文脈で自文化（伝統）中心主義（ethnocentrism）に相当することになり、その意味で文化相対主義は多文化的世界における文化の汎平等主義（全文化の形式平等主義）（cultural egalitarianism）を主張することになる。現代国際社会においていかなる共通の規範も存在しないとまでいう文化相対主義者はいないのではあるが、にもかかわらず人権については、各自の文化的伝統に内在する規範的標準が妥当すると主張するのである。「普遍主義」でもなく「文化相対主義」でもない第3の立場は、ものごとを形而上的主張によって根拠づけずに、すべての文化に共有しうる価値と規範を見出す経験的な調査に基づく「文化横断的普遍主義」（cross-cultural universalism）の立場である。問題は西欧以外の社会が人権観念を有するかであるが、非西欧社会は、道徳的な関心を人権の枠組みで表わすことはないにもかかわらず、自己の概念枠組みによってそれを表明する可能性はあるのである。よくいわれるように、個人が他の個人に対してなすことができない、あるいは政府が個人に対してなすことができないという限界を示す規範的な諸原則について、文化シス

テムや政治システムを横断する共通の一般的基準を見出すことができる。したがって、先の問題に対するカギは、西欧以外の社会や文化システムの中に西欧的な価値・規範と比較しうる構造的な同等物または比較可能な観念を取り出すことができるか否かということである。「文化横断的普遍主義」の方法論上の問題は、あらゆる比較研究にともなう問題ではあるが、文化横断的に同等物を引き出すための共通の引照項目を見出すという点である。なぜなら、この引照項目それ自体が、実は文化的にバイアスがあるからであり、その点は「文化相対主義」の立場から批判を受ける。どの政治的共同体も歴史的文化的に構成されるものであることを見落としてはならないが、そのうえでわれわれは議論を交換しうる言説共同体（discourse communities）を構築しなければならないのである。「普遍主義」の立場の欠陥はいうまでもないが、「文化相対主義」に対する批判をまとめておくならば、①まず伝統は静的なものではなく、不断の批判と（内部においても外部においても）競争者との直面を避けられないこと、②伝統や判断枠組みは同じ基準で測れないということ（公約不可能性、比較不可能性）は決して「文化相対主義」に付随するものではなく、競争する伝統と判断枠組みの間の合理的な論議は不可能ではないということである[2]。

　中国は、1989年6月の「天安門事件」で国際的にその人権政策に対して厳しい非難を受けたが、その後1991年11月に『人権白書』を公表して、2つの国際人権規約承認への途を開いた。しかし国際人権規約のうち「経済的社会的文化的権利に関する国際規約」（社会権規約）については1997年10月27日に署名をし、2001年3月27日に批准・加入を行ったが（外務省ホームページ、2004年12月1日現在）、「市民的政治的権利に関する国際規約」（自由権規約）に関しては、経済開発（発展）優先と「文化相対主義」の立場から、社会権は優先的に承認するが、自由権は各国の文化と伝統（または国情）に依存するとする「中国的人権観」に基づいて消極的姿勢を続けた。中国は、1998年10月5日に自由権規約に署名を行ったが、未だ批准はしていないのである[3]。しかし人権概念は、「自由権」を後回しにして「福祉権」（welfare rights：社会権）を優先的に保障しうるものとして理解してよいのであろうか。また、人権概念は文化拘束的

(culture-bound)なものと理解すべきなのであろうか。Margaret Ng（香港の法廷弁護士、ジャーナリスト）によれば、自由権は、ロックや J. S. ミル以来の古典的な自由主義に基づく個人の「消極的」な権利を意味するが、「福祉権」（社会権）はこれとは根本的に違い、「積極的で要望的」な権利を意味するとされる。Ng は、「積極的」とは他の個人に何らかの行為をするように請求する権利であること（雇用への権利は他の個人に雇い入れさせる義務であり、無料の医療サービスへの権利は他の個人にそのための資源を出させる義務であること）を意味するといい、2つの権利の最も顕著な違いは、それぞれの背後にある「個人」のコンセプトの違いにあるという。ロックにとって「個人」は、その本性において自由・平等・独立の存在であり、個人は自己の人格を所有し、その延長上にある自己の身体の労働と手の仕事を所有する。J. S. ミルにとって個人の権利は、常に進歩する人間の恒常的な利益を基礎とするものである。これをもとに判断すると、「福祉権」の場合は、Ng によれば、個人の労働への権利および自己の生の追求に対する権利は集団（the collective）が所有するものである。個人はある程度まで集団の所有するものとなるであろう。人権を自由権から「福祉権」まで拡張して含むようにすると、人権の優先順位の概念を持ち込み、かくして人権そのもの（古典的自由主義に立つ自由権）を失う恐れがあるのである。他方で、人権の文化拘束性を主張する「文化多元主義」（cultural pluralism）に関して言えば、「多元主義」（pluralism）とはそもそも、古典的自由主義の核心をなすものであり、個人はおのおの自己の善が何であるかを決める権利を有し（個人の数だけ多元的な善がありうる）、多元主義はしたがって個人の多元主義の延長として成立するものである。異なった文化には、異なった価値システムがあるのであって、自己の文化の判断基準を他の文化に強制しようとするのは、自文化至上主義者（cultural chauvinist）のみである[4]。

　後述のように、「バンコク宣言」(1993年) は、経済開発（発展）の権利と社会権の優位を主張して、自由権には「国内的・地域的な特殊性と多様な歴史的・文化的・宗教的背景の重要性」に留意すべきこと、「経済的・社会的・文化的・市民的・政治的権利の相互依存関係と分離不可能性、およびあらゆる類

型の人権を平等に強調する必要性」、さらに自決権と内政不干渉の要求を指摘する。「バンコク宣言」型の「文化相対主義」と自由権承認の後回し（社会権との不可分性をいいつつ自由権を優先順位で劣位に置く）を克服するには、「文化横断的普遍主義」の立場をとって文化システムや政治システムを横断した共通の一般的（規範的）基準を見出す作業とそれを通じて論議を交換しうる言説共同体をつくることであろう。

以上のような問題関心に立って、以下では、アジア太平洋地域における人権憲章等の論議および諸資料を整理して、その中に「バンコク宣言」を位置づけること、および（「文化相対主義」の立場からの批判を脱して）中国の自由権規約署名・批准を促進する前提となると考えられる「市民社会」成立への状況と方向を概観すること、の２点について、一応の検討を行うこととする[5]）。

1．アジア太平洋地域における人権憲章等の構想に関する論議

(1) アジア・太平洋国内人権機関フォーラム（APF）の年次会合について

「アジア・太平洋国内人権機関フォーラム」(The Asia Pacific Forum of National Human Rights Institutions：APF) は、アジア・太平洋地域の人々の人権を保護・促進するために、国内の人権機関の設置・発展を地域間協力によってサポートするために設置された独立の非営利機関である。APF に参加するためには、「パリ原則」（「国内機関の地位に関する原則」、1991年「人権の伸長と保障のための国内機関に関する第１回国際ワークショップ」において採択、その後の国連総会決議48／134、1993年）に準拠した国内人権機関であることが条件となる（2003年11月現在で、インド・オーストラリア・フィジー・インドネシア・マレーシア・モンゴル・ネパール・ニュージーランド・フィリピン・韓国・スリランカ・タイの国内人権機関が加盟、APF 会合には NGO、各国政府、国連機関もオブザーバーとして参加できる）[6]）。

APF の第１回ワークショップは、オーストラリア・ダーウィンで開催され

（1996年7月8～19日）、「ララキア宣言」が採択された。同宣言は結論として、「人権の伸張と保護は社会を構成するすべてのものの責務であり、人権の防衛に関わる人々は一致してその進展をもたらすために活動すべきであること。国内機関が非政府機関との密接な協力のもとに活動し、可能な限り政府と協力しつつ人権の原則が十分に有効かつ実質的に実施されることを確保すること」などを採択した[7]。

第2回APFワークショップは、インド・ニューデリーで開催され（1997年9月10～12日）、結論において「子どもの性的搾取を重大人権侵害として非難し」、「域内のすべての政府に対して、子どもの性的搾取と闘うために、法執行面での改善、社会政策の変更、教育・啓発キャンペーン、被害者・共同体への支援措置などを含む広範な措置をとる」ことなどを要請した[8]。

第3回APFワークショップは、インドネシア・ジャカルタで開催され（1998年9月7～9日）、付属書3（会議の結論）において「女性の人権問題の解明と差別撤廃への取組みに、高い優先順位を与えることを表明し」、「女性に対するいかなる形態の暴力も、重大かつ広範な人権問題として非難し、政府が法的援助、避難所、リハビリテーションを提供することによって、女性の保護へ向けた活動を行う」ことなどを要請した[9]。

APFの第4回フォーラムはフィリピン・マニラで（1999年）、第5回はロトルアで（2000年）それぞれ開かれ[10]。第6回APF年次会合は、スリランカ・コロンボで開催された（2001年9月24～27日）が、「人種主義、人種差別、外国人排斥と関連のある不寛容：反人種主義・差別撤廃世界会議の成果に関する報告」などが行われた（日本からはNGO・政府とも代表は参加せず[11]）。

第7回APF年次会合は、インド・ニューデリーで開催され（2002年11月11～13日）、「最終意見」の結論において「障害者の権利に関する新しい国際条約の発展について議論」を行い、また「人身売買の問題について、国際的な専門家およびNGOの見解、法律家諮問評議会の報告書を含めて検討」を行った[12]。

第8回APF年次会合は、ネパール・カトマンドゥで開催され（2004年2月16～18日）、「最終声明」結論において「法律家諮問評議会に対して拘禁中の拷

問防止の問題について新たに委託することを決定し事務局に対してフォーラムでの検討および同意のための委託条件についての草案準備」などを要請した[13]。

第9回APF年次会合は、韓国・ソウルで開催予定（2004年9月14〜17日）とアナウンスされた。70団体以上の人権機関の参加が予定され、会合のテーマは、「紛争中および反テロ活動中における人権の支持」である[14]が、会議概要は未入手である。

以上から明らかなように、APFは、1993年6月開催の「世界人権会議」（オーストリア・ウィーン）以降のアジア地域NGO諸団体の問題関心の高揚と国内人権機関の地域的協力の必要から結成された、独立の非営利団体である。日本には、例えばオーストラリアの「人権および機会均等委員会」、インドの「国家人権委員会」、マレーシアの「マレーシア人権委員会」、タイの「タイ国家人権委員会」、韓国の「韓国国家人権委員会」など、アジア地域12カ国の国内人権機関に相当する人権委員会が設置されていないため、NGO中心の地域的協力活動にならざるをえない。APFは、ASEANのような政府連合でもなく、純然たるNGO諸団体連合でもなく、各国国内人権機関連合であるという特徴を持っている。アジア地域における地域的人権機構の生成は、このような特徴的な独立の非営利団体の活動の積み重ねによって行われると予想・期待してよいであろうか。

(2) アジア太平洋の地域的取極めとアジア諸地域人権憲章・宣言等の動き

①アジア太平洋の地域的取極め

人権の伸長と保護のために国連が主催して開催される「アジア・太平洋の地域的取極めに関するワークショップ」が、フィリピン・マニラ（1990年）、インドネシア・ジャカルタ（1993年）、韓国・ソウル（1994年）と3回行われたが、第4回ワークショップは「アジア・太平洋の人権伸張と保護のための地域的取極め」人権委員会決議1945／48に基づきネパール・カトマンドゥで開かれた（1996年2月26〜28日）。この会議では、次のような結論が合意された[15]。「この地域の多様性と複雑さのため、地域的取極めを設置する過程のなかで、域内

の国々の間でコンセンサスを達成するための広い討議が必要になることが感じられた。しかしワークショップは、このような過程を情報共有や経験の交換、人権の伸長と保護のための国内の力量を高め、地域的な取極めへの過程を加速する助けとしながら、段階的な方法で進めていくことの意義を強調する。信頼醸成措置としても役に立つ具体的な一歩が必要とされている」。「地域的協力」として、「ワークショップは、人権教育が人権の伸長と保護の両方のために重要であること、また『人権教育のための国連10年』との関連のものも含め、国内人権教育計画を制定すること、このような計画に関する域内での経験交流を進めることの意義を確認した」。また、「ワークショップは、ウィーンの世界人権会議の、より広範な国家が人権文書を締約するよう求めた呼びかけを確認し、人権の伸長と保護を行う第一義的な責任は国家にあるということを繰り返すものである」。さらに、「ワークショップは、ウィーン宣言および行動計画で提案されてるように、人権に関する行動計画──国家が国内レベルで人権の保護と伸張を改善するための措置を具体化するもの──の策定を支持する」と述べた。

「世界人権宣言50周年記念アジア・太平洋人権教育会議」(大阪、1998年11月25～27日)で、「大阪宣言　21世紀に向けた人権教育の挑戦──人権の普遍的実現をもたらす世紀──」が採択された[16]。全9項目の「宣言」には、「1．女性や先住民族、被差別カーストや部落出身者などのマイノリティ、異なる能力を有する人々(障害者)、外国人、移民や移住労働者、高齢者や子ども、HIV/AIDS被害者に対するあらゆる形態の差別は、教育分野のみならず、あらゆる分野で根絶されなければならない。彼ら自身の文化やアイデンティティが肯定されるべきである。多様性のなかの統一性という原則を促進し、差別の構造的原因や主体的原因に立ち向かわなければならない」。「2．民衆人権教育はしばしば草の根レベルでの人権侵害に立ち向かう中から生まれてきた。したがって、人権侵害の現実から学ぶことはこの上もなく必要である。人権教育はコミュニティの生活や現実に即応したものでなければならない」。「3．ウィーンにおける世界人権会議で約束した諸事項を履行するために、この地域のすべての政府は、国際人権文書を批准しなければならない」。

【補論1】 人権の「普遍性」と「文化拘束性」

　こうした人権教育プログラムに関しては、「国連　東北アジア人権教育トレーニング・ワークショップ」が韓国・ソウルで開催され（1999年12月1～4日）、最終日に「ソウル宣言」が採択された[17]。「宣言」は、「ウィーン宣言ならびに行動計画」（1993年）を受けて国連で宣言された「人権教育のための国連10年」（1995～2004年）により「共通の戦略」が示されていること、「人権の推進と擁護のための地域的取極めに関する第6回ワークショップ」（イラン・テヘラン、1998年）で採択され「ニューデリー・ワークショップ」（1999年）で再確認された「アジア・太平洋における技術協力のための地域的枠組み」において、人権教育がこの地域で協力して進められるべき「4つの主要優先事項」（後出）のひとつとされたこと、ユネスコ主催の「アジア・太平洋における人権のための教育に関するアジア・太平洋会議」（インド・プーナ、1999年2月）を含めて人権教育に取り組む人々が必要な方法や手段について議論してきたこと、などを確認した。「結論」として、教員ならびに教育関係者の研修、人権教育のカリキュラム開発と課外活動、政策課題、教室における人権教育が掲げられ、フォロー・アップのための提案が行われた。

　その後、「アジア・太平洋地域の人権の伸長と保護のための地域協力についての第8回ワークショップ」が中国・北京で開催された（2000年3月1～3日）。これは、第6回ワークショップ（イラン・テヘラン、1998年）で採択された「諸国間の技術協力のための枠組み」（テヘラン・フレームワーク）で「4つの最優先重要事項」（国内行動計画、人権教育、国内人権機関、発展および経済的社会的文化的権利の実現）の実施を求めて開催されてきた、第7回ワークショップ（インド・ニューデリー、1999年2月、前出）、国内行動計画地域ワークショップ（タイ・バンコク、1999年7月）、東北アジア人権教育ワークショップ（韓国・ソウル、1999年12月、前出）、人権教育国内行動計画ワークショップ（東京、2000年1月）、発展と経済的社会的文化的権利の実現のための戦略ワークショップ（イエメン・サナア、2000年2月）を経て開かれたものである[18]。採択された「結論とする文書」によると、①国連基金などの支援を受けた「テヘラン・フレームワーク」の実施の重要性、②相互支援と緊密な連携、

③「テヘラン・フレームワーク」での政府、国内人権機関、市民社会の支援を得た取組みの重要性、④議会、国内人権機関、専門家、市民団体とのパートナーシップによる取組みの重要性、⑤女性、子ども、社会的弱者の権利の保護・伸張に注意を払うこと、などにまとめられた。「ワークショップの今後」では、「このワークショップは代表を送るそれぞれの国の一般大衆にも広く周知されるべきである。……ワークショップの宣伝はうまくいけば人権問題について人々が政府、国内人権機関、NGOと対話するのに勢いをもたせるだろう」と指摘している。

　以上のアジア太平洋地域における地域協力や地域的取極めを求める動きを総括していえば、「テヘラン・フレームワーク」に述べられる「4つの最優先重要事項」の実施を支えるに足る国内支持基盤の構築が今後の課題となっているといえよう。

②アジア諸地域からの人権憲章等の動き

　①「マレーシア人権憲章」(Malaysian Charter On Human Rights, 1994. 12)：この人権憲章は、1992年12月にサラワク原住民（Indigenous People）の土地所有権に関する闘争についての図書出版キャンペーンに参加したいくつかのNGO団体が、マレーシア人権協議を構想した時に始まる。1993年4月17〜18日にクアラ・ルンプールで、さまざまなマレーシアNGO団体から集まった5名により人権協議のための作業が行われた。まず最初に行われたのは、人権アンケート項目の用意であり、これは多数のNGO団体に送付された。人権アンケートの回答に基づいて憲章草案が起草された。マレーシアの50 NGO団体（人権団体、労働組合、消費者団体、女性グループ、環境団体、学術団体、障害者を代表する組織等）から80名のメンバーが集まって協議を行った結果、50団体が文書で公式に承認した「マレーシア人権憲章」がマレーシア全土のNGO団体に送付された。憲章は、重要な人権原則と基準について多様なNGO団体の相当数のコンセンサスが得られたのであった[19]。

　第1条（普遍性）1項では、「人権は普遍的である。人権保障の世界標準は、

われわれの多くの豊かな文化に根ざしている。人権は価値において普遍的であり、世界的な関心の対象となるものである」。また第2条（不可分性）1項では、「人権は、経済的・社会的・文化的・市民的・政治的権利のいかんを問わず、不可分であり相互依存的なものである。経済的・社会的・文化的権利の保護に当たって、政府は、人民による市民的・政治的権利の行使を尊重しなければならない」。憲章各条の見出しのみ取り上げるならば、第3条（人権としての女性の権利）、第4条（開発＝発展）、第5条（民主主義）、第6条（開発＝発展と世界秩序）、第7条（環境）、第8条（平等および非差別）、第9条（基本的な生活の需要に対する平等なアクセス）、第10条（雇用）、第11条（教育、言語および文化）、第12条（個人の安全の権利）、第13条（結社および集会の自由）、第14条（表現の自由および情報へのアクセス権）、第15条（子どもの権利）、第16条（原住民の権利）、第17条（障害者の権利）、第18条（難民および外国人労働者の権利）、第19条（人権教育とトレーニング）、第20条（国家緊急事態、名誉毀損、司法権の独立）である。最後に憲章は、（イ）裁判を経ない抑留、国内安全保障法、出版法の廃止を要求し、（ロ）国際人権規約・自由権規約、社会権規約、女性に対するあらゆる差別の禁止条約、拷問禁止条約および子どもの権利条約の即時批准を要求している。

　ⅱ「南アジア人民の人権」（South Asians for Human Rights, 2000.7.22）：南アジア諸国の人権活動家は、共通の関心事項である多くの問題――とくに国間または地域的に解決が必要な諸問題――についての集団的機構の生成を支持してきた。この問題を意識した「5名委員会」（インド、バングラデシュ、ネパール、スリランカ、パキスタン）が会合を開き、人権に関する南アジア構想の可能性について議論した。2000年7月21～22日、インド・ラージャスタン州のニームラーナで、法律家・学者・著名人・メディア人を含む約100名の代表からなる会議が開催された。注目されるのは、会議では、ジェンダー・バランスに留意され、またエスニック・マイノリティ＝原住民の代表の出席が認められた点である。会議は審議の結果、「ニームラーナ宣言」を採択し、「南アジア人民の人権」という名称の組織を立ち上げた。この組織は、暫定事務局として

上記5カ国から各国3名ずつのメンバーを出し、組織の執行機関を担当することとされた[20]。

「ニームラーナ宣言」は、「譲り渡すことのできない人権と南アジア地域の個人の尊厳を積極的に信じ、南アジア地域における持続する貧困・生活の貧しさ・読み書き能力の欠如・カーストおよび社会的階層制・女性に対する差別と子どもの収奪などの恐るべき遺産が、暴力と国家による抑圧のなかでさらに権威主義的・軍事的・派閥的（党派的）な傾向によって悪化している南アジアの深刻な人権状況を認識し、不平等なグローバリゼーション、および働く人々の利益と生存・安全・尊厳のある生命を害する支配エリートの国内政策によって人権が侵害されていることを憂慮しながら」、「以下のような目的のもとに『南アジア人民の人権』という名称の自発的で民主的な人民の組織を設立することに合意した」と宣言する。目的には、「人権の一致した享受、ジェンダーの平等と正義の実現、地域経済および技術協力の強化と略奪的グローバリゼーションへの抵抗、教育・文学・文化・芸術の分野における地域協力と相互援助の促進、経験の共有と労働者その他の働く人民の権利を主張し貧困と不均衡を除去する政治目標の開発、あらゆる形態の共同体的・村落的偏見と迷信および暴力への挑戦、移民労働者や難民その他の差別に直面する弱者に対する人間的な処遇を確保するために、地域的文書の作成を求める運動の追求」、「南アジア人民の参加民主主義、良好な統治および正義への権利を一致して実現するための集団的闘いの追求」などをあげている。

⑪アジア・太平洋人権NGO会議最終決議：1996年12月6～8日、28カ国から117名以上の代表を集めてインド・ニューデリーで開催されたアジア・太平洋人権会議は、12月10日の「世界人権デー」を前に、ビルマと東チモールの人権活動家が恐怖の生活を続け、中国・北朝鮮・インドネシアにおける民主主義がなお遥かな夢にとどまっており、インドおよびバングラデシュの民族的・宗教的少数者が紛争の中で無差別に殺害されている状態を厳しく非難して、最終決議を採択した[21]。

決議は、（イ）国家安全保障法が、各国で人権を停止したり、マイノリティ

や原住民を弾圧する手段として利用され、拡大されていることを非難し、また(ロ)「世界人権宣言」に正しく具体化されている人権の概念をアジアの文化には異質なものであるとする議論をも非難した。

⑭国連アジア市民社会フォーラム・バンコク会議最終声明：200以上の地方的・地域的・全国的・国際的なNGOを代表する500名以上の参加者を集めて2002年12月9～13日、タイ・バンコクで「国連アジア市民社会フォーラム」が開かれた[22]。

文化や宗教も多様で社会経済的発展のレベルも異なり、政治システムや環境条件も異なる世界各国のNGOの集合を「市民社会」(Civil Society)と呼ぶことには、「国家」の枠を超え地域の枠を超えて共通の関心と願望をもちつつ、平和・人権・正義・真実と和解・公平・持続的な発展と環境保護の実現を求める新たな連帯行動を示す戦略的な性格づけがあるのではなかろうか。最終声明では、全般的な行動指針として、青年ワークショップへの要請、アジア各国政府への要請、「新世紀発展目標」(Millenium Development Goals, MDGs, 2000年12月に各国元首（首脳）の会議で承認された公約)の完全な実現を確保するにはグローバルな民主的統治(global democratic governance)が必要であることの呼びかけ、アジアの「市民社会」行動主体への要請がなされている。

(3) 香港権利章典（1991年6月8日）

1984年12月の香港問題に関する中英共同宣言（1984年12月19日英文・中文とも正文）（英文からの訳)[23]によって1997年7月1日、香港は「一国二制度」（法的にも英法と中国法の並存）を保障される特別行政区として中国に返還されたが、返還の実現に当たって香港は、中国全国人民代表大会（全人代）の定めた香港基本法（1990年4月4日、全国人民代表大会第7期大会採択、1997年7月1日発効（英文からの訳)[24]に基づき、外交および国防事務が中国中央政府の管理に属するほかは香港特別行政区の高度な自治権に委ねられた[25]。中英共同宣言で注目されるのは、まず第2項である。第2項は、「香港特別行政区は、中国中央政府の直接管轄下に置かれる。香港特別行政区は、中央政府の責任に

属する外交および防衛を除き、行動の自治を享受する」と定める。次に第 3 項は、「香港特別行政区は、執行権（中文：行政管理権）、立法権および終審裁判権を含む独立の司法権を与えられる。香港の現行法は、基本的に変更なく維持される」と定める。第三に第 5 項は、「香港の現状における社会・経済システムおよび生活様式は変更されずに維持される。権利および自由——人格の自由、言論・報道・集会・結社・旅行・移動・通信・同盟罷業・職業選択・学問研究・宗教信仰の自由を含む——は、香港特別行政区において法によって保障される。私有財産、企業所有権、正当な相続権および外国投資は法によって保護される」と定める。第 4 に第11項は、「香港特別行政区の社会秩序（中文：社会治安）の維持は、香港特別行政区の政府の責任である」と定める。この共同宣言の段階では、香港の現行法は基本的に変更なく維持され、とりわけ言論・表現の自由や集会・結社の自由という香港市民が享受してきた重要な政治的権利は、「香港の法によって保障される」ものであった。共同宣言が発効するとともに中英共同連絡部（Joint Liaison Group）が設置され、香港が当事者となっている国際条約のうち1997年 7 月 1 日以降も香港特別行政区に適用されるものが合意されたが、いわゆる国際人権規約の自由権規約および社会権規約については、香港基本法39条により引き続き香港に関して有効とされながらも「香港特別行政区の法律によって実施される（implemented）ものとする」と定められたため、両条約とも直接適用される効果はもたないと理解された。しかし香港の現行法が基本的に尊重され維持されるのであれば、自由権規約の各対応条文を引照しながら策定・制定された香港権利章典令がある限り、それを規約実施法と捉えれば何も問題はないと考えられた。全人代制定の香港基本法も、第 3 章「香港市民の権利および義務」（24条から42条）において、例えば27条において「香港市民は、言論、報道および出版の自由、結社、集会、街頭行進およびデモ行進の自由、労働組合を結成し加入する権利および同盟罷業の権利を有するものとする」と定める。ところが香港基本法160条は、「香港特別行政区の設立により、香港で従来効力のあった諸法律は、全国人民代表大会常務委員会（全人代常務委）がこの基本法に抵触すると宣言しない限り、香港の諸法

律として採択されるものとする。いかなる香港の諸法律も、この基本法に抵触する場合には、基本法に定める手続きによって改正されるか、または失効するものとする」と定めるので、理論的には全人代常務委は香港の現行法について香港基本法に反すると宣言してその改正を求めることができたのである。実際、1997年2月23日の第8回全人代常務委第24回会議において、「『全国人民代表大会常務委員会の中華人民共和国香港特別行政区基本法第160条に依拠する香港の従来の法律の処理に関する決定』が採択され、香港権利章典令（人権法）2条3項（条例の解釈および目的）、3条（既存の法に対する効力）、4条（人権法採択以後の法の解釈）、および人権法に基づいてなされた社団条例と公安条例の改正が、香港特別行政区の法律として採用されない（つまり、返還をもって廃止される）こととなった」のである[26]。これに先立ってアムネスティ・インターナショナルは、中国政府が設立した香港特別行政区準備委員会が香港の現行法として有効な法律のうち16法を廃止し9法を改正するよう求めた中に権利章典条例が含まれることを重視し、1997年1月28日、このような法制度の改変は香港における人権保障を危うくするものであるとのコメントを発表した。その中でアムネスティは、もし修正の結果、1990年代初頭の香港でとられていたのと同様の規定にとって代わられた場合には、毎年行われる「天安門民主化運動記念大行進」のような政府に批判的なデモ行進などを容易に規制することができるようになる、現在香港で重要な役割を果たしているNGOが不当に規制されるようになる、などの憂慮を表明したのである[27]。

　この他に、香港の終審裁判所である「香港終審法院」が返還後の1999年に早くも巻き込まれた中国政府（国務院）との法解釈権をめぐる対立問題がある。事実は、香港住民を親にもつ中国本土生まれの子どもに対し1999年1月29日、香港終審法院は、香港居住権を認める判決を下したことに始まる。終審法院の判決の概要は以下のようであった。「香港の法院は全人代や全人代常務委の決定が基本法に抵触しているか否かを審議する権利を有し、当該法律・決定が無効、違法であることを宣言する権利と責任を有する。また、当該事件は香港人子女の基本的権利に関わるだけで、決して香港と中国との関係に関する事務に

属さない。そのため、香港基本法158条に基づき判決を下す前に全人代常務委に基本法の解釈を求めるようにという政府の要求を拒否し、中国大陸内の香港人子女は香港に居住する権利があり、大陸内での移民許可証の申請手続きは不要」と判示した[28]。この判決は、全人代制定法に対する香港基本法の優位を認めることになるが、終審法院は違憲立法審査権を有するのか否か、中国政府は香港居留権を享受する中国大陸の人間の出入境を制限する権利を有するのか否か、を問うことになったのであった。

　香港権利章典令（HONG KONG BILL OF RIGHTS ORDINANCE：香港人権法，［資料①］）は、1991年6月8日にデイヴィッド・ウィルソン総督の承認および香港立法議会の同意によって制定・実施された。もともと英国は、英本国および海外属領に対して既存の法を十分に実施しているので、国際人権規約の国内法としての直接適用や国内法化するための人権法の制定を必要としないという立場をとってきた[29]。権利章典制定の背景には明らかに1989年6月4日の「天安門事件」における中国政府の軍事力による民主的デモの弾圧事件があり、香港の中国返還後の事態に対する香港市民の不安・危惧であった。英国は、香港市民の神経質な態度に応えるべく、新空港の建設、英国国籍法の提案と並んで権利章典令を提案したのである[30]。さらに中国の人権伝統の問題点（権利はしばしば市民の義務と並置されること、権利は自然法論のように人間性に固有のものとはみなされず国家による創造物であると扱われること、中国社会主義の伝統は政治的権利よりも福祉権により重点を置くこと、権利が国家を制限するのではなくしばしば国家利益が権利を制限すること[31]も香港市民には意識されていたであろう。英国香港政庁が権利章典を政令として制定した背景には、憲法上の権限簒奪を恐れた中国政府の不安を和らげる意図があったと考えられる。この政令という形式に即していえば、人権条項は事後の立法によって改正または廃止することができ、さらに香港返還後の中国政府が主張する中国憲法上の根拠によって廃止することすらできると考えられたからではないだろうか[32]。しかし、香港権利章典令は、香港に制定法上の権利章典の下にコモンロー司法審査制を導入したことは確かである。これによって香港に人権判例法

【補論1】 人権の「普遍性」と「文化拘束性」 211

の形成が期待できるのではないか。そのひとつの例証として、香港控訴裁判所の判決（R. v. Sin Yuan-ming [Silke V. P.], 1992）があるが、同判決は憲法上の権利章典を有する司法審査制により判決を出し得ること、ヨーロッパ人権裁判所の判例を指針としうること、国連人権委員会の決定を指針としうることを述べ、香港の法院は、合衆国の権利章典およびカナダの人権憲章という憲法上の権利章典を有する国の判例から援助が得られるであろうことを強調するのである[33]。

(4) 「アジア人権憲章」の採択（韓国・光州、1998年5月18日）

「アジア人権憲章」（Asian Human Rights Charter）は、香港を活動拠点とする人権NGO「アジア人権委員会」（Asian Human Rights Commission）が提唱し、200を越えるアジアの人権NGOと専門家の参加と議論を経て1998年5月18日（「世界人権宣言」50周年記念行事の一環として）、韓国・光州において公表されたアジア「市民社会」の人権憲章である[34]。「アジア人権憲章」の背景や内容には「香港権利章典」の形成と運用経験が相当色濃く反映していると思われるが、その概要は以下のようなものである[35]。

①「憲章」の背景：「市民社会における抑圧や植民地主義の政治的抑圧に対する戦いおよびその後の民主主義の確立や回復に向けた戦いなど深い歴史的源流を持つ。……アジアは急激な変化の時代の中にあり、社会構造。政治制度や経済に影響が及んでいる。伝統的な価値は新たな開発や技術の形態およびこれらの変化を管理している政治権力や経済組織の脅威にさらされている」。「経済の市場化およびグローバル化は私と公および国家と国際社会の間のバランスの変化をもたらし、貧困者や不利な境遇にあるものの状況を悪化させている。これらの変化は、技術の非人間的効果、市場の物質主義的傾向、共同体の崩壊などの結果、生活の多くの尊重されてきた側面を脅かす」。「アジアの開発は矛盾に満ちている。一部の人々の富が増える中、大規模で深刻化する貧困が存在する。大多数の人の健康、栄養および教育の水準は悲惨でありそれは人間の命の尊厳を否定するものである。同時にアジアは世界の中で最大の武器購入地域で

あり、貴重な資源が兵器に費やされている」。「アジアの人々はこの数十年、超国家主義、歪んだイデオロギー、民族の違いやあらゆる宗教の原理主義から生じる紛争や暴力に苦しめられてきた。暴力は国家と市民社会の一部の両方から生じる」。「アジアの多くの国家における公権力による人権の軽視や侮蔑とは対照的にアジアの諸民族の間に権利および自由の重要性の認識が増大しつつある」。「我々の権利へのコミットメントは抽象的なイデオロギーに依拠するものではない。我々は人権の尊重が公正で、人道的なやさしい社会の基盤を成すと信じている」。

 ⅱ権利の普遍性と不可分性：「我々は世界人権宣言、経済的社会的および文化的権利に関する国際規約、市民的および政治的権利に関する国際規約、および権利および自由の保護のための他の国際文書を支持する。我々は権利が普遍的であり、あらゆる人々が人であるということだけで権利を有すると信じる。文化的伝統は社会内部の関係をいかに組織するかに影響を与えるが、市民と国家の関係および人や集団の固有の尊厳に主に関わる権利の普遍性を損なうことはない。我々はまた権利および自由が不可分であり、ある種の権利のために他の権利を抑圧できると考えるのは誤りであると信じる」。「普遍性と不可分性にも関わらず、権利の享受と重要性は社会的、経済的および文化的文脈如何による。権利は抽象的なものではなく、行動と政策の基盤である。したがって、我々は権利の抽象的枠組みを行うことを終え、権利の大規模侵害と特徴づける状況にある特定集団の状況を調べることによってアジア的文脈において権利を具体化するようにしなければならない」。

 ⅲ「人権保護の責任」、「持続可能な開発と環境の保護」に続いて、国際文書に含まれるすべての権利を支持して各論的に「権利」を掲げる。

 ⅳそれらの権利は、「生命の権利」（他の権利および自由が由来する生命の権利）、「平和の権利」（あらゆる人はいかなる種類の暴力の標的になることなく、肉体的、知的、道義的および精神的能力を含むすべての能力を完全に発展させることができるよう、平和に生きる権利を有する）、「民主主義の権利」、「文化的アイデンティティの権利と良心の自由」、「発展と社会正義の権利」、「社会的

弱者集団の権利」(ゲイやレズビアン、農民や漁業共同体のような経済的集団)、「女性」(アジアのほとんどの社会において女性は差別と抑圧に苦しむ、父権主義の根はあらゆる分野にまで張り巡らされ、その構造はアジア社会のあらゆる制度・態度・社会規範・慣習法・宗教・伝統を支配し階級・文化・カースト・人種の境界を越えている)、「児童」(児童労働、性的奴隷、児童ポルノグラフィー、児童の売買、売買春、臓器売買・麻薬売買への関与、家族内の児童の肉体的・性的・心理的虐待等)、「異なった能力を有する人々(障害者)」、「労働者」、「学生」、「囚人および政治的拘禁者」である。

ⓥ実施のための原則:「人権は国家、市民社会および企業によって侵害されている。権利の法的保護はこれらすべての集団による侵害にまで拡大されなければならない」、「権利の伸長と実施の第一義的責任は国家にあるが、社会のあらゆる集団にも責任がある」、「国内騒乱状態の中では権利の重大な侵害が起こり、平和の中では権利が強化されるので、国家および他の組織は社会的および人種的紛争を平和的に解決し、寛容と調和を促進する責任を有する」、「人道的で活力ある市民社会は人権および自由の伸長と保護、市民社会の中での権利の確保および国家機関に対するチェック機能を果たすために必要である。表現および結社の自由は市民社会の制度の確立と機能のために必要である」。

ⓥⓘ「権利のための枠組み強化」に関しては、憲法の中の権利保障と国際人権諸条約の批准をあげ、立法や行政慣行を国内・国際基準に照らして植民地時代から残存する法を廃止すべきだとする。

ⓥⓘⓘ「権利実施の機構」としては、司法の機能の確立と「司法職の独立」、人権委員会・社会的弱者の人権保護のための特別機関の設置をあげる。

ⓥⓘⓘⓘ「権利保護の地域的制度」としては、国内・地域的NGOの協力を得て地域的フォーラムにおいて策定された国家間の人権条約の存在、条約実施のための独立した委員会または裁判所の設置とそれらに対するNGOや他の組織のアクセスが開かれていることを提案する。

2．「バンコク宣言」の特徴

(1) 「バンコク宣言」(1993年4月2日)

　[資料②]として本稿末尾に収録した「バンコク宣言」は、1993年3月29日から4月2日までタイのバンコクで開催されたアジア諸国閣僚・政府代表者会議で採択されたものであるが、同年6月オーストリアのウィーンで開催された「世界人権会議」（6月25日ウィーン宣言および行動計画を採択）に提案され、激しい批判により「世界人権会議」としては採択されなかった文書である[36]。バンコク会議のイニシァチヴをとったのは、中国、マレーシア、シンガポールであったが、これらの諸国政府および指導者は、1993年当時の開発途上国（Developing Countries）として近・現代の開発を成し遂げた先進諸国（Developed Countries）を強く批判し、「すべての人権の普遍性・客観性・非選択性、および人権の実施におけるダブル・スタンダードの適用と人権実施の政治化を避けることの必要性を強調」するとともに、「人権は性質上普遍的なものではあるが、人権は国際的な規範形成のダイナミックな進展過程の脈絡の中で考察されなければならず、国内的・地域的な特殊性と多様な歴史的・文化的・宗教的背景の重要性について留意しなければならないことを認識する」のである（後掲資料編・「バンコク宣言」から）。

(2) 人権の「普遍性」と「文化拘束性」

　「バンコク宣言」を特徴づけるのは、第一に、民族自決・領土保全・主権の維持と内政干渉の拒否という先進諸国が苦闘してくぐりぬけてきた近代の主張と、開発（発展）および福祉権という20世紀の現代の主張であろう。第二には、再度引用するが「人権は性質上普遍的なものではあるが、人権は国際的な規範形成のダイナミックな進展過程の脈絡の中で考察されなければならず、国内的・地域的な特殊性と多様な歴史的・文化的・宗教的背景の重要性について留

【補論1】 人権の「普遍性」と「文化拘束性」 215

意しなければならないことを認識する」こと、および「エスニック・マイノリティー、ナショナル・マイノリティー（民族的少数者）、人種的少数者、宗教的少数者、言語的少数者、および移民労働者、身体障害者、土着（原住民）の少数者、難民および（圧政や戦争で国を追われた）政治難民という、権利侵害を受けやすい（傷つきやすい：vulnerable）集団の人権と基本的自由を保障することの重要性を強調する」点であろう。第二の特徴は、その論理構造において人権の「文化拘束性」の主張を含んでいると思われる。「バンコク宣言」は、人権の「普遍性」を否定しているわけではない。宣言は、「パレスティナ人民が彼らの国民的（民族的）な譲り渡すことのできない自決と独立の権利を回復し、パレスティナ、シリアのゴラン高原およびイェルサレムを含むその他のアラブの占領地における重大な人権侵害に即時に終止符を打つことを要求する、パレスティナ人民の正当な闘いを支持することを強く確認する」という。また、「あらゆる形態と表現におけるテロリズムは、植民地支配または外国の占領下にある人民の正当な闘争と区別されるが、人権の享受およびデモクラシーに対する最も危険な脅威のひとつとして登場してきており、国家の領土保全と安全保障を脅かし、正統政府を崩壊させるものであることに留意し、さらに国際社会はテロリズムを全員一致で非難しなければならないことに留意する」ともいう。そこには、人権の「普遍性」の陰にある強烈な"ダブル・スタンダード"性への告発があるのであり、それが人権の「文化拘束性」という「普遍性」への批判をまた強力に支えているといえるのではなかろうか。

　他方で、中国政府が1991年11月から『人権白書』を公表している（1995年12月の『第二次白書』、さらに1997年3月、1998年4月、2000年2月、2001年4月にも『人権白書』は公表されている）[37]ことは、西欧諸国中心の国際向けの外交的活動であると同時に、人権という用語を用いた「白書」を公表しながら中国政府の政策を「人権」の語によって正当化しようとしており、国内人民からの「人権」運動の反応に対応していると見られないわけではない（むしろ国内人民向けであるというべきか、と思われる）[38]。「バンコク宣言」からすでに18年、香港の中国本土返還から14年という時代の流れは、人権の「文化横断的

普遍主義」を現実のものになし得るといってよいのではないだろうか。

3. 中国の改革開放政策および市場経済の活性化と「市民社会」成立の方向

(1) 中国の「市民社会」研究

　中国の改革開放政策と「社会主義市場経済」のもたらしている現実の変容について、朝日新聞社編『奔流中国　二一世紀の中華世界』(朝日新聞社、1984年)は、上海社会科学院のなかに中流階級を研究テーマとする研究者が現れたことを紹介し、中国社会に新たな市民的「公共」意識の形成が展望できる見通しを伝えた。鄧正来『国家与社会　中国市民社会研究』(四川人民出版社、1997年)は、中国語として「中国市民社会研究」という語を用いて「市民社会」論や「公共」論を論じた初めてといってよい書物である。鄧氏は、香港中国社会科学研究所所長で『中国社会科学季刊』(1992年11月創刊、香港)の主編である(1956年生まれ)。同書は、「建構中国的市民社会」、「市民社会与国家——学理上的分野与両種架構」、「中国発展研究的検視——兼論中国市民社会研究——」、「国家与社会——中国市民社会研究的研究」、「中国市民社会理論的研究——序《国家与社会》」、「中国近代史的国家与社会——序《転型時期的社会与国家》」など(1993〜1997発表論文など)について詳細に論述する。つまり鄧氏は、「国家与社会——中国市民社会研究的研究」において、civil society＝the state (civitas) [koinonia politike (polis), societas civilis]からジョン・ロック的な「社会先于国家」、「社会外于国家」(社会が国家に先行すること、市民社会の前国家性・前政治性、および社会が国家の外に在ること、市民社会の非政治性)への転換の意義について述べる(同書118〜119頁)。また、civil societyの翻訳語問題に関して論じ、台湾および香港ではこれを「民間社会」と訳するけれども、そもそも「民間」の語には中国の伝統的な「民反官」、「民間対抗国家」、「統治(国家)——被統治(民間)」という2項対立的な戦略的効果が込められている、と指摘する(同書120〜121頁)。これに対して鄧氏が選択する「市民社会」と

いう訳語で示す批判的視点を概括すれば、①市民社会は市場経済または私有財産権をその基礎とし、その上に市民社会の「私域」がある、②市民社会は血縁親族関係でも垂直的指令関係でもなく、平等で自治的な契約的性質の関係を生じさせる、③市民社会は法治原則を遵守し、社会構成員の基本的権利を保護することを前提とする、④市民社会内部の活動と管理は、高度なしかし相対的自治の性質を備える、⑤市民社会は自治の原則に基づくが、個人の社会活動参加においては個人に選択の自由を尊重するとともに相応の責任を求める、⑥市民社会は意見を伝達する公共の媒体および意見を交換する公共空間を有し、これによって社会運動が起こり国家の活動と政策形成に影響を及ぼすが、これを市民社会の「公域」という、⑦市民社会は内部に民主的発展過程を有する、などである（同書123頁）。詳しく内容を紹介する余裕はないが、中国における非国家領域としての「市民社会」の自立・自律性の研究は、このようにして香港在住研究者の手を通じて始まったといえよう。

(2) 在米中国人 (Chinese-American) 研究者の「官」「公」「私」3分論

William T. Rowe, The Public Sphere in Modern China, *MODERN CHINA*, Vol. 16 No. 3, July 1990) および Philip C. C. Huang, "Public Sphere"/"Civil Society" in China? The Third Realm between State and Society, in: Symposium: "Public Sphere"/"Civil Society" in China?, *MODERN CHINA*, Vol. 19 No. 2, April 1993 は、ユルゲン・ハーバーマスの「市民的公共圏」論（トーマス・バーガーによる英訳版が1989年に出版され、英語圏の中国研究者に、それまで比較的に軽視されてきた中国近代史の分野＝「市民社会」を研究する新しい方法論を与えた）に示唆を受けながら、「官」(guan)・「公」(gong)＝"public"・「私」(si) または「官」・「民」(min)（「民間」(minjuan)）＝"popular" or "communal"・「私」の3分法（近代西欧をモデルとした国家と社会の2項対立は中国に不適合だとして、国家と社会の間に第三の領域を設ける3項対立型）を採用して (Rowe, p. 321)、中国経済における「集団所有」部門の存在に西欧よりも「公」意識が持続・発展する可能性を見ている (Rowe, p. 326)。

鄧小平によって導入された「市場経済」は「大鍋飯」意識（いわば「親方日の丸」ならぬ「親方紅旗」意識）を転換して「私」＝「個」を析出し「私欲」による多様な「個」の向上を駆り立てるが、それだけでは「市民社会」は形成されない。「為人民服務」（人民に奉仕する活動）「大公無私」（私欲を抑制した公共への奉仕）の社会主義スローガン（倫理）は空洞化し形骸化している。析出された「個」によるさまざまな結社（「党」ではない）の形成の自由とその内部・相互関係における自律的秩序形成がどれほど獲得されているかが、「市民社会」にとって実は決定的に重要なのである[注]。

【注】本書・別稿「『市民社会』論と『世間』論の交錯」のⅠ．1．(1)でも述べたので参照いただきたい。

おわりに

EU諸国間には「ヨーロッパ人権条約」が締結され、加盟各国の人権保障の不均等発展に対して「ヨーロッパ水準」を維持する装置となっている。「アジア共同体」へと向かいうる可能性があるかのテストは、「アジア人権条約」の可能性を検討することであろう。アジア地域における「人権条約」の不在のひとつの原因は、中国・マレーシアなどの諸国政府による「アジア的価値」の強調による人権の「普遍性」の拒否の姿勢である。本稿は、この問題を取り上げ、西欧と中国のbiculturalityのもとにある香港の研究者・法曹からの批判的視点[*]に依拠しながら、応答を試みたものである。

(*) Philip C. C. HUANG, "Biculturality in Modern China and Chinese Studies" in: *MODERN CHINA*, vol. 26, No. 1 (Jan. 2000)、ただしUCLA教授であるHUANGの論文は、bilingualであるChinese-Americanの学者の両文化拘束性（2文化分離型拘束性）と所属国籍拘束性の関係について論じたものであり、必ずしも香港在住の歴史的なbiculturalな研究者に関わってのみ論じたわけではない。

【注】本稿は「人権の『普遍性』と『文化拘束性』――アジア人権憲章への可能性――」の表題で『公法の諸問題 Ⅵ』（専修大学法学研究所紀要 30、2005年3月）に掲載したものである。今回本書に収録するに当たっては2011年末の時点までの進

展を反映する新資料に基づいて補訂を施すべきであったが、諸般の事情により時間が足りず果たせなかった。しかしある時点までのテーマに関する論述という点では収録の意義があるかと考え、必要な若干の調整を行ったのみで【補論1】として収めることとした。問題関心を持続しつつ、新資料による補訂は改めて試みたいと思う。

注

1) Michael Davis, "Chinese Perspectives on Human Rights", in: Michael Davis, ed., *Human Rights and Chinese Values* (OXFORD UNIVERSITY PRESS, HONG KONG, 1995), pp. 3-9. 本書については資料編末尾の注記を参照。なお、同書所収論文の数編については、大学院法学研究科修士課程2004年度「憲法特論・講義」において、谷口直人・中川登志男両君とともに文献講読(精読)を行ったことを付記する。

2) Eliza Lee, "Human Rights and Non-Western Values", in: Michael Davis, ed., *ibid*, pp. 75-78.

3) 石塚迅「国際人権条約への中国的対応」西村幸次郎編著『グローバル化のなかの現代中国法』成文堂、2003年、33頁〔別表〕中国(中華人民共和国)が締結した国際人権規約一覧)、および34～35頁を参照。なお参照、石塚迅「人権法」西村幸次郎編『現代中国法講義』法律文化社、2001年、21～22頁、本間正道・鈴木賢・高見澤磨『現代中国法入門〔第3版〕』有斐閣、2003年、84～85頁。

　　中国の研究者による人権論としては、夏勇(法理学者、現在は中国社会科学院・法学研究所長)『人権概念起源』(中国政法大学出版社、1992年)が優れている。

4) Margaret Ng, "Are Rights Culture-bound?", in: Michael Davis, ed., *op. cit.*, pp. 59-63.

5) 参照、稲正樹「アジア太平洋人権憲章の可能性」『亜細亜法学』36-1 (2001年7月) 1～73頁、土居靖美編著『東南アジア諸国憲法における人権保障』(嵯峨野書院、2000年)など。

6) ヒューライツ大阪「APF(アジア・太平洋国内人権フォーラム)とは?」APF加盟の国内人権機関(人権委員会)リストも掲載されている(参照:http//www.hurights.or.jp/database/J)。

7) 同前、年次会合、川村暁雄翻訳『アジア・太平洋人権レビュー1997』現代人文社、2011年、178～179頁。

8) 同前、ワークショップ結論(川村暁雄翻訳)。

9) 同前、ワークショップ結論（窪誠訳）。
10) 第4回について参照『アジア・太平洋人権レビュー2000』第5回について参照『アジア・太平洋人権レビュー2001』。
11) 前掲注6)、第6回年次会合、概要（山科真澄）。
12) 前掲注6)、第7回年次会合、最終意見。
13) 前掲注6)、第8回年次会合、最終声明（仮訳）。
14) See, THE ASIA PACIFIC FORUM, 26 July 2004（参照：http//www.asiapacificforum.net/）.
15) ヒューライツ大阪「アジア・太平洋の地域的取極めに関する第4回ワークショップの結論」（川村暁雄翻訳）（参照：http//www.hurights.or.jp/database/J/HRI/）。
16) ヒューライツ大阪「大阪宣言」（参照：http//www.hurights.or.jp/database/J/HRE/）。
17) 同上（注15）「ソウル宣言」（鍋島祥郎・阿久澤麻理子・朴君愛・林伸一訳）。
18) 同上（注15）「第8回アジア・太平洋地域──人権の伸長と保護のための地域協力についてのワークショップ」（ジェファーソン・ブランティリア＝ヒューライツ大阪研究員）、なお「ヒューライツ英文ニュースレター」FOCUS No. 19掲載の文章を編集部で編集したものとされる。
19) HURIGHTS OSAKA, Declarations,（参照：http://www.hurights.or.jp/declarations_e.html）.
20) Ibid.
21) Ibid.
22) Final Statement (Final version adopted on Dec. 13, 2002), Asian Civil Society 2002 UNCC, Bangkok, December 9 to 13, 2002 (UN/NGO Partnerships for Democratic Governance: Building Capacities and Networks for Human Rights and Sustainable Development), ibid.
23) Joint Declaration of the Government of the United Kingdom of Great Britain and Northern Ireland and the Government of the Peple's Rpublic of China on the Question of Hong Kong（参照：http//www.info.gov.hk/trans/jd/）.
24) BASIC LAW OF THE HONG KONG SPECIAL ADMINISTRATIVE REGION OF THE PEOPLE'S REPUBLIC OF CHINA（参照：http://www.info.gov.hk/basic_law/）.
25) 前掲、本間正道・鈴木賢・高見澤磨『現代中国法入門』51〜52頁参照。
26) 廣江倫子「香港人権法」西村幸次郎編著、前掲書、57頁。

27) アムネスティ国際事務局ニュース「香港：立法修正案の審議と人権保障」（参照：http://www.incl.ne.jp/ktrs/aijapan/1997/jan/）。
28) 津田崇恵「海外法律情報　中国　香港終審法院の判決による波紋」『ジュリスト』No. 1153（1994年1月）5頁。
29) 廣江倫子、前掲論文、52頁。
30) Michael Davis, "Adopting International Standards of Human Rights in Hong Kong", in: Michael Davis, ed., *op. cit.*, p. 175.
31) *Ibid.*, 174-175.
32) *Ibid.*, p. 176.
33) *Ibid.*, pp. 177-178.
34) 金東勲「アジア人権憲章とは」、ヒューライツ大阪『アジア人権憲章——人民の憲章』（参照：http://www.hurights.or.jp/database/J/ahrcharter/）。
35) 「アジア人権憲章」全文（岡田仁子翻訳、金東勲監修）、前掲（注34）。
36) 稲正樹、前掲論文、4〜10頁に紹介がある。
37) 石塚迅、前掲論文、西村幸次郎、前掲編著書、30〜32頁参照。
38) Michael Davis, "Chinese Perspectives on Human Rights", *op. cit.*, p. 20.

4．資料編

［資料①］　香港権利章典令（Hong Kong Bill of Rights Ordinance 1991：1991年政令59号、総督の承認および立法議会の同意を得て1991年6月8日施行、香港人権法ともいう）
第Ⅰ部　予備的注意〔一部略〕
　3．本政令に先行する立法の効力　ⅰ．本政令と抵触しない解釈を許すすべての先行立法には従来の解釈を認めるものとする。ⅱ．本政令と抵触しない解釈を許さないすべての先行立法は、抵触する限りにおいて廃止されるものとする。
　4．今後の立法の解釈　本政令の施行時または施行後に制定されるすべての立法は、解釈が許す限りにおいて、市民的政治的自由に関する国際規約と抵触しないように解釈されなければならないものとする。

5．緊急事態　ⅰ．国民生活を脅かす緊急事態の発生が権限あるものによって宣言された場合には、法律に基づき緊急性によって厳格に要求される限度において、権利章典を侵害する措置をとることができる。ⅱ．いかなる措置であっても、ａ．香港に適用される国際法のもとでの（市民的政治的自由に関する国際規約のもとにある義務以外の）義務に抵触する措置をとってはならない。ｂ．人種、肌の色、言語、宗教または社会的出自のみを理由とする差別を含む措置をとってはならない。ｃ．権利章典第2条（生命の権利）、第3条（拷問・非人間的処置および同意を得ない人体実験の禁止）、第4条1項（奴隷の禁止）および2項（奴隷的苦役の禁止）、第7条（契約違反を理由とする身柄拘禁の禁止）、第12条（事後の刑事法および事後処罰の禁止）、第13条（法の前における人格の尊重の権利）および第15条（思想、良心および宗教の自由）を侵害する措置をとってはならない。

6．権利章典違反の救済　ⅰ．裁判所または司法機関は、ａ．本政令違反に関する訴訟を管轄する手続きにおいて、ｂ．権利章典の侵害または侵害の恐れのある訴訟関連のその他の手続きにおいて、権利章典違反および侵害または侵害の恐れに応じて、裁判所または司法機関が許可ないし措置する権限を有しかつその状況において適切と判断する救済措置を与えることができる。

7．本政令の拘束力　ⅰ．本政令が拘束力を有するのは、ａ．政府（the Government）およびすべての権限ある当局、ｂ．政府のために行為するすべての人々、ｃ．公的当局に対してである。ⅱ．本節で「ひと」とは人々、法人または非法人のすべてを含む。

第Ⅱ部　香港権利章典（条文の訳出は省略、なお権利章典の各条文にはICCPR＝自由権規約の対応条文が付記されているが、英法的にいえば権利章典令は人権条約の国内法実施に相当するので各条末尾に［ICCPR＊条］という形で付記する）

　　第1条：差別を受けずに権利を享有しうること（ICCPR 2条＝人権実現の義務・3条＝男女の同等の権利）

　　第2条：生命の権利（2項で、「死刑の宣告は、犯罪行為の時点で有効な法

律に基づき権利章典およびジェノサイドの防止および処罰に関する条約に抵触しない限りで、最も重大な犯罪に対してのみ言渡すことができる。死刑判決は、権限のある裁判所の最終判決に基づいてのみ実行し得る」と定める、ICCPR 6条＝生存権および死刑の制限）

　第3条：拷問・非人間的処置および同意を得ない人体実験の禁止（ICCPR 7条＝拷問または非人道的な刑罰の禁止）

　第4条：奴隷および奴隷的苦役の禁止（ICCPR 8条＝奴隷および強制労働の禁止）

　第5条：身体の自由および安全（ICCPR 9条＝身体の自由および逮捕拘留の要件）

　第6条：自由を奪われたひとの権利（ICCPR 10条＝自由を奪われた者の権利）

　第7条：契約違反を理由とした拘禁の禁止（ICCPR 11条＝契約上の義務不履行による拘禁の禁止）

　第8条：移動の自由（ICCPR 12条＝移動・居住・出国および帰国の自由）

　第9条：香港からの追放の制限（ICCPR 13条＝外国人の恣意的追放の禁止）

　第10条：裁判所の前での平等および公正な公開聴聞を受ける権利（ICCPR 14条＝公正な裁判を受ける権利）

　第11条：刑事訴追を受けたひとまたは有罪判決を宣告されたひとの権利（ICCPR 14条2項から7項まで）

　第12条：事後の刑事法および事後処罰の禁止（ICCPR 15条＝刑罰法規の不遡及）

　第13条：法の前でひととして尊重される権利（ICCPR 16条＝人として認められる権利）

　第14条：プライバシー、家族、住居、通信、名誉および名声の保護（ICCPR 17条＝私生活・名誉および信用の保護）

　第15条：思想、良心および宗教の自由（ICCPR 18条＝思想・良心および宗教の自由）

第16条：意見および表現の自由（ICCPR 19条＝表現の自由）
第17条：平和的な集会の権利（ICCPR 21条＝平和的な集会の権利）
第18条：結社の自由（ICCPR 22条＝結社の自由）
第19条：婚姻および家族を尊重される権利（ICCPR 23条＝家族の保護および婚姻の権利）
第20条：子どもの権利（ICCPR 24条＝児童の権利）
第21条：公的生活に参加する権利（香港永住市民権を有する市民の政治参加の権利、選挙権・被選挙権等）（ICCPR 25条＝参政権）
第22条：法の前での平等および法の平等保護（ICCPR 26条＝法の前の平等）
第23条：少数者の権利（民族的・宗教的・言語における少数者の権利）（ICCPR 27条＝少数民族の権利）

第Ⅲ部　権利章典の適用除外例〔一部略〕

　軍人および受刑者、身柄拘禁中の青少年、出入国管理法、香港居住権を有しないものに第9条は適用除外、行政府および立法議会には第21条は適用除外など

[資料②]　バンコク宣言（The Bangkok Declaration, 1993. 4. 2）
　アジア諸国の閣僚および代表は、1991年12月17日の国連総会決議46/116に従い世界人権会議の準備を目的として、1993年3月29日から4月2日までバンコクで会議を開催し、「バンコク宣言」と称される本宣言を採択する。本宣言は、アジア諸地域の次のような希求と決意を含むものである。すなわち、

　「バンコク宣言」は、
　世界人権会議が、人権のあらゆる側面について審査を行い人権に関する正当で均衡のとれたアプローチを確保するための機会を提供する重要な意義をもつものであることを強調し、
　アジア諸国が各国の多様で豊かな文化と伝統により世界人権会議に対して貢献することができることを認識し、

国際社会において人権に対する関心が一層強まることを歓迎し、
　彼ら（アジア諸国）が国連憲章および世界人権宣言に含まれる諸原則を遵守する決意をもつことを再確認し、
　国連憲章において人権と基本的自由の世界的な遵守と促進の問題が国際協力の文脈の中に正当に位置づけられてきたことを想起し、
　人権諸文書の法典化と国際人権メカニズムの設立に進展が見られたことに留意するが、他方でそれらの人権メカニズムが主として諸権利の中の1つの類型（市民的政治的自由）に関係するものであることを憂慮し、
　国際人権諸条約、とくに市民的政治的権利に関する条約と社会的経済的文化的権利に関する条約がすべての国家によって批准されることが今後さらに推進されるべきことを強調し、
　国家主権の尊重、領土の保全、および国家の国内問題への不干渉の諸原則を再確認し、
　すべての人権の普遍性、客観性と非選択性（人権の種類によって遵守したりしなかったりする恣意性の否定）を強調し、また人権の実施におけるダブル・スタンダード（対外と対内の使い分け、"二枚舌"）の適用と人権実施の政治化（politicization）を避ける必要性を強調し、
　人権は協力と合意を通じて推進されるべきであって、対決および共存しえない価値の強制によって推進されるべきではないことを認識し、
　経済的・社会的・文化的・市民的・政治的権利が相互依存的で分離しがたいこと、また開発・デモクラシー・すべての人権の万人による享受と、統合されかつ均衡のとれた方法で示されるべき社会正義との間の固有の相互関係を再度繰り返し述べ、
　「開発への権利宣言」が発展への権利を普遍的で譲り渡すことのできない権利、および基本的人権を構成する不可欠の権利として承認したことを想起し、
　普遍的な国際人権規範に向かって行動する努力は、同時に正当で公正な世界経済秩序に向かう努力と協力し合わなければならないことを強調し、
　経済および社会の進展がデモクラシーへ向かう趨勢の増大を可能にし、また

人権の促進と保護を可能にすることを確信し、
　国内・地域・国際のレベルにおける人権教育と訓練の重要性を強調し、また市民の人権意識の欠如を克服するための国際協力の必要性を強調し、

　１．アジア諸国が国連憲章および世界人権宣言に含まれる諸原則を遵守するとともに世界中においてあらゆる人権を実現する決意を再確認する。
　２．国内および国際レベルにおいて人権が効果的に享受されるような望ましい条件をつくり出さなければならないという不可欠の必要性をとくに強調する。
　３．平等と相互尊重に基づいて国際協力を強化し、また人権のあらゆる側面を取り上げ実現する場合に積極的で均衡のとれた、非対決型のアプローチをとることを確保するために、国連システムを民主化し、恣意的選択を除去し、手続と機構を改善する緊急の必要性を強調する。
　４．人権を開発援助の拡大のための取引条件として利用するいかなる試みもさせない。
　５．国家主権の尊重と領土保全とともに国内問題（内政）への不干渉の諸原則、および政治的圧力の手段として人権を利用しないことを強調する。
　６．大小を問わずあらゆる国家がその政治的システムを決定し、そのもてる資源をコントロールし自由に利用する権利、およびその経済的・社会的文化的発展（開発）を追求する権利を有することを再度繰り返す。
　７．すべての人権の普遍性・客観性・非選択性、および人権の実施におけるダブル・スタンダードの適用と人権実施の政治化を避けることの必要性を強調し、さらに人権のいかなる侵害も正当化することはできないことを強調する。
　８．人権は性質上普遍的なものではあるが、人権は国際的な規範形成のダイナミックな進展過程の脈絡の中で考察されなければならず、国内的・地域的な特殊性と多様な歴史的・文化的・宗教的背景の重要性について留意しなければならないことを認識する。
　９．さらに、適切なインフラ（基盤）とメカニズム（機構）によって人権を促進し保護する第一義的責任を有するのは国家であることを認識し、また（人

権侵害に対する）救済は第一義的にはそうしたメカニズムと手続きによって追求され提供されなければならないことを認識する。

10. 経済的・社会的・文化的・市民的・政治的権利の相互依存関係と分離不可能性、およびあらゆる類型の人権を平等に強調する必要性について再確認する。

11. エスニック・マイノリティ、ナショナル・マイノリティ（民族的少数者）、人種的少数者、宗教的少数者、言語的少数者、および移民労働者、身体障害者、土着（原住民）の少数者、難民および（圧政や戦争で国を追われた）政治難民という、権利侵害を受けやすい（傷つきやすい：vulnerable）集団の人権と基本的自由を保障することの重要性を強調する。

12. 自決権は、国際法上の原則であり、また外国支配または植民地支配または外国の占領下にある人民に対して国連が認めた普遍的人権であり、それによって彼ら人民はその政治的地位を自由に決定し、その経済的・社会的・文化的発展を追求することができること、およびその否定は人権に対する重大な侵犯を構成することを再度繰り返す。

13. 自決権は外国支配または植民地支配または外国の占領下にある人民に対して適用されるものであり、領土の保全、国家主権および国家の政治的独立を阻害するために利用されてはならないことを強調する。

14. 人種差別の表現、人種差別主義、アパルトヘイト、コロニアリズム（植民地主義）、外国侵略と占領、および占領地域における違法な入植地の建設とともに、最近台頭しているネオナチズムや外国人嫌悪（xenophobia）、民族浄化（ethnic cleansing）を含むあらゆる形態の人権侵害に関する憂慮を表明する。

15. 人権標準の実施と外国占領下にある人民の効果的な法的保護を保証し監視するために、実効的な国際的措置をとる必要性を強調する。

16. パレスティナ人民が彼らの国民的（民族的）な譲り渡すことのできない自決と独立の権利を回復し、パレスティナ、シリアのゴラン高原およびイェルサレムを含むその他のアラブの占領地における重大な人権侵害に即時に終止符を打つことを要求する、パレスティナ人民の正当な闘いを支持することを強

く確認する。

17. 「開発に対する権利宣言」で確立された開発への権利を普遍的な譲り渡すことのできない権利として、また人権の不可欠の構成部分として再確認し、この権利は国際協力、基本的人権の尊重、監視機構の設立およびこの権利の実現に必要不可欠な国際的条件の創出によって実現されなければならないことを再確認する。

18. 開発への権利の実現に対する主要な障害は、ますます拡大する「北」と「南」および「富者」と「貧者」の格差に反映されるように、国際的マクロ経済のレベルに存在することを認識する。

19. 貧困が人権の十分な享受を阻害する主要な障害のひとつであることを確認する。

20. また、清潔で安全で健全な環境に関する人類の権利を発展させる必要性を確認する。

21. あらゆる形態と表現におけるテロリズムは、植民地支配または外国の占領下にある人民の正当な闘争と区別されるが、人権の享受およびデモクラシーに対する最も危険な脅威のひとつとして登場してきており、国家の領土保全と安全保障を脅かし、正統政府を崩壊させるものであることに留意し、さらに国際社会はテロリズムを全員一致で非難しなければならないことに留意する。

22. 社会の政治的・社会的・経済的・文化的関心事への平等な参加の保証を通じた女性の権利の促進と保護、および女性に対するあらゆる形態の差別とジェンダーに基礎を置く暴力の根絶を強く確約することを再確認する。

23. 特別の保護を享受する子どもの権利、および子どもが健全かつ通常の方法でまた自由と尊厳を条件として、肉体的に・知能（知性）的に（mentally）・道徳的に・精神的に（spiritually）・社会的に開発される機会と便宜を提供される権利を認識する。

24. 人権を純粋に建設的に促進するための国家の制度の果たす重要な役割を歓迎し、そのような制度の概念規定とそのつどの設立は国家の決定に委ねられた最善のものであることを信ずる。

【補論1】 人権の「普遍性」と「文化拘束性」　229

25. 共有された価値とともに人権の促進における相互尊重と理解に基づいて行われる政府とNGOの協力と対話の重要性を認識し、国連経済社会理事会決議1296に合致してこのプロセスに積極的に貢献するためにNGOが経済社会理事会の諮問機関の地位を得るよう推進する。

26. アジアにおける人権の促進と保護のために地域的取極めを成立させる可能性を調査する必要性を再度繰り返す。

27. さらに、国内レベルで人権の領域における教育と訓練のために、また国家が要請すれば人権を促進し保護するための国家的インフラ（基盤）を設立するために、国際協力と資金援助を生み出す方法を調査する必要性を再度繰り返す。

28. 有効性と効率性を高めるために国連の人権メカニズムを合理化する必要性、および条約機関相互間──「差別の禁止および少数者保護に関する小委員会」と「人権委員会」の相互の間──に存在する活動（作業）の重複を避ける必要性とともに、並存するメカニズムの多様化を避ける必要性を強調する。

29. 国連人権センターに必要な資源を与えて強化し、それがタイミングよく効果的な方法で国家に要請するにあたって人権の促進に関する広範な助言活動と技術的支援を提供することを可能にすることの重要性、またそれが権限ある機関によって承認された人権領域の他の活動に対して適切な資金提供を行うことを可能にすることの重要性を強調する。

30. 発展途上国が国連人権センターに今後ますます代表されるよう要請する。

From: *Human Rights and Chinese Value,* Edited by Michael C. Davis(*),
　　　Oxford University Press (Hong Kong), 1995.

(*) Chinese University of Hong Kong（香港中文大学）

〔注〕マイケル・デイヴィス編の本書は、1993年4月の「バンコク宣言」発表を踏まえて同年11月に香港で行われたシンポジウム「ヨーロッパおよびアジアにおける人権のコンセプト」の寄稿を出版したものである。

【補論2】 日本国憲法の制定と「外国人」問題

古 川　純

1．敗戦で植民地を喪失した「日本」の憲法制定過程と「外国人」の権利

(1) 外国人の人権保障条項消滅の顚末

①日本国憲法の制定過程における重要問題のひとつに、総司令部草案から日本政府の改正案要項に移る段階における「外国人の人権」（また国籍による差別禁止）条項の消滅という問題がある。まず米国の初期対日方針（SWNCC 228「日本の統治体制の改革」1946年1月7日）において、「日本臣民および日本の統治権の及ぶ範囲内にいるすべての人の双方に対して基本的人権を保障する旨を、憲法の明文で規定することは、民主主義的理念の発達のための健全な条件をつくり出し、また日本にいる外国人に彼らがこれまで（日本国内で）有していなかった程度の（高い）保護を与えるであろう」[1]とされていたが、それを受けて日本政府に示された総司令部憲法草案（1946年2月13日）には、第一三条「すべての自然人は、法の前に平等である（All natural persons are equal before the law）。人種、信条、性別、社会的身分、カーストまたは出身国（national origin）により、政治的関係、経済的関係または社会的関係において差別がなされることを、授権しまたは容認してはならない」および第一六条「外国人は、法の平等な保護を受ける」（Aliens shall be entitled to the equal protection of law）の二カ条を提案した（条文引用は、高柳ほか、前掲

書による)。外国人の平等保護について、草案が特別に強い関心をもっていたことが理解できる。憲法草案策定当時の「外国人」とは、交換船で帰国させられた米英等の連合国国民でもなく、収容所に監禁されていた「敵性外国人」でもなく、旧帝国臣民であるが日本の敗戦により「外国人」という取扱いを受けることになる二百数十万人の日本(本州・北海道・九州・四国の四島と周辺の島々)居住の朝鮮人・台湾人のことであったと考えられる。

政府と総司令部との交渉の結果、上の二か条が整理されて政府の「三月五日案」となり、第一三条「凡テノ自然人ハ其ノ日本国民タルト否トヲ問ハズ(Japanese or aliens)法律ノ下ニ平等ニシテ、人種、信条、性別、社会上ノ身分若ハ門閥又ハ国籍(nationality)ニ依リ政治上、経済上、又ハ社会上ノ関係ニ於テ差別セラルルコトナシ」となった。しかしこれをなお不満とした政府は、民政局の了承を得てこの条文から「日本国民タルト否トヲ問ハズ」と「国籍」を削除して「憲法草案要綱」の第一三として発表した。さらに政府は条文訂正交渉を行い、「凡ソ人ハ(all natural persons)……」を「すべて国民は(all persons)……」に、「何人(person)」を「国民」に変更した。しかし、日本政府の憲法改正作業を注目してきた極東委員会(FEC：連合国の日本占領管理に関する最高政策決定機関、ワシントンDC)からpeople（国民）とperson（人）の使い分けに関する質問が出され、政府は民政局との交渉で、人権規定のうち第15条・16条・18条・20条・28〜31条・35条・36条の「国民」を「何人」に変更したが、第14条の「国民」には手をつけなかった。こうした過程で「外国人の人権」や「国籍による差別の禁止」を憲法に導入することに強い拒絶反応を示して最後までそれを貫いた背後には、やはり旧帝国臣民である二百数十万人の「外地人」(後述)の存在があったというべきであろう。その意味で、戦後の新たな出発点における「外国人」問題とは、形を変えた「外地人」処遇という性格の政策問題であったのである。

②帝国議会の憲法改正案審議における外国人の人権保障の問題は、金森徳次郎国務大臣答弁によって、当時の日本政府の基本姿勢がどこにあったかを明らかにした。すなわち金森国務大臣は、第三章の標題が「国民の権利及び義務」

となっていることから「この規定は日本人と云う属人的な考え方ですか」という議員からの質問に答えて言う。「現実にこれを外国人にも当然に適用せしむるかどうかと云うことは、寧ろ個々の法律に依って規定する方が実際に於て適当ではなかろうか。憲法は一度権利が決まりますれば、容易にこれを動かすことは出来ませぬ。如何なる場面が起っても動かしえないと云う根本的規定に依るよりも、寧ろこの憲法を基として一般日本人に当て嵌るように規定せられたる法律が同時に外国人にも適用せらるるように立法して、それに依って外国人が公平に取扱わるると云う態度を執ることが便利ではなかろうか、適切ではなかろうか、と思うのであります」。これに対して質問をした議員はさらに、「『何人も』と云うことで権利の本質は外国人に適用しうると云う、そのプリンシプルの方は認めて置いて、併しながらそれは権利の性質だけを説明したに止まって外国人には適用しないと云うことならば、何も権利の本質を説明する必要はないと思います」と金森答弁の欺瞞性を衝く発言をしたが、それ以上は「意見の相違です」と言って再答弁は求めなかった。以上でわかるように、政府の基本的な姿勢は、外国人の権利を憲法事項とはせずに、外国人への権利の適用の範囲を立法に委ねるという法律事項にとどめる趣旨のものであったのである。議会でのやり取りには出てこないが、GHQと交渉に当った佐藤達夫氏（内閣法制局）は草案を見たときに、「とにかく困った形になった」と思ったそうである[2]。その後の外国人法制の制定・展開を見ると、金森氏（議会答弁で）があくまで固執した「外国人の権利」問題の処理の仕方（法律事項）は成功したということであろうか[3]。

(2) 明治憲法下の法制──「外地法」の形成、「外地人」と「内地人」──

①問題の意味

　戦前の日本＝旧大日本帝国は「内地」と「外地（旧台湾・旧朝鮮などの植民地）」を分けて旧台湾・旧朝鮮に総督を置き、明治憲法の立法の原則が通用しない地域を設ける二重の法構造をもっていたが、人的支配の標識をなしたのは「戸籍」であった（「内地戸籍」の「内地人」と「外地戸籍」＝台湾戸口規則お

よび朝鮮民事令の適用される「外地人」)。例えば、衆議院議員選挙法は「内地」にのみ施行されたので、「内地人」は「外地」に居住すると選挙権・被選挙権を失い、他方で「外地人」でも「内地」に居住すると選挙権・被選挙権を取得・行使することができた。よくいわれるように、衆議院議員となった「内地」居住「外地人」も存在したのである[4]。

② 「外地法」研究の概観

戦後の日本憲法学において、戦前の「外地法」＝植民地法制がいかなるものであったかの研究は乏しい。中村哲『植民地法』(『講座　日本近代法発達史5』勁草書房、1958年) はその中で貴重な研究であるが[5]、その中心問題はいわゆる「六三問題」であった。すなわち、「わが国においては、明治憲法においては領土の規定がなく、憲法において植民地という概念も、また植民地の固有名詞も挙げられていないため、植民地に憲法が及ぶか否かという問題は憲法の解釈論にまかされていた」(中村、前掲書6頁) が、台湾 (日清講和条約により明治28 (1895) 年に清国から日本に分割され領土となった) の軍政が明治29＝1896年に解体されて総督府の民政となるに際して制定された「明治二九年法律六三号『台湾ニ施行スヘキ法令ニ関スル件』は、台湾総督に対して『法律ノ効力ヲ有スル命令』を認めたのであるが、それは帝国憲法にいう立法権の原則と相容れない制度であるということが問題」となり (中村、前掲書9頁)、当時盛んに議論されたこの違憲問題が「六三問題」といわれるものである。この法律は3年の期限がつけられたが、帝国議会は期限満了後もさらに3年の効力を延期する法律を通過し、その後も延期を繰り返したが、明治39 (1906) 年に法律三一号に代えられ、さらに大正10 (1921) 年法律三号によって期限を撤廃し、無期限に、台湾総督が天皇の勅裁を経ることを条件に立法権を行使することが認められるに至った[6]。明治43 (1910) 年の「日韓併合」により同様の問題を生じ、政府は同年の緊急勅令三二四号によって朝鮮総督に立法権を行使させたが、翌年帝国議会は緊急勅令の承認を拒否し、同時にこれと同じ内容の法律三〇号を通過させ、初めから無期限に、朝鮮総督が天皇の勅裁を条件に法律の効

力を有する命令を発することを認めた[7]。明治憲法の解釈としてこのような措置ははたして合憲であるのか、また何を根拠に合憲といえるのであろうか。

日本の領土（居住者に日本国籍が付与される）であるにもかかわらず明治憲法の定める立法の原則が適用されない地域を「外地」[8]と呼び（「外地」以外の領土が「内地」）「外地法」——①「外地」に属地的に行われる法（狭義の「外地法」）、②「外地人」に属人的に行われる法、外地統治当局の組織・作用を規律する法、および「内地」と「外地」の関係・「外地」相互の関係を規律する法（広義の「外地法」）——に関する憲法論・法律論を整理した研究として、以下のような主要文献がかつて発表された。各文献著者の経歴に示されるように、研究は各著者の「外地」勤務に動機づけられている。

　A．清宮四郎『外地法序説』（有斐閣、昭和19［1944］年）清宮は、明治31（1898）年に生まれ、大正13（1923）年に京城帝国大学嘱託、1924年に朝鮮総督府在外研究員（2年間、独仏英米）、昭和2（1927）年に京城帝国大学助教授、1930年同教授、1933年朝鮮総督府旧慣制度調査事務職委託、1940年朝鮮総督府法令調査嘱託、1941年東北帝国大学教授（～1967年）などを歴任した。

　B．松岡修太郎『外地法』（新法学全集、日本評論社、昭和13［1938］年）松岡は、明治29（1896）年生まれ、大正11（1921）年に朝鮮総督府京城法学専門学校教授（憲法・行政法・朝鮮行政法規・国際公法）、1925年に京城帝国大学助教授（憲法・行政法）、昭和3（1928）年同教授、敗戦により大学の残務整理、1946年岩手県立盛岡中学校長、1948年県立盛岡高等学校長、1949年第四高等学校教授・金沢大学教授、1953年北海道大学教授（～60年）などを歴任した。

　C．このほかに、佐々木惣一「帝国憲法と新領土」（『公法雑誌』4巻6号、昭和13［1938］年6月）があり、戦後の文献として外務省条約局第3課による「外地法令制度の概要」（『外地法制誌』第二部、昭和32［1957］年）が参考となる。

③戸籍による「外地人」・「内地人」の区別

　清宮、前掲書第二篇「外地人」(「外地及び外地人」『公法雑誌』2巻1号の一部を書き直した)によれば、日本国籍をもつことと国籍法(明治32 [1899] 年法律六六号)の適用を受けることとは必ずしも一致しない。国籍法は「内地(樺太を含む)と台湾に施行されたが、朝鮮には試行されていない。しかし朝鮮人は、(「日韓併合」の)併合条約・併合の際の詔書に照らし日本国籍を取得したことは疑いない、と説明する(同書40頁)。

　それでは、「外地人」(異邦人域・特殊統治領人)の標識とは何かといえば、「外地」に身分上の本拠=本籍をもつことであり、本籍を示すのは戸籍であって、「内地人」とは「内地」に戸籍をもつ者をいうことになる。戸籍の統一法は存在しないので、「内地人」には戸籍法が適用され、朝鮮人には朝鮮民事令(明治45 [1912] 年制令)・朝鮮戸籍令、台湾本島人には特別の律令(昭和7 [1932] 年)・台湾総督府令(昭和8 [1933] 年)・戸口規則(昭和10 [1935] 年総督府令)が適用される、という具合に、多重構造である(清宮、同書41〜43頁)。「外地人」の特殊性は次のところにあらわれる。まず兵役義務は、原則として「内地人」のみ(厳密には兵役法23条により「戸籍法又ハ朝鮮民事令中戸籍ニ関スル規定ノ適用ヲ受クル者」)に課されるが、「外地」在籍者のうちでも朝鮮人には課されることになる。法の属人的適用と属地的適用の錯綜する場合は次のように起こる。①兵役法23条の定める兵役義務者はその本籍地以外の「外地」・「内地」に居住しても義務をまぬかれない。②衆議院議員選挙法は「外地」に施行されない結果、「内地人」でも「外地」に居住すれば選挙違憲・被選挙権をもたないが、「外地人」でも選挙法が施行される「内地」に居住すれば選挙権・被選挙権を獲得する。③国民学校令がそのまま朝鮮に施行されない結果、「内地人」も朝鮮に居住すれば学齢児童を就学させる義務がなくなるが、朝鮮人も国民学校令が試行される「内地」に来て居住すれば就学させる義務を負うことになる(清宮、前掲書43〜46頁)。

　戸籍法の適用を受ける「内地人」と受けない「外地人」とは相互に身分変更の自由はないが、例外的に婚姻・養子縁組・認知等の親族法上の原因から身分

の移動ができるとされた(清宮、前掲書47頁)。以上のように、国籍を同じくしながらも原則として身分変更を否定する「戸籍」の区別によって領土居住者に巧妙な法的差別を設けたのが、日本的植民地法の特徴であったといえるだろう。この特徴は、次に述べるように戦後の法制にまで継続したのである。

2．「国籍」と「戸籍」

(1)「内地」居住旧「外地人」の参政権停止・喪失

　1945年10月に閣議決定された内務省立案の選挙制度改正要綱では「外地人」の選挙権・被選挙権をそのまま認める項目があったが、同年11月に閣議決定された衆議院議員選挙法改正法案には一転して次の「戸籍条項」が附則として追加された(「内地」在住朝鮮人・台湾人の選挙権・被選挙権の項目は消滅)。12月に成立した同改正法(選挙権20歳以上・被選挙権25歳以上、婦人参政権を認めた)は附則で「戸籍法ノ適用ヲ受ケザル者」の選挙権・被選挙権を「當分ノ内之ヲ停止ス」と定め、また1950年4月に成立した公職選挙法はこれを引き継いで附則二項で「当分の間、停止する」と規定する方式で、「外地人」の参政権は停止されてしまった。この180度の政策変更の背景には、議会と法制局の反対があった。それを示すのが次の「清瀬一郎意見書」(1945年10月下旬作成)である。すなわち、「内地」在住の「外地人」に選挙権を認めるとすればその数200万人に及び「最少十人位の当選者を獲ることは極めて容易なり。(略)もし此の事が思想問題と結合すれば如何。(略)次の選挙に於いて天皇制の廃絶を叫ぶ者は恐らくは国籍を朝鮮に有し内地に住所を有する候補者ならん」という[9]。民主主義とは無縁の"植民帝国"の恐怖の表明というべきであろうか。「内地」居住の旧植民地の人々は平和条約などの国際条約、または法律の定めるところに基づいて国籍の変動が行われるべきものであったが、国籍変動(または国籍選択)以前の段階でこのように非「日本国民」の扱いを受けた。日本国籍保持者(「日本国民」)であっても「戸籍」を基準にして旧植民地の人々

(「外地戸籍」登録者)を本人の意思によらずに参政権行使から締め出したのである。

憲法第10条の「日本国民たる要件は、法律でこれを定める」に基づき1950年5月4日制定された新国籍法には、旧「外地人」の人々の国籍に関する規定も経過規定も何も置いていない。旧国籍法は、台湾には施行されたが、朝鮮には施行されなかった。少なくとも「内地」在住の台湾出身旧「外地人」には日本国籍の保有・放棄の選択について、法律で定めるべきであったと思われる。平和条約の発効直前に出された法務府民事局長通達は、条約の発効とともに右の「内地」居住の旧植民地の人々は日本国籍を喪失すると宣告し、新たな外国人＝在日韓国・朝鮮・台湾の人々（「平和条約国籍離脱者」および「平和条約国籍離脱者の子孫」）を行政的に生み出すとともに、再び本人の意思によらずに最終的に参政権を奪ったのである。

(2) 外国人の人権享有主体性について（学説・判例の「性質説」）

一般に「外国人」といってもさまざまな在留の状況があり、大きく分類して類型化すると、ⓐ観光や会議出席などの旅行で短期間滞在するもの、ⓑビジネスや技術研修・留学・研究等の目的で1年以上滞在するもの、ⓒ在留を更新して5年以上に渡り「帰化」（日本国籍取得）を申請するのが可能になるほど日本社会に密着して長期間滞在するもの、ⓓ「帰化」せずに永住権を取得したもの（「一般永住者」という）、ⓔ戦前の旧植民地（旧「外地」）出身者で戦前（連合国との降伏文書に調印した昭和20［1945］年9月2日以前）から「本邦」（旧「内地」）に居住するものおよび戦後（同9月3日以後）から平和条約発効日（昭和27［1952］年4月28日）までに「本邦」で出生したもの（「平和条約国籍離脱者」）ならびに「平和条約国籍離脱者の子孫」（これらの人々を併せて「特別永住者」という）、ⓕ難民（出入国管理および難民認定法による認定を受けた「難民」）のような類型にまとめることができよう（関連する法律は、出入国管理および難民認定法、外国人登録法、日本国との平和条約に基づき日本の国籍を離脱した者等の出入国管理に関する特例法：1991年11月施行）。先に用いた

「定住外国人」とは、右の類型のうち「一般永住者」と「特別永住者」および一定の条件のもとでの「難民」を指すが、5年以上の長期滞在者（国籍法により「帰化」＝日本国籍取得申請の継続的日本滞在年限要件が5年）を含める考えもある。近年、国政参政権・地方参政権を求める全国的な運動や訴訟を展開しているのは「特別永住者」の人々である。

　外国人への人権規定の適用に当たり、通説はいわゆる「性質説」をとる。最高裁判例も「憲法第三章の諸規定による基本的人権の保障は、権利の性質上日本国民のみをその対象としていると解されるものを除き、わが国に在留する外国人に対しても等しく及ぶ」[10]と解し、「性質説」をとる。ところで先の最高裁・地方参政権判決は、「憲法一五条にいう公務員を選定罷免する権利の保障」を「基本的人権の保障」としたうえで、しかし「国民主権の原理に基づ」く「公務員の終極的任免権」＝選挙権は「権利の性質上日本国民のみを対象とし、（中略）我が国に在留する外国人には及ばない」とした。しかしそこに問題はないのだろうか。まず、「我が国に在留する外国人」といっても先述のようにいくつもの類型があり、国籍が日本ではない「外国人」というだけで（本来国籍を問わない）「基本的人権」の参政権保障が及ばないと断じてよいのか。次に、参政権の性質を「国民主権の原理に基づく」ものとして「国民」を「日本国民」に限ることを自明とするが、現代の「国民主権」はむしろ人民主権（人民の自己統治）あるいは「実在する民意に基づく政治、すなわち民主政と同義のものとしての実質を与えられる」[11]と考えられるので、とりわけ戦後の政治社会に多数の「外地人」を抱え新憲法を制定して再出発した日本では、「国民」に旧「内地」居住の旧「外地人」（現在の制度では「特別永住者」）を本来的に含まなければならないのではないか、国籍を決め手としない複合民族社会であるという前提にたって問題を考えるべきではないか[12]。

3．戦後補償問題──「戸籍」による差別──

　戦傷病者戦没者遺族等援護法（昭和27［1952］年4月30日法律第127号）は、

第1条で「この法律は、軍人軍属の公務上の負傷若しくは疾病又は死亡に関し、国家補償の精神に基き、軍人軍属であった者又はこれらの者の遺族を援護することを目的とする」と定め、附則第1項で「この法律は公布の日から施行し、昭和二七年四月一日から適用する」と定めながら、附則第2項で「戸籍法（昭和二二年法律第二二四号）の適用を受けない者については、当分の間、この法律を適用しない」と規定した。それは、昭和27（1952）年4月1日に法律の適用を遡ったため、（平和条約の発効する1952年4月28日以前は「国籍」を日本に保有して受給資格を有する）「戸籍」を「外地」にもつ「外地人」であった旧植民地出身の「軍人軍属」の経歴を持つ人々に対しては、「戸籍」を根拠にこの法律の「援護」の対象から一括除外してしまった。4月1日から28日までの期間は日本「国籍」を認めざるをえない「外地人」軍人軍属に対して、戸籍法＝「内地戸籍」の適用の有無によって「国家補償」の精神に基づく「援護」の可能性をばっさりと切ってしまったのである。台湾・朝鮮の志願兵軍人や軍属、さらには戦争末期の兵役法改正による朝鮮人軍人を生み出しながら、日本政府は敗戦とともに「国籍」問題を巧妙に回避しながら「補償」問題を切って捨てたと言わざるをえない。台湾出身軍人軍属に対する一時弔慰金制度は議員立法で実現された（1988年、台湾在住の遺族・重度戦傷病者に日本政府が一律200万円支給）。韓国帰国者たる軍人軍属には日韓条約締結時の解決金を財源とする韓国国内法上の補償制度ができた（1974年、韓国在住戦死者遺族に韓国政府が一律19万円支給）が、しかし帰国しない在日韓国籍の軍人軍属は（韓国国内法の適用を受けないため）その補償制度の狭間に落ちてしまい無補償状態のままであった。また北朝鮮出身軍人軍属は国交未樹立状態が継続する限り、無補償状態が続くことになる。

　以上のうち、旧日本軍に徴兵・徴用された後、1952年の平和条約で日本国籍を失った朝鮮半島・台湾出身の元軍人・軍属と戦死者の遺族のうち日本国内永住者を対象として、一時金を支給する「平和条約国籍離脱者の戦没遺族への弔慰金支給法」が成立した（2005年5月31日）。要件を充たす戦死者遺族に弔慰金260万円、重度戦傷病者に見舞金200万円と特別給付金200万円の計400万円を

支給する制度である（2001年度から開始）。法律第1条では「国家補償の精神」ではなく「人道的精神に基づく」支給であることを明記している[13]。したがってこの制度は、援護法附則第2項の「当分の間」とは無関係に、動員した日本の国家責任の問題を全く伏せてしまった（援護法の適用問題は棚上げになる）と言えよう。その意味で、従軍慰安婦（軍隊慰安婦）や強制連行問題とともに、なお未決の戦後補償問題は残ったままなのである。

おわりに

以上は、憲法制定過程に隠れた論点、戦後日本憲法学の「辺境」に置かれた（現にまだ置かれている）問題について、すでに各所で発表したところの私見を述べたものである。未決の戦後補償問題は、植民地領有を想定しなかった明治憲法のもとで台湾・朝鮮の二大異民族植民地を領有したことについて、連合国占領下でも平和条約締結時および締結後でも「日本」（政府および国民の双方）として総括しないままにしてきたことに起因する問題である。そのことが憲法学に関して突きつけている問題の歴史的構造については、古川純・高見勝利「『外地人』とはなにか」（大石眞・高見・長尾龍一編『対談集　憲法史の面白さ』信山社、1998年）でとくに系統立てて論じたので、参照していただければ幸いである。旧「外地人」との「共生」という課題は、戦後67年・日本国憲法施行65年を経た21世紀になってすらなお理論的にも実践的にも明確な取扱いをされていないのではないかと思われる。

　＊本稿は、「コメント　日本国憲法の制定と『外国人』問題」（同時代史学会編『日本国憲法の同時代史』日本経済評論社、2007年）および「日本国憲法前史」（樋口陽一編『講座　憲法学　第1巻　憲法と憲法学』日本評論社、1995年）をもとに、「共生」のテーマを補足する目的でまとめられた。

注
1)　同文書「考察」第九項目、高柳賢三・大友一郎・田中英夫編著『日本国憲法制定の過程　I　原文と翻訳』東京大学出版会、1979年。

2） 佐藤達夫「日本国憲法成立史──"マッカーサー草案"から"日本国憲法"まで」（『ジュリスト』第8号、1955年7月）、同『日本国憲法成立史』第三巻所収、有斐閣、1994年。
3） 以上、①②の参考文献、拙稿「外国人の人権──戦後憲法改革との関連において」（拙著『日本国憲法の基本原理』学陽書房、1993年）所収。
4） 古川純・高見勝利「『外地人』とはなにか」（大石眞・高見・長尾龍一編『対談集 憲法史の面白さ』信山社、1998年）。
5） 著者＝中村には、憲法が植民地に適用されるか否かの問題を中心に台湾における統治の変遷を扱った「植民地統治法の基本問題」（日本評論社、1943年）がある。なお他の研究に、江橋崇「植民地における憲法の適用──明治立憲体制の一側面」（『法学志林』82巻3・4合併号、1985年）がある。
6） 美濃部達吉『憲法精義』有斐閣、昭和2（1927）年、157頁。
7） 同前、157～158頁。
8） 「植民地」の語を避けて「外地」の語が用いられるようになったのは、明治4（1929）年の拓殖省設置を境にこの語の問題が議論されて以来であるとされる。松岡修太郎『外地法』（日本評論社、1938年）67頁。
9） 水野直樹「在日朝鮮人・台湾人参政権『停止』条項の成立──在日朝鮮人参政権問題の歴史的検討（一）」（世界人権問題センター『研究紀要』第1号、1996年3月）。
10） 「マクリーン事件」最高裁大法廷判決・昭和53（1978）年10月4日、『民集』第三二巻七号、1223頁。
11） 浦部法穂「憲法と『国際人権』──『外国人の参政権』を中心に」（『国際人権』創刊号、1990年）、同「日本国憲法と外国人の参政権」（徐龍達編『共生社会への地方参政権』日本評論社、1995年）。
12） 以上、①②③の参考文献、拙稿「外国人の政治参加（参政権）」（『法学教室』No. 224、1999年5月）、および拙著『日本国憲法・検証 第四巻 基本的人権』第二章、小学館、2001年。
13） 以上、『毎日新聞』2000年5月31日夕刊より。

9　【対談】山田勝＝古川純
──「変革の主体としての社会」論と現代日本社会──

1．井汲卓一論文「変革の主体としての社会」の背景、その要点と狙い

古川　だいたい4本の柱建てをして、二人の「対談」を進めていきたいと思います。

　山田さんは、NPO現代の理論・社会フォーラムの季刊誌FORUM OPINION 14号から論稿「変革の主体としての社会」──これは構造改革派＝井汲卓一氏（1995年没）の最晩年の問題提起であり、1988年10月～1989年11月『現代の理論』連載論文と同じ題ですが──を連載されていますが、本書でも同じ題で長文の寄稿をされています。そもそも井汲先生の論文の根本的な問題提起は何でしょうか。井汲先生（以下、私たちは敬愛の念をこめて「井汲さん」といいます）は従来の変革理論（マルクス『共産党宣言』やレーニン『国家と革命』）に疑問を呈しているように思いますが、いかがでしょうか。さらに、アントニオ・グラムシが上部構造に対する下部構造の決定論の見解をとらずに、上部構造と下部構造を「歴史的ブロック」として捉え上部構造から下部構造への独自の作用を重視したこと、「市民社会は東方（ロシア）ではゼラチン状態であった」と分析し、西方＝イタリア等ヨーロッパの国家では支配権力は「市民社会」に「広大な陣地」をもち強制力による支配のみではなく被支配者から同意を調達して支配を維持しており、「ヘゲモニー」争奪戦がそこで闘われているとするグラムシの画期的な把握を井汲さんはどのように受け止められたのか。変革の主体を「階級」ではなく「社会」とし、そういう「社会をつくる」ことを中心とする新「変革理論」の立場へとシフトした背景は何か。その新し

い変革の立場は何を契機に問題提起されたのか。この場合の「社会」とは「結社」（association）＝人々が自主的自発的自律的につくる結合体であり、自然的血縁的地縁的な共同体とは異なると考えられますが、そういう理解でよいのかどうか。山田さんがこの問題提起をそもそもどのように受け止めたのか、お聞きするとともに、質問がいろいろと沸いてきますので、まずその辺から山田さんにお話していただきたいと思います。

山田　井汲論文は冊子の形で私の手元にあります。井汲さんは『現代の理論』誌に発表された前後に「フォーラム90's」の研究会で報告されたそうですが、聞くところによると、参加者の多数がチンプンカンプンだったということでした。私もこの冊子を見たときにはとてもコメントする立場にはない、と思いました。なぜかというと、「変革の主体」は労働者階級だというマルクス主義あるいはマルクス・レーニンのテーゼがあって、「変革の主体」を「社会」だとするのはちょっと違うのではないかと。論文の中身も難しいところがありますが、基本的なところで実は合わなかったということで、私自身はとても理解できなかったということだったと思います。それからだいぶ時間も経って、いくつか経験があり、井汲さんの「変革の主体としての社会」という問題意識を理解できるようになったので、もう一度振り返って、井汲論文を読んでみようかと思ったのがそもそもの出発点です。1989年に「ベルリンの壁」が壊れたことなど一連の出来事があって、何が壊れたのか、何が変化しているのか、ということを考えたときに、私は端的にソ連型社会主義やわれわれが主張してきた社会主義なり共産主義の実験が拒否され敗北したと思ったのです。その敗北の教訓をどこに求めるのか、ということについては人によって意見が違うのですけれども、私自身は「市民社会」なり最近流行りのアソシエーション論に行き着くのではないかと思うのです。ただマルクス主義の一番肝心なことは、やはり労働者階級が革命的階級であるというテーゼであり、これを不問に付したまま変革の理論を考えることはできないのではないかということです。どの方の論文を読んでも分析的には参考になることがたくさんあるけれども、ではそれはどうやって現実の社会変革なり政治変革のプロセスに転換するのかということ

になると、どうしてもはっきりしない問題があると思っていました。そこで労働者階級が唯一の革命的階級であるというテーゼ自体を拒否してみるとどうなるのか、ということから「変革の主体としての社会」というテーゼを立ててみたということになります。

　井汲論文はいろいろなことを言っているので、一言ではいえないのですが、今のこととの関連で言うと、井汲さんが言っている面白いことは、労働者階級の闘いは依然として今日においても資本家階級に対する抵抗と反乱の柱であることは間違いないということ、従来の階級闘争の歴史も農民の反乱であったし労働者階級の反乱であったが、それは今もなお続いている。ただそれは、反乱と抵抗によってその社会の原理を根本的に変える主体として労働者階級が存在し、封建時代における農民階級が存在するということには少し無理があるし、むしろ違うのではないか、というのが井汲さんの主張であるわけです。井汲さんの言うことを極論して言うと、農民階級が領主や支配者階級を打倒したとしても、それによって彼らの苦痛がやわらげられるような善政がしかれるようになったとしても、それは100年続こうが200年続こうが別な領主を連れてくるということであって、封建社会を根本的に変えたのは農民階級ではなくて都市の成長とそこにおける新しいブルジョアジーの登場によってであるということだから、封建的諸関係の基本的でないところから新しい革命がもたらされたということになる、と言っていると思います。そうすると、労働者階級の資本家階級に対する抵抗と反乱が今日においてもなお続いているけれども、それは資本と賃労働関係を再生産するということにすぎなくて、労働者階級とは別のところから革命の主体と原理がやはりもたらされるのではないか、というように言っていると私は思うわけです。そこがかなり重要なことであって、従来のマルクス主義否定者ないしマルクス主義を捨ててきた人々の多数の場合には、労働者階級の闘いや階級闘争の歴史を捨て去ることでしか自分たちの新しい立論へ移行できなかったという歴史だったと思います。そういう意味では1989年というのは、障害なり桎梏なりを取り除いて、もう少し自由に議論できる条件をつくったのではないかと思っています。井汲さんは、現存する社会主義体制が崩

壊する"あの時代"の歴史の渦中にいて、この論稿を考えておられたというのはすごいことだと思います。

その上で、井汲さんは、「変革の主体としての社会」というテーゼを立てて、マルクス主義の根本的な総括を試みていると思います——これは私の読み込みだということかもしれませんが。科学技術の無限の発展、生産力の無限の発展が社会を大きく変えていく、資本主義の歴史はそうであったし、新しい社会もそれによって変えていくのではないかという風にマルクスは予見していた、と。「変革の主体としての社会」といったときに、その「社会」は誰がつくるのか、だれが担うのか、ということについては、必ずしも井汲さんは明言しているわけではなくて、それは資本主義社会なり現代社会の生産なり発展なりを条件づけているエコロジーであるとかフェミニズムであるとかいうことが制約となって、人間社会のあり様が構想されるのではないかというところまでは、89年の段階で言われているのですけれども、誰がそれを担うのかということや、どうしたらそれが可能になるのかということについては、十分に述べられてはいないと思っています。根本的なところは、「社会」という概念を井汲さんも従来の多くのマルクス主義の人々も、「国家と社会」という意味での「社会」概念を使って国家の批判や人々の暮らしの発展の道筋を考えるという風になったのですけれども、その「社会」という概念は全体概念であって、「社会」を部分概念として使うという発想がなかったと思います。日本では「社会をつくる」という発想は、「市民社会」論者を含めてあまりないのではないか、と思います。日本でこの概念を使い始めたのは、恐らく「生活クラブ生協」をやってきた横田克己さんや本NPO会員でもある丸山茂樹さんたちが、「社会をつくる」ということを実際に行動に移し闘ってきた人たちではないかと思うわけです。安東仁兵衛さんが生きておられた時代の「現代の理論社」で横田克己さんがお書きになった『オルタナブティブ市民社会宣言』(1989)はそのことに関する最初の問題提起ではなかったかと思っています。私がそのことを普遍的な問題として、かなり大きなこととして理解したのは、阪神淡路大震災のときに全国から阪神地区に集まった大量のボランティアの人々が（若者だけではなかったの

ですが)「市民の社会をつくろう」ということをかなり大きなテーマとして掲げていたことです。「社会をつくろう」という言葉に触れて、私自身は「目が覚める」ような思いをしました。そして「社会をつくる」ということをもう一度、社会論のなかで見ていく、復権していくことが重要になるのではないかと思ったわけです。

　今回の論稿を「変革の主体としての社会」とし、サブタイトルに「『社会をつくる』思想の源流と歴史」とあえてしているのは、「社会をつくる」視点というのを入れないと「変革の主体としての社会」というのがよくわからないのではないかと思ったからです。

古川　ご発言の途中ですが、ちょっと言葉を挟ませてください。井汲さんは隠れもない (1960年代から1980年代の意味における)「構造改革」派・「構造改革」論の中心的な理論家でおられましたが、「構造改革」論の大本になるグラムシの変革理論は、よく言われるように「市民社会は東方ではゼラチン状態であった、西方＝イタリア等の西欧では市民社会は成熟している」という前提に立って、支配権力は市民社会に広大な「陣地」を持っており被支配者から強制によるのみでなく同意を調達して支配を維持している、という「ヘゲモニー」論を述べていると思います。したがって、支配権力と被支配者の間にはこの広大な「陣地」において「ヘゲモニー」争奪戦が闘われているのだいうことについて、井汲さんはお考えになっていたと思うのですが、その井汲さんは (市民社会という言葉を使っておられたかどうかはわかりませんが) 社会において「ヘゲモニー」闘争をするということに関して、どういうようにお考えになっていたのでしょうか。当時変革の理論を再検討されて「変革の主体としての社会」という論文をお書きになったわけですが、井汲さんはグラムシの理論との関係についてどういう風に考えられていたと思いますか。

山田　井汲さんはこの論文ではグラムシのことにはあまり触れていないと思います。むしろマルクスが立てたマルクス主義といわれるテーゼー土台・上部構造論という唯物論の根本ーをどうやって超えていくのか、ということに力点があったと思います。つまり、井汲さんの言葉で言うと、土台・上部構造論では

意識は土台によって規定されるものとして土台に従属的なものとなっている。意識の重要性については理論上では皆さん言うのですけれども、井汲さんは意識を土台を超えた社会の根本的な文化や歴史をつくっていく上で重要な要素として考えて復権しようとした、唯物史観を根本的に見直そうとしていたんだと思います。

　もうひとつ、井汲さんはグラムシの思想・理論について勉強されていたと思いますが、「歴史としての社会主義」という見解があったので、「思考の柔軟性」が高かったと思います。「構造改革」論の根本的なテーゼは、イタリアマルクス主義から学んだことではありますが、井汲さんはこの論文の中で「社会主義の資本主義化」という表現をしています。社会主義は絶対的なものではなくて、歴史的に形成され発展し消滅するという「歴史的なもの」だという認識があったから、当時ソ連邦で進行する事態が「社会主義から資本主義へ」移行するという現象が起きているのではないか、そのようなものとして「歴史的な社会主義」が形成されてしまった、というのが井汲先生の反省点であり出発点であると思います。そもそも労働者階級がつくった社会が何故こんな風になってしまったのか、というように議論を辿っていくわけです。

　次は、個人と社会の関係についてです。井汲さんの言葉によれば、マルクスの『経済学哲学草稿』（経哲草稿）で「人間は共同的存在である」というテーゼがあり、その後に『フォイエルバッハ論』の「人間とは社会的諸関係の総体である」というテーゼがありますが、この２つがマルクス主義のテーゼとしてあって、歴史的には『経哲草稿』の視点がフォイエルバッハ・テーゼによってより高次の哲学的見地になったというように理解されています。井汲さんはそこのところについて触れて、「人間とは共同的存在である」ことと「人間は社会関係の総体である」こととは低次のものが高次のものへと発展したというのではなくて、並列的に理解したほうがいいのではないか、とさりげなく重要なことを言っておられます。「社会」論をやるということは「人間」論の原点、つまり一人ひとりの人間、「個体」の問題を中心にして考えることと同じだといっていると同時に、諸個人の「意識的自覚的な要素」とは別に人間は意識せ

ずに生まれながらに「共同的なもの」を持っていると言っているのです。つまり、家族や地域がそれです。そういう「共同体的なもの」と意識的な「市民社会的なもの」のどちらがより高次な発展形態かということを超えて、両方とも存在することを認めたほうがいいのではないか、とさりげなく言っています。私はこれは重要な指摘であると思います。これは、あとでも問題になると思いますが、「共同体」と「市民社会」に関する議論に重要な論点を出していると思います。

古川 今の議論は、テンニースの Gemeinshaft から Gesellshaft へという発展段階論、自然的情緒的共同体から作為的私欲の経済利害共同体への低次から高次への発展という発展段階論をとらずに、人間にとって両者は並存するという考え方をとるべきだということになりますか。

山田 そうですね。そうすると、人間の言語や意識というものと経済的土台との関係をどうみるのかという点について従来の考え方を修正することにもなっていくでしょう。「市民社会」と「共同体社会」というわけ方をするとすれば、人間は「共同体社会」のなかに生まれるわけだから、そういうものと意識的に結ぶ人間関係によってつくられる「社会」とが並存するということによって、従来の考え方を大きく変えられるのではないかと思います。「社会」論は「人間」論だということと大きく重なっているという気がします。

古川 「市民社会」論にはいろいろな考え方がありますが、そのうちの1つに「結社」の考え方、部分的な「市民社会」という考え方、association をつくっていくという考え方を大きな要素として考えていくとすると、生まれながらの血縁的地縁的な集団から抜け出してそれぞれ異なった個人が集まって結社、association をつくっていく、そういう小さな結社同士の間につながりができて大きな社会ができる。これを「市民社会」というように考えるという捉え方があると思います。井汲さんはそういう意味で「社会」「市民社会」を考えていたのか、それとももともと人間は「共同性」を持って生まれてくるという特性があり客観的に言って人間は「社会的諸関係の総体である」というところからすると、井汲さんは「市民社会」論の方向に歩みだされてはいなかったとい

う印象がありますが、どうでしょうか。
　井汲さんは「変革の主体」を階級ではなく「社会」と捉える問題提起をしたわけですが、山田さんはこれを「社会をつくる」というように受け止め、「変革の主体としての社会」をわれわれ個人が「つくる」あるいは「つくり直していく」という受け止め方をしていると思います。「社会をつくり直す」というのは「市民社会」論のひとつのパターンになるわけですが、井汲さんはグラムシおよびグラムシの「市民社会」論についてはあまり言及されないわけですね。

山田　いや、井汲さんは論文では「ヘゲモニー」論や文化、歴史を重視する議論を展開しておられます。その場合、「ヘゲモニー」を「階級のヘゲモニー」というように一元化せずに、「ヘゲモニー」を可能にしている意識や文化を経済的土台によって縛ることなく開花させるということを強調されていると思います。これはグラムシの思想そのもの、あるいはグラムシをどうやって超えていくのかという試みとして見たほうがよいのではないかと思います。

古川　そうすると、井汲さんと同じ時期、1989年に「ベルリンの壁」が崩壊し東欧「市民革命」が起こっているときに、ドイツのユルゲン・ハーバーマスは1960年代に書いた『公共性の構造転換』を改める第2版を計画しながら、しかし全部を書き直すことはできないということから、1990年新版への「序言」では、中欧と東欧での「遅ればせの革命」がハーバーマスが理論的に提起した「公共性の構造転換」にアクチュアリティを与えたといいます。この本の中心的な問題提起は「市民社会（Zivilgesellshaft）の再発見」です。それまでの「脱政治的・経済的市民社会」（bürgerliche Gesellshaft）とは違い新しい「市民社会」（Zivilgesellshaft）には経済領域という意味は含まれていません。新しい「市民社会」の制度的核心は「自由な意思に基づく非国家的・非経済的な結合関係」といいます。その例は、各種の協会やクラブ、独立したメディア、学術団体、労働組合などの結社です。これらのassociationの存在を新しい「市民社会」への構造転換として論じているわけです。井汲さんも今までの「社会」観や「社会」理論をもっておられたと思いますが、それに対してとくに「ソ連型社会主義」の崩壊に大きな衝撃を受けておられ、マルクスの立てたさまざまなテーゼ

を疑えという転換を意識された。ハーバーマスのほうは自らが立てた「公共性の構造転換」という理論に東欧での「遅ればせの革命」がアクチュアリティを与えたというように受け止めたわけです。この二人は1989年の「事件」を転機としてある種の転換を意識した点で並行するけれども、二人はいわば同じ方向に向かったといえるのでしょうか。ハーバーマスは「市民社会」(Zivilgesellshaft) といい（もっとも「変革の主体」とは言っていませんが）、井汲さんは「変革の主体としての社会」といわれていますが、これは強い衝撃を受けることによって従来の自分が立ててきた理論を見直して、同じ方向に行こうとする点で共通するところがあるのではないかと思われるのですが、どうでしょうか。

山田 私は二人には共通点とともに、かなりはっきりした違いがあると思います。共通点は、「市民社会」論を経済的土台から切り離して考えるという点でしょう。井汲さんは土台が上部構造を規定するという「唯物史観」を離脱するとしたと思いますが、出口が違うことによって二人の意見は離脱の意味が違うのではないかと思います。ハーバーマスの場合は「市民的公共性」を重視していて、「市民的公共性」の復権というとき、フランス革命のときのフランス社会のなかにあるクラブ（ジャコバン・クラブもそうです）や人々の意思形成の場や新しい公共の空間が社会のなかにでき、それがフランス革命を支えてきたという歴史観があって、それがもう一度、ポーランドやチェコなどの東欧「市民革命」が人々の新しい政治変革をもたらすエネルギーが社会のなかに事前に形成されていたということに着目したのだと思います。従来の「市民社会」論で言えば、ヘーゲルやマルクスの「市民社会」論の系譜からは離脱して、むしろフランス革命初期の「政治社会」としての「市民社会」を復権するというニュアンスが非常に強いのではないかと思います。「市民社会」論はそもそも近代市民革命を基礎づける理論としてあったわけですが、それは「政治社会」における政治理論であったと思います。日本語で区別するとすれば（公民権の「公民」を使って）「公民社会」という概念に近いといえばいいでしょうか。

よく言われる「フランス人権宣言」とは、フランス語を直訳すれば「人および市民（公民）の権利宣言」であり、「人権宣言」と「市民権（公民権）宣言」

と2つを内容としているわけです。つまり普遍性を2つもっていて、これを「人権宣言」といってしまうと、「市民権（公民権）宣言」という政治社会の権利が除かれてしまい、「人権宣言」とのみ言っている日本では本来のこの「宣言」をゆがめているのではないかと思ってきました。ですから、ハーバーマスが「公共性の構造転換」で新しい「市民社会」論を言うのは、むしろ政治社会の「市民権（公民権）」の復権という意味があると私は思っています。井汲先生はもう少し広い領域で「社会」を考えているのではないかと思います。「社会」は資本制生産様式の土台でもあるし、人々の暮らしの土台でもあるし、そういう「社会」の領域をもう一度捉えなおすとどうなるか、というように問題を立てていると思います。何故なら、井汲論文の冒頭で、「人間は共同的存在である」「人間は社会関係の総体である」というマルクスの2つのテーゼを引用して、人類は有史以来2つの種類の社会をもったにすぎない、それは「共同体的社会」と「近代的市民社会」の2つであるとして、哲学的にもとに戻って議論をしようと言っているので、「市民社会」それ自体というよりも、「社会」の復権を論じようとしていると私には思えるのです。二人は、同じことを見ながら出口が違うことによって問題領域に接近して行く道筋が違うように思います。

古川　「近代市民社会」を2番目の社会と言っているわけですね。

山田　2番目の……？。2種類の社会、原初以来の「共同体的社会」、それと「近代市民社会」と言っています。

古川　もし「2番目の社会」だとすると、「共同体的社会」というのは古い・封建制の農民が主体となっている社会なり集団を念頭に置いていて、「近代市民社会」というのは資本主義を生み出し動かしている人間集団・社会だと思います。井汲さんは「社会」というと、それは「近代市民社会」のことを言うと理解してよいのか。何故かというと、ハーバーマス以降は国家と経済社会（市場）、それに「市民社会」という場合には、非国家的・非経済的・非市場的な第三の領域として独自の「社会」として考えるので、NPOや法人格を持っていない諸結社を指して「市民社会」というと思います。「近代市民社会」は必

ずしもこの意味での「市民社会」とはつながっていない。「近代市民社会」というのは国家と社会の2分論の「社会」を考えているので、独自の第3領域を議論しようとするものではないということですね。

山田 必ずしもはっきり言っているわけではないと思います。ただ井汲さんは、資本制生産様式が今もなお社会の主要な傾向であって、従来はそれを転覆するといってきたわけですが、その転覆の主体としての労働者階級は資本――賃労働関係を再生産すること以上に超えられないという結果になったときに、「変革の主体としての社会」という問題を立てたわけです。だから、ハーバーマスの言う新しい領域のことも想定して議論することはできると思います。いずれにしても、ハーバーマスの第3領域の議論に対しては、現にあるこの資本制生産様式の社会をどうするのかという問題が、問題領域の外側に置かれてしまうのではないか。私がハーバーマスに対して言うとすれば、資本制生産様式は存在するとした上でそれを批判し対抗する人々の動きをどうしていくかということを「公共性」の復権によって表現しているように思えるので、それは（古い言葉で言うと）改良的社会なのか、新しい資本主義の発展を土台にして生まれる社会のあり様のことを言っているのか、対抗的社会は経済システムを別に持つことになるのか、などまだ議論されていないので、なお完結しているものとは思えないのです。

古川 井汲さんの遺された論文「変革の主体としての社会」について、その背景、また井汲先生の問題提起の要点と狙い、これを21世紀の今の状況で読んだ山田さんの受け止め方などについて私から質問をし、述べていただきました。

2．コミュニティ論をどう理解するか

古川「社会」を「コミュニティ」と区別する立場からすると、コミュニティは「共同体」＝農村共同体（Gemeinshsft）を意味し、「社会」＝「市民社会」は都市市民社会（civil society）を意味すると考えられます。

　他方、広井良典『コミュニティを問い直す――つながり・都市・日本社会の

未来』(ちくま新書、2009年) はコミュニティを上位概念に置き、「農村型コミュニティ」と「都市型コミュニティ」に区別します。少し長くなりますが、この本は2010年8月で10刷を重ねるぐらいよく読まれていますので、私の理解に従い以下に引用・紹介させていただきます。

　この場合のコミュニティ概念の広井さんの暫定的定義は、「人間が、それに対して何らかの帰属意識をもち、かつその構成メンバーの間に一定の連帯ないし相互扶助（支え合い）の意識が働いているような集団」とします。その上で、①「生産のコミュニティ」と「生活のコミュニティ」、②「農村型コミュニティ」と「都市型コミュニティ」、③「空間コミュニティ（地域コミュニティ）」と「時間コミュニティ（テーマコミュニティ）」を区別して考えるとしています。「農村型」と「都市型」についてみると、人と人との「関係性」のあり方を象徴的に示したものとして、Ⓐ「農村型」とは「共同体に一体化する（ないし吸収される個人）」ともいうべき関係のあり方を指し、それぞれの個人が、ある種の情緒的（ないし非言語的な）つながりの感覚をベースに、一定の「同質性」ということを前提として、凝集度の強い形で結びつくような関係性をいうとされます。Ⓑ「都市型」とは「独立した個人と個人のつながり」ともいうべき関係のあり方を指し、個人の独立性が強く、またそのつながりのあり方は共通の規範やルールに基づくもので、言語による部分の比重が大きく、個人間の一定の異質性を前提とするものであるとします。広井さんは「プロローグ　コミュニティへの問い」(016頁の表1)でこの違いをやや単純化して示しています。「農村型」対「都市型」の違いの論点のキーワードは、ⓐ「同心円を広げてつながる」対「独立したL個人としてつながる」、ⓑ「共同体的な一体意識」対「個人をベースとする公共意識」、ⓒ「情緒的（&非言語的）対「規範的（&言語的）」、ⓓ「文化」(culture, cultivate＝農耕) 対「文明」(civilization, city ないし civitas＝都市)、ⓔ「共同性」対「公共性」、ⓕ「母性原理」対「父性原理」、ⓖ〔ソーシャル・キャピタル＝社会関係資本＝人と人との関係性（信頼、規範、ネットワーク等）に関する用語〕統合型（bonding：集団の内部における同質的な結びつき）対橋渡し型（bridging：異なる集団間の異質な人の結びつき）と説明

しています。

　この広井「コミュニティ論」の特徴は次のようなところにあると私は思います。人間集団の特徴は「重層社会」をつくることにあるということから始まります。「重層社会」とは人が家族組織の上に村をつくるように重層の構造をもった社会をいいます。つまり個人がダイレクトに集団全体につがるのではなく、その間にもう1つ中間的な集団が存在するという構造です。「重層社会における中間的な集団」こそが「コミュニティ」の本質的な意味になるといいます。広井さんのこの「重層社会」論は個人と国家の間につくられる諸「中間団体」の意義を「市民社会」形成において重視する考え方と親和性があるのではないでしょうか。

　「コミュニティ」はその原初から「内部的な関係性」と「外部的な関係性」の両者をもつ、関係の「二重性」ないし「二層性」にこそ「コミュニティ」の本質があると広井さんは言います。「コミュニティ」はその成立の起源から外部に対して「開かれている」。「コミュニティ」は定住者と一時的な居住者を融合させることで社会的に安定する（定住者は継続性を提供し、新参者はクリエイティブな融合を生み出す多様性と相互作用を提供する）というのです。

　しかし「日本の都市」と「ヨーロッパの都市」の間には違いがあります。増田四郎『都市』によれば「日本の都市」は「共同性」が弱いとされます。それは、日本社会における「家」の「垣根」とヨーロッパにおける「都市」の「城壁」の存在にあらわれているとされます。

　また、「市民」という概念について広井さんは、市民とはある種の「資格」であり、一定の（言語化された）権利・義務をともなうメンバーシップであると捉えます。そして、M. ウエーバーの「都市」論から、「都市は何らかの範囲の自律権をもった団体、特別の政治的・行政的制度を備えた『ゲマインデ』（＝共同体）として考察されなければならない」。「アジアの諸都市では、都市の団体的性格、農村民と区別された都市民という概念が知られていなかった」という指摘を紹介します。その結果、「都市の本質」は、①1つのまとまった「団体」としての性格をもつこと、②「市民」という「身分的資格」の概念が存在する

ことの2点ということになります。

広井さんは、増田四郎『都市』から「都市」の歴史的な型を2種類に捉えます。すなわち、Ⓐ北欧（北ドイツ）都市の市民構成（純粋にデモクラティックな中産階級主体の市民的共同体）に対して、Ⓑ南欧型とくにイタリア都市の市民構成（商人層とその周辺を支配していた封建貴族との結合、封建貴族が都市市民化した、専制君主の存在）という対比を行い、Ⓐこそが「市民」の「都市」であるということになります。私の論稿で参照した増田『西欧市民意識の形成』に即していえば、北欧（北ドイツ）都市の「個人の誓約団体」（conjuratio）的性格、市民の自主的・規範的精神、あらゆる「魔術的氏族的制約から解放された市民」の存在こそが近代「市民社会」形成にとっての歴史的前提である、という指摘に通じるところがあると思います。

　広井さんの「コミュニティ」論、「農村型」と「都市型」の区別、「都市」論に関して、山田さんはどのように応答されますか。

山田　私は「コミュニティ」の「都市型」も「農村型」も両方とも「変革の主体としての社会」として考えています。「都市型」コミュニティは個人がつくり選び取るものです。「農村型」は人の生まれながらのコミュニティであるが歴史的には閉鎖的排他的色彩の強いものです。「農村型」の場合に私はコミュニティの「生みなおし」がこれから重要になると考えています。広井さんは分析的には両方とも「コミュニティ」としていますが、やはり個人の意思や自律をベースにして考えていると思います。広井さんは小学校区単位で神社やお寺が多数あることに注目しています。精神安定やケアがこれから必要な現代日本社会において、神社やお寺などの宗教施設を見直してその役割を考える必要があると言っている数少ない研究者・問題提起者です。私はそういうことを踏まえて広井さんはコミュニティ論を書いていると思います。広井さんは、いわば言葉の本来的な意味でのプラグマティズムによって新たな枠組み・問題設定をしていくという、従来の「市民社会」論では考えられなかった実際的な枠組みを提起しているのではないかと思いますので、私は共鳴感を持ちます。

古川　では「変革の主体としての社会」にこだわると、その「社会」はつくる

ものであるということになりますが、「都市型コミュニティ」は都市に入ってきた個人が働きながらアソシエーションやNPOをつくったりしますから、それを通じて彼らは「社会」を作っていくという議論として理解できます。「農村型コミュニティ」もあるということになりますと、広井さんによるとそのキーワードは「共同体的な一体意識」「情緒的非言語的なもの」「共同性」などがあげられていますので、「個人」は「農村型コミュニティ」の単位として「社会」をつくっていくという議論はなかなか出てきにくいのではないかと私は思いますが、いかがでしょうか。

山田 日本社会では「農村型コミュニティ」と「都市型コミュニティ」が画然と区別されているわけではないのではないか。都市のなかにも農村的共同体があり、農村においても個体の自立や個人の尊重が文化や価値の点で進んでいると思います。日本社会の特徴をどのようにつかまえるのかというと、「農村」と「都市市民社会」がアマルガム状態になっているという捉え方の論議をこれから進めていかないといけない。

「3・11東日本大震災・大津波」後の東北3県（岩手・宮城・福島）の社会・人々のありようを見ると、家族や地域を護る活動をしている人々は昔からある集団・共同体に埋没しないで自分の主体的な意思を介して家族や地域をつくっていこうとしている。この場合、郷里（ふるさと）再生とはお祭り、御神輿、歴史や文化を再生しながら、コミュニティを同時的に再生する発想であると思います。そういう現象が生まれていると思います。今後人々はどうなっていくのかを考えると、「大震災」は非常に大きな問題提起をしているのではないでしょうか。「共同体」の問題は今起こっているという捉え方をしたい。その意味では共同体についてテンニースのGemeinshaftとGesellshaftという問題の立て方が今なお妥当するのだろうか、という気がしています。

古川 「市民社会」論や「都市型コミュニティ」「農村型コミュニティ」はそれぞれ定義をしていくと、ある種の普遍性を考えている。ヨーロッパ、アメリカの歴史的発展をあげながら、「こうだ」という形で論じているでしょう。それに対して「日本的コミュニティ論」を立てる必要がある、ということになると、

日本の都市は必ずしもヨーロッパの都市と同様に城壁があって歴史上自律的に「市民」によってつくられているというわけではない。増田四郎先生の言うような一定の資格を持った「市民」による「誓約団体」として歴史的に誕生したわけではない。江戸時代の「町人」の町やある時期の堺のような例を別にすると、大正時代にサラリーマン社会としての都市ができ上がってくるという歴史を考えると、これを「市民社会」と読んでいいかは別にして「都市社会」ができたと言う区切りはできるのではないか。しかしこれは、都市が農村から切れて農村から自立して一定の資格を持った「市民」が秩序や規範を作っていくという成り立ちではなかったと思います。日本近代の都市の成立と農村との繋がりの持続という問題があるのではないでしょうか。「都市」の普遍的概念の前提はヨーロッパであり、増田四郎先生のいう「北欧（北ドイツ）都市」がモデルとなっています。日本の歴史はやはりこれとは違うということになりますか。

山田　そうですね。江戸時代には江戸や大坂という大都市がありました。日本近代の資本主義は都市を膨張させてきたわけですが、これは農村から労働力を移動させてきたことを意味し、いわば「民族大移動」を高度成長の時期まで続けてやったわけですね。その移動の仕方というのは、ヨーロッパのように農村から都市に出てくるときに「故郷を捨てて」断絶して出てくる、それが都市の貧困問題を生んだということがありますが、日本近代ではそれとは違って農村との関係でいえば、「長男は農村に残り次三男は都市に出て行っても盆暮れには故郷に帰る」という具合に資本主義の形成の仕方の違い、農村分解の違い、したがって都市の形成の仕方の違いがあります。日本では人々が都市に来るという場合にアトム化した個人の孤立感があり、個人の形成の物質的条件はあるけれども、それが直ちに「自立的個人」「コミュニティ」をつくるということにはならない。戦後日本で言えば「会社」「企業」に依存する大量の人々があらわれることになる。しかしやはり盆暮れには故郷に帰るという、中途半端な農村分解がなされたというのが特徴的でしょう。アジアではだいたい同じような状態ではないかと思います。経済学的社会学的に言えばそうなのですが、この「都市」「農村」のアマルガム状態のなかで日本社会が成り立っていると思

います。後で議論する「世間」論の問題になりますが、日本社会は「都市」の中に「農村共同体」的人間関係が生き延びていることがわかります。単に古い残存物が生き延びているというだけではないと思います。

　近代日本を表す言葉に「和魂洋才」があります。科学技術はヨーロッパのものを使うけれども「魂」は「大和魂」だと戦前は言ってきたわけです。私は「都市」の中に「農村共同体」がある今の日本にとって必要なのは、その「和魂洋才」をひっくり返して「洋魂和才」とすべきではないか。つまり、どこにいても精神を「洋魂」（個体・個人の自立・自律）に転換して「社会」をつくっていく必要があると思います。言葉としては「農村型」「都市型」があるにしても、そこに貫かれていく精神は「洋魂」つまり「個体・個人の権利」が中心になって「社会」がつくられたり再生されたりするという「精神」は変わらないと私は思っています。

古川　そうすると、広井さんが注目しているという全国の小学校区単位で多数の神社やお寺を中心にして祭礼行事が回っていくというなかで、「洋魂」の位置や役割ははたしてどの程度あるといえるのか、どのように考えますか。

山田　その点はかなり重要だと思っています。「神仏習合」の日本社会において宗教施設がどのように形成されてきたかはそれ自体として大きなテーマでしょう。その日本で宗教改革・教団改革が行われてきたことは事実としてありますが、そのなかで「個人の尊厳と価値」がどのように位置づけられてきたか、きちんと検証する必要があると思います。これは今後のテーマとして宗教社会学研究の方々の力を借りて考えてみたいと思います。

古川　増田四郎先生の「都市」論で指摘されたように、12〜13世紀北ドイツの都市では農村から都市に流入して職人や商人の手伝いになった人々は、「都市の空気は自由にする」という法格言にあるように一定の資格を持った「市民」、「誓約団体」としての都市の構成員になるわけですね。そこに自主的自律的「市民」の精神が生まれていくわけです。また、その過程であらゆる「魔術的氏族的制約から解放された市民」の存在が近代「市民社会」形成の歴史的な前提になると言われています。そういう観点から見ると、日本の都市は普遍的都市の

モデルであるヨーロッパの「都市」に合った形ででき上がってきたわけではないわけですね。日本の都市は成り立ちが特殊「日本的」ですし、農村も絶えず都市へ流入しながらもまた農村に帰ってくるという形で都市へ「農村共同体」「共同性」を補給し続けている点でやはり特殊「日本的」ではないかと思います。山田さんが「和魂洋才」を転倒させて「洋魂和才」にすると言う意味は、私たちはあくまでも個人の尊厳と価値、自立を重視してコミュニティを考えていかなければならないということでしょう。そうすると、はたして日本社会は都市も農村もそういうことが可能なのでしょうか。

山田 都市においても農村においても可能だと思います。今は「市民社会」の力が大きく、日本社会を支える力をもっていると思います。比喩がいいかどうかわかりませんが、福島第一原発過酷事故の時に非常時においても大震災に立ち向かったものすごい支援のエネルギーというものもあったし、それから東電の「節電」要請に対して皆さんは東電がやっていることはムチャクチャだとは思いながらも「節電」をこなしながら支えていったというのは、「市民社会」が発揮した大きな力だったと私は思っています。そういう大局的なエネルギー、社会的力というものは存在していると思う。ただそれを自覚し、その中で社会の規律やコントロールする力、政治に向けて発信する力をどうやってシステムとしてつくっていくのが可能なのかということを、人々が自覚するプログラムが十分に形成されていないというのが問題なのではないかと私は思っています。

3．現代日本社会において「市民社会」論と「世間」論の関係を論じる意味は何か

古川 ここから第三の柱立てに移ろうと思います。「変革の主体としての社会」を論じながら、他方で山田さんも私もともに論稿の中で日本独特の「世間」、阿部謹也氏の「世間」論が世に問うた問題点に目を開かれつつ論じていかなければならないと思います。「市民社会」論の下のほうに、実はみんなが感じている「世間」という人間集団のあり方があるということは否定できない。その「世間」が「市民社会」論が論じてきたことの足を引っ張ってきたのではないか、

歪めているのではないかと思います。阿部先生はこういう「世間」と全面的に闘って個人の尊厳、自律をもとにつくられていく「市民社会」へと変えていかなければならないと主張されています。阿部先生は「目に見える世間」もあり「目に見えない世間」もあるという言い方をされていて、この点は私の論稿で「市民社会」と「世間」の交錯において議論しました。そこで阿部先生の「世間」論をどのように受けとめるかについて、話しを移したいと思います。山田さんには現代日本社会において「世間」論を論じる問題意識を語っていただきたいと思います。

山田 「世間」という言葉について皆さんは、「それは世間では通用しないよ」などと言って使うわけですが、「世間」という言葉はあるけれども「世間」論というひとつの領域として考えるということはなかったと思います。私自身、阿部謹也さんの「世間」論の本に出会って、「あ、そういう風に考えるのか」と思いました。そのように考える人は日本ではまだほとんどいないといってもいいんじゃないでしょうか。いるとしても圧倒的に少数派だと私は思います。「市民社会」論や社会主義を問題にしていた人たちが、「世間」論という問題領域を設定していなかったという中に、どこか考え方に欠点がある（あった）のではないかと私は思います。私自身は阿部さんの「世間」論に関する著作をいくつか読んで、そういうことかと思ったのは、長い間歴史的につくられてきた日本人民、日本社会の特徴という点です。私は、日本の「共同体的社会」論として「世間」論を見直してみてはどうかと思います。そうすると「共同体的社会」は単に地域に閉じ込められた古い封建的な社会の中にあるというだけではなくて、もう少し広い領域の中で日本の伝統的な、歴史的な人々の「社会観」を全体像としてつかまえるということが可能になるという意味で、私は興味深く、現状では阿部さんの言われていることに賛成しています。

古川 阿部さんの『世間とは何か』（講談社現代新書、1995年）や『近代化と世間　私が見たヨーロッパと日本』（朝日新書、2006年）によれば、「世間」の原理とは①長幼の序、②贈与互酬の関係、つまり対等な関係においてはもらったものはほぼそれに相当するものを返す、それに③時間意識の問題、つまり

「世間」の中には共通の時間が流れており、欧米人にあっては一人ひとりの時間があるのと対照的で、共通の時間意識のなかでは「今後ともよろしくお願いします」とか「先日はありがとうございました」ということを例にあげています。阿部さんは作業仮説であるとは言っていますが、「世間」は「会則はないけれども個人個人を強固な絆で結びつけている、しかし個人が自分から進んで世間をつくるわけではない、なんとなく自分の位置が世間にあるものとして生きている」、そして「形をもつ世間」（同窓会、会社、政党の派閥、俳句の会や囲碁・将棋の会、スポーツクラブ、大学の学部や学会まで挙げています）と「形をもたない世間」（人間関係における世間、隣近所、年賀状のやり取りや贈答を行う関係をさす）に分け、「世間とは何か」の本では校舎の「世間」を取り上げるとしています。

　そのような「世間」とは日本の人間集団の歴史的な特質だという風になると、新たにつくられる「市民社会」を内側から変質させていく、あるいは個人を「同質性」の圧力で潰していくことになるんじゃないか。そういう意味では「世間」とはそれと闘っていって壊していく、そして「市民社会」を理念的に本来ある形にしていかなければならないと考えるかどうかという問題があります。

山田　「世間」ということで言うと、家族・親族以外では「社縁」という会社の仕事の付き合いのネットワークがあるとか、意外に大きいのは「学縁」、学校の縁の縁、つまり小学校から中学・高校・大学と延々と続いている同窓会やクラス会という存在です。これは故郷と連動するところがあります。人々が出したり受け取ったりする年賀状や暑中見舞いの範囲の人々との結びつきは、やはり大切なものであって、年齢に関係なく同窓会があると行ってみることが多いと思います。それは例えば宮城県の仙台一高とか二高とかになると、そこの市長選挙になると選挙母体としてものすごい威力を発揮するわけです。その時に選挙のありようとして「世間」を使って特定の力を生み出していくのがいいかどうかという問題があるわけだから、そういう選挙母体になる「世間」は解体していかなければならない。しかし普通の人々にとっては、そういう活動をする「世間」には反対だけれども、クラス会を無くしてしまって「市民社会」

として平等な関係にしてしまおうといわれても、なかなかイメージできないと思います。これは「器を残して中身を変えていく」という意味での再生の作業が必要だということになると思います。だから「市民社会」に全部つくり変えて内容がはっきりするところと、なかなかそうはならない社会システムなっていると私は思うので、精神は生かしながら形は2つの社会が並存していると素直に受けとめるほうがいいのではないかと思います。そうすると、並存している社会の中で「世間」という共同体的社会がどのようにして形成されてきたのかという歴史の文脈の中で特徴をつかまえるのが「世間」論のもうひとつの大きな柱になると思います。

古川　クラス会や同窓会もひとつの結社であると捉えるならば、それが結社、アソシエーションとして大きな「市民社会」の中にある小さな「市民社会」になっていくという風に、中身を変えていくことができるかどうか。つまりクラス会は学校のある年次を集める、同窓会はその学校の卒業生全員を集める、同期会は学校のある卒業年次の全員を集めるという具合に、全員に加盟を半ば強制するところもあるし、出てこないと「変な人々だ」ということになったりしますが、その「変な人々だ」とするのが「世間」としての悪い点ですから、それはつくり変えるということが可能だし、実際にもそのように機能しているんじゃないでしょうか。会費を一切払わない、帰属意識もないという人もいるでしょうから、参加して会費を払って結社をつくる、という風に考えれば、参加しない人々はまた別な結社をつくっていくということもありうるわけですから、「世間」的な運用をされてきた組織も「市民社会」論でカバーできるように中身が変わっていく、変えていくことができると考えればいいんじゃないでしょうか。「世間」を2つの社会の並存という枠組みで捉えると、価値的にみて「世間」は残してもいいと、「世間」にはそれなりの機能と役割がある、存続する意義があるということになりますから、この点は、「世間」の存続する意義を一切認めず解体すべく闘おうとする阿部さんとぶつかるところではないでしょうか。この点を「日本的」ということで説明するのはどうなんでしょうか。

山田　私も日本社会をどう見るか、ということについてはっきりと結論を得て

いるわけではないので、そこはなかなか難しいところです。阿部さんが「世間」論の領域で問題にしたのは何か。「世間」を日本の「共同体」だとすると、「共同体」と闘おうとする思想がない、闘う思想が「共同体」の中からはなかなか出てこないんですね。阿部さんは「世間」と闘うという考え方を正面から出しておられるし、それは「世間」の外側にある歴史への参加ということで「世間」を解体していく闘いを支援しています。それをとりあえずカッコに括って「共同体」を議論してもいいんじゃないかなと私は思っています。少なくとも「市民社会」論の枠組みの中では、日本の今日までの歴史や宗教や伝統、とくに宗教の要素や農村社会で頑強に残っている地縁血縁や地域社会を分析対象とするという視点は事実としてなかなかなかったように思います。それは、変革する側が天皇制をどうするかということもあり、資本主義の成長とともに古いものは壊れていくとする間違った「資本主義観」があったから、少なくとも日本社会の大きな要素を分析対象としたりすることが薄かったから、阿部さんの問題提起を受けとめたいと思っています。

古川 世間と闘った人々を考える必要がありますが、阿部さんのように「市民社会」あるいは西欧型の個人と社会の関係を軸にして「世間」と闘うということばかりではないと思います。私がオルタクラブ研究会で紹介した（阿部さんの『世間とは何か』が取り上げた）親鸞（1173～1262年、浄土真宗の開祖）とその弟子たちによる浄土真宗の教義の布教と独特の組織論を見ると、当時の仏教界全体を「世間」と見るとやはりそれと闘っているし、多少とも新しい見方をそこから引き出すことができると思います。山田さんのほうは、先ほどのお話にもあったように歴史に参加して「世間」と闘っていくということがありますね。今度は「世間」と闘うということを取り出して、お話をしていただけませんか。

山田 阿部さんの「世間」論を受けて、部落解放同盟の一部の人たちが関心を持っていて、やはり日本型社会の中では差別構造が、人はみな平等であるにもかかわらず実態的には差別の構造が温存され続けててきたという歴史があります。差別との闘いという部落開放同盟の闘いに典型化されてきたと思います。

阿部さんが言うには、日本人にとって歴史というのは外側の話であり、観察したり見ていたりする領域であって、自分のところにきたときにはそれは運命としてしか理解できないというように分析しています。「世間」の外側にある歴史に触発されて闘おうとする人々がいるわけですが、その場合の人々の意識の中では自分たちも歴史に参加するんだということで、「世間」を変えようとした人々が差別との闘いの戦線には居たと思います。

古川　山田さんはOPINION論稿で阿部さんの『日本人の歴史意識――「世間」という資格から』(岩波新書、2004年)を引用して、「個人を取り戻す道はあるのか　世間と闘うこと」というなかに歴史への参加・展望を開く、歴史は闘う人にしか姿を現さない、というところに道があると言って締めくくっていますね。

山田　ただ私は阿部さんの説で、古川さんが言われたように親鸞が日本の中で初めて平等観を持ち込んで社会変革をしますが、それがどこまで貫かれたかは別にして、それを見直そうということがひとつにはあると思います。

　もうひとつ、阿部さんの説でそういうことかなと思ったことがあります。「日本霊異記」という仏教を広めるための説話集と「ヨーロッパにおける奇蹟をめぐる対話」というキリスト教を広めるための説話集の比較を通じて、とくにヨーロッパの場合と日本の場合の差、社会と個人のあり方を抉り出していると私は思っています。ヨーロッパの場合はキリスト教が社会の中に広がっていく過程で、「贖罪規定書」を改めて取り出して、神の前で、つまり聖職者の前で贖罪をする、自分の罪を償うということを通して個人の内面と向き合い、個人の内面、個人が成立することによって近代社会が準備されていくと阿部さんは指摘しています。逆に言うと、個人の内面と向き合わないプロセスが「世間」論を生んでいる。近代の個人の成立と近代に至る２つの道の分岐というのがあり、宗教社会と当時の人々の向き合い方に今日の原点があるのではないか、と言っている所に私は注目をしています。そうすると、個人の自立ということがヨーロッパの場合にはキリスト教的社会で神の前に人は平等であるということを意味し、個人と国家の間にある中間団体の要素を否定していくことが強く意

識されてきた。その前のゲルマン社会では呪術的要素がたくさんあったわけで、日本で言えば家の方位が良い・悪いというようなことが、キリスト教のなかから駆逐される過程が何百年も続いて社会が形成されるというわけだから、仏教とキリスト教の違い、日本の神仏習合という宗教社会のありようが個人の内面や自立に非常に大きな影響を与えていると思います。そのなかで、阿部さんは親鸞の画期的な思想的意義を掘り起こしたのではないかと思います。私はその枠組みのところをつかみ直すということがわれわれのこれからのテーマなのではないかと思います。

古川 私も自分の論稿（オルタクラブでも紹介しましたが）で親鸞・真宗教団における「世間」の捉え方に関して、どの点がそれまでの仏教教団と違うのか、阿部さんが注目した点について紹介しました。「徹底的な否定の思想」という項目で「念仏者の前では天神地祇も敬服し、魔界外道も障碍することなし」（『歎異抄』）と説いて布教活動をしたが、東国での布教活動で人々の生活に大きな変化をもたらさずにはおかなかった、と言います。阿部さんの別な本に基づいて山田さんは、ヨーロッパではキリスト教はさまざまな魔術を追放したといいましたが、親鸞・真宗教団の教義や布教活動と多少とも比較できるところがあるように思います。マックス・ウェーバーは有名な『プロテスタンティズムの倫理と資本主義の精神』（大塚久雄訳、岩波文庫、1989年改訳版）で「魔術からの解放」を近代の非常に大きな標識としてあげていますが、真宗教団の「徹底的な否定の思想」をこれと比べてみます。例えば、神社のお札を決して受けないとか、土着の講の組織に信者は加わらないとか、葬儀の方式についても一新して教団としては位牌を禁止しており、お墓もつくらないというところまで徹底しているといいます。他方で、念仏者の持つ組織が独特であるということですが、それは道場を中心として横の組織をつくったということです。周防笠島の例では島全体に講が形成されていて、その運営は輪番制で特権を持つものはいない、横のつながりがたいへん強いということです。それから、念仏者には階級の上下がない、また僧俗の区別がないのですが、この「僧俗の区別がない」というのが真宗の最大の特徴です。信者・門徒たちは互いに「同行同

朋」と呼んでいたといわれます。門徒の長老を中心にして道場を共同で維持し寺院を持たなかったという特徴もあります。阿部さんはこういうことをあげながら、真宗の門徒たちが日本で初めて平等観を打ち立てたといいますが、その意味では門徒たちがお互いを「同行同朋」と呼んで平等観をもつということは、個人個人で信仰を中心として横に繋がっていく、それも狭い地域だけではなく広い地域に広がっていくという紹介があります。その後、浄土真宗は本願寺をつくって寺院を持つようになったり専門職の僧侶を持つようになりますから、世俗化する、「世間」化するということがないわけではないのですが、阿部さんは蓮如（1415～1499年、本願寺8世、親鸞著系で教団中興の祖）がその後の変化に対して批判したことを紹介しており、「道場を中心にした座の性格が変貌してきた、談合・寄り合いが本来の宗教的目的を失って世俗化した」ことを問題にしています。しかし出発点における真宗教団の特徴は長きに渡って何らかの形で維持されているのではないかと思います。本来「弥陀の前では平等である」ということですから、門徒集団がつくりあげた新しい人間関係のあり方、魔界や怨霊を信じない独自の合理的な生活様式をつくりあげていったと考えると、農村か都市かを問うことなく浄土真宗の忠実な信徒であれば新しい社会のあり方に関しては、ヨーロッパで個人の析出や「市民社会」形成に対してキリスト教が果たした役割と比べられるところがあるのではないか、と思います。こうした真宗の教義や布教活動については阿部さんの観点からの読み込みがあるとは思いますので、親鸞・真宗教団の研究者の議論と付き合わせる必要があるでしょう。でもやはり古い仏教界のあり方や「世間」を突破して個人をつくっていくことになる、門徒になることによって個人になる、という指摘は、キリスト教が「贖罪規定書」で個人の内面をつくり個人を確立したということと比べられるものであると私は思います。大半の日本人は門徒ではない訳ですから「世間」はずっと持続していったことにはなりますが、「世間」が壊れる、解体される可能性は、阿部さんの読み込んだ親鸞の教説、門徒の人間関係のつくり方のなかにあるのではないか。山田さんが理解して提起した「歴史への参加」によって「世間」を壊していく可能性とは別にもうひとつ、「世間」を壊

せる可能性があると阿部さんは考えたのではないか、と思うわけです。ただ現在の浄土真宗の人々、門徒の人たちはどうなのかということは全く議論をしていませんね。

山田　それは教団の問題もあるけれども、宗教教団もひとつの社会だと見ると、政治支配との関係をどう見るかということもかなり重要ではないかと私は思います。真宗で言えば、一向宗の反乱、一向一揆というのがあって、1世紀に渡って今の石川県あたりは門徒衆が支配していた時代がありますが、あまり正しく復権されているとはいえない。それを武力鎮圧した加賀百万石のほうが歴史の表舞台にあって、門徒衆の歴史が埋もれたままになっているのではないかと私は思っているのです。それは同時に一向宗だけではなく、武士の社会なり武士の権力が形成され確立していくなかで、最終的には、キリスト教を禁圧して鎖国令にまで到るわけです。日本の武家権力の樹立過程には、一向一揆のときも、比叡山の焼き討ちのときも、権力に服従しない宗教社会の暴力的な解体過程を通して変質させ、政治社会のなかに包摂していくという苛酷な歴史があったと思います。そうすると、現在も宗教教団と政治権力の関係をどうするのかということがもうひとつのテーマであり、ヨーロッパ市民革命の時には「社会契約論」によって人権を擁護して「王権神授説」を転覆していくということになったことと対比すると、日本の場合は（明治維新で）「王政復古」ですから、どうして「王政復古」になってしまうのかという問題も含めて、「社会」論をやるときには「社会」と「個人」の関係はひとつの論点であるけれども、その国の政治権力なり支配のあり方とどういう風に関連するのかということも論点として、これからの社会を検討するときには考慮に入れてやらないと、なかなか全体が見えないのではないかと私は思うんです。なかなかそういう風な話として今までの歴史が書かれているかどうか。だから網野善彦さんの「中世像」が話題になり議論されたというのは、今までの歴史の捉え方を再検討すべきだということを示しているように思います。

4.「3・11東日本大震災」後の「市民社会」論の役割を考える

古川 「対談」の時間がだいぶ経ちましたので、最後に「3・11東日本大震災」を経て「変革の主体としての社会」論の観点から、そして「市民社会」論を考える観点から、東北3県を中心に村や町といった、広井さんの言葉で言えば「農村型コミュニティ」で起こっている動きをどういう風に捉えたらいいのかという点についてはどうでしょうか。

山田 2つあって、ひとつは大震災の非常時にたくさんの人々が支援に向かっているという点です。それは、国や自治体という統治機構が機能しなくなったときに、利己的だといわれている人々が利他的にたくさん駆けつけたということは、社会や人間を見るときに非常に重要な意味があるんじゃないかと思っています。これが『災害ユートピア——なぜそのとき特別な共同体が立ち上がるのか』（レベッカ・ソルニット／高月園子訳、亜紀書房、2010年12月）のなかで「非常時にはなぜ特別な共同体が生まれるのか」というように、日本だけではなく世界のどこでも大きな震災のような非常事態が起きたときに人々が自立的に自主的に社会を「統治」してつくっていくということです。非常時が終わって国家的行政的機能が復旧するときに、社会の臨時的な機能がなくなっていくということで「ユートピア」とされているわけです。でもそこに示されているような、またわれわれが経験的に見ている人々の結びつき方は、社会編成の原理やそのときにつくられる潜在的なエネルギーであると思います。それは非常時にあらわれてはいますが、実は人間社会の原初的な、原理的な重要な意味を持っているんじゃないかという意味で、この1年間ぐらいに起こっている出来事を記録すること、またどういう風に評価するかということが大きなテーマになっていると思います。だからできる限り大震災の中で人々がどうやって助け合ってきたかということをエピソードではなくてある種の普遍性をもつ原理的なものとして考察することが重要ではないかと思っています。

　もうひとつは、南三陸町のある人がテレビで発言していたことですが、これ

からどうしていくのかという話のときに、とにかく故郷を何とかしたいと言っていましたが、その時彼は神輿と消防団活動が故郷の支えになるのでこの2つを何とかしなくちゃならないと言っていました。彼は農業ではなく漁業を営んでいる人ですから、その暮らしを何とかしなければならのですが、まず故郷を何とかしたいというのです。そのように自覚的に故郷を再生していくときには、形は同じようなことになるだろうけれども今までとは違って「自覚的に」コミュニティを再生していくエネルギーがあることを言っているように思いました。だから前に言った「共同体社会」と「市民社会」は原理としては全く違うし、どちらを重視するかというと従来では「市民社会」ということになるわけですが、私は「和魂洋才」を転倒させた「洋混和才」が日本のこれからの社会形成のポイントになるような気がしていますので、個人の自覚や自立というのをベースとして考えたときに、「社会をつくる」ということと重なって「社会を再生していく」ということが合わさりながら「社会」を変えていく大きな要因になるんじゃないかと大震災の中で考えたわけです。

古川 私もテレビでしか人々の発言や大震災の大津波で失われた地域、コミュニティの再生の活動を見ていませんので、本当は実際に現地にいってそこに居合わせないとわからないことが多いと思います。テレビで報道されるシーンや発言を見ると、農村の字や大字の単位で仮設住宅を津波の来ないどこにつくるかというような問題と、新しく自分たちのコミュニティをどのようにつくるか、道路をどこからどのように持っていくか、あるところの森を伐採して新しい自分たちの村をどうつくるかといった議論を、区長さんが中心になってやるという点では確かに地縁的な要素があるし、地縁的なコミュニティの存在が前提になっているとは思いますが、討論のなかでいろいろな人たちがいろんな発言をしていってそれをまとめていくプロセスが以前あった単なる地縁的で血縁的であったであろう字や大字、地区を再生するのではなくて、そうやって新たにつくられる（前のところからは離れた場所の）集落は、以前の字や大字、地区とは違うんじゃないかなと私は感じました。やはり新しいコミュニティを「つくっていく」というところが見えているし、いろんな人の意見が出されるわけで

す。そういう意味で「農村型コミュニティ」と「都市型コミュニティ」に分けるのではなくて、やはり「市民社会」、つまりかけがいのないそれぞれの命と生活を持っている個人が家族も持ち、規律やルールを自分たちで考えて出していくことででき上がっていくコミュニティは「市民社会」と呼んでもいいんじゃないかなと私は思いました。この点についてはいかがでしょうか。「結社」というわけではないのですが……。

山田　その点については、私はそれは「市民社会」ではないなどとは思いません。「市民社会」と呼んでもいいし、私流に「地域コミュニテイの再生」と呼んでいいと思います。ただ従来型と違って、個人の意思とか集団的な論議のなかで形成されていくことをくぐると、それは地域社会の歴史なり文化として定着していくことが重要だと思います。私は「地域コミュニティの再生」でも「市民社会の形成」でもいい、二本立てでいくのでいいと考えています。地域社会の人々が自分たちのやっていることが「市民社会をつくる」ことだと自覚的に理解できないところが多いと思うので、「地域コミュニティ」を再生するという彼らの思いを取り上げたほうがいいと思んです。さしあたりはプラグマティックに考えていっていいと思います。

古川　寄り合いでいろいろ議論をして新しいコミュニティをつくるということについていうと、山田論文でも引用されている「ボランティア山形」副代表の丸山弘志さんの活動、その大本にある阪神淡路大震災以降にできたNPOがありますが、ボランティアによっていろいろな働きかけがあって再生への前提がつくられたということがあります。全国から集まってきたボランティアの人たちによる非常時にできた一種のボランティア「結社」の活動がありますが、もともと地縁的血縁的な地域の人々がそれと接触してどういう影響や反応があったのかということを私は知りたいと思っています。これはいかがでしょうか。

山田　地域の共同体が、地理的条件もあり、閉鎖的であったということは間違いないのですが、それは今でも続いている要素でしょう。ただ、そこにいろんな異なった人たちが来て、若い人たち、若い女性、看護師さん、薬剤師さんが来たというように、そこに接触があり、非常時にありがたいと思うと同時に、

別な人たちから風を受けるわけですから、そのことによって地域の結びつきや人と人との関係のあり方が変わっていく要素は間違いなくあると思いますし、現に進行していると思います。最終的にどういうう風に定着していくのか、ということはわからないところがありますが、それはプラスの要素となる面とそれを破壊しようとする動きもあるでしょう。被災地の現場は非常に複雑で、意識の落差はあると思います。テレビではそれは出てこないと思います。

古川 「変革の主体としての社会」というテーマから始まって、「3・11大震災と原発過酷事故」によって被災した福島原発周辺の地域の再生の問題にまで至っているわけですが、このテーマがどんな風にそういう地域に応用できるのか、という論点はこれからの課題だと思います。それは理論問題であると同時に、実際にそういう発想によって「地域の再生」に当たるとか、「地域の再生」に一定の表現を与えるということになるものですから、多少でも入り口に相当するところが見えればいいと思いますが、これはまだ難しいでしょうか。

山田 まだ難しいですね。私たちも実際に参加して、地域再生をやっている人たちの意見をどうやって汲み取るのか。汲み取るときに、メディアに出て発信しているのはリーダーであったり行政の人であったりするわけですが、現地に行ってすぐに対応できるほど甘いものではないでしょう。なるべくいろんな人の意見を聞いてはいますが、個別的な例はともかく、普遍的なものになる議論はなかなか見えてこないと思います。三陸のほうは比較的に風が当たって空気ができて、それが地域の再生に生かせるかということが前よりも見えるようになってきたと思いますが、福島のほうに下がってくるともうひとつの「闇」が出てくるというところじゃないでしょうか。原発推進派の人たちは今はまだじっとしていて、なかなか表には出てきませんからね。もう少しすれば地域の人々の「怒り」のほうに行くのか、それとも「古い地域」の再生になるのか、わからないところです。数十年またはもっと長期にわたって、あるいは永久に住めなくなるのかどうかということが、どういう形であらわれてくるのか、わからないわけです。行政の側が「帰村宣言」を打ち出し声が大きいので、東電もそれを宣伝に使っていますが、帰れなくなる9万人から10万人の住民の人た

ちは、表現は悪いのですが「棄民」化されることになるでしょう。その場合に、これらの人々に対する支援はどうやったらいいのか。それは、今のままでは放射性廃棄物をあの地域に捨てるしかないということになると、酷いことになりますね。

古川　福島第一原発中心部の自治体では役場ごと、同じ福島県内の例えば会津若松市に移っているけれども、必ずしもその自治体の住民の人たちが一緒に移ってきているわけではない。むしろ一緒に移った人は少ないわけです。住民の大多数はバラバラに親戚や支援の人たちを頼ったりして避難していますから、帰れないことがはっきりしたときには〇〇村や△△町の「再生」というのはどのように考えたらいいのか。役場が避難している例えば会津若松市の中に〇〇村の「再生」に相当するある区域をつくるというのは難しいでしょう。このようなことは歴史上、初めてのことです。強制的に離村させられて、どこそこにお前たちの村を作れ、などとされた例は近代日本にはないでしょう。こういう前例のない異常な「地域再生」をどう呼んだらいいのか、ということです。

山田　確かに日本地図が変わってしまうわけですね。

古川　住民が全部元へ帰れずにそこが放射性廃棄物の長期保存や永久保存の場所になったときには、いわば別の色に塗り替えられてしまうわけですね。

山田　低濃度の放射能汚染物を全国各所で引き受けなかったならば、高濃度の放射能汚染物を福島のある地域に埋設するなどということは国は決められないでしょう。しかし、この考え方は、放射能汚染物を集中し、隔離し、管理するとした従来の原則と調和できません。これからのテーマです。

　今は福島原発事故問題ですが、全国54基ある原発の今後の廃炉問題になると、そもそも廃炉で出る放射性廃棄物や高濃度の放射能汚染物はどこにもっていくのかという問題になります。廃炉にともなう廃棄物・汚染物の埋設は原発の立地する自分のところでやれということになったら、断層地帯の原発は大変なことになるわけです。これはほとんど本格的に議論していないけれども、日本社会が抱えてしまった難問だと私は思います。

　私は民族主義者ではないけれども、山や川や故郷、人々を台無しにするよう

なことは許されないと思います。

古川　重要問題に話が及びそうですが、時間が来ましたのでこれで「対談」は終わりといたします。長時間どうもありがとうございました。

【執筆者紹介】

鈴木信雄（すずき・のぶお）
1949年生まれ
東京経済大学大学院経済学研究科博士課程修了
現在、千葉経済大学経済学部教授
主な業績：『アダム・スミスの知識＝社会哲学』（名古屋大学出版会、1992年）、『内田義彦論』（日本経済評論社、2010年）、『新版 経済思想史』（編著、名古屋大学出版会、2006年）、『経済学の古典的世界 1』（編著、日本経済評論社、2005年）、『日本の経済思想 2』（編著 日本経済評論社、2006年）

山田　勝（やまだ・まさる）
1944年生まれ
東京大学法学部卒業
労働運動研究所理事、市民新聞ACT㈲編集を経て
現在、NPO 現代の理論・社会フォーラム理事

内藤光博（ないとう・みつひろ）
1957年生まれ
専修大学法学部教授（憲法学）
主な業績：『東北アジアの法と政治』（古川純との共編著、専修大学出版局、2005年）、『日本の植民地支配の実態と過去の清算――東アジアの平和と共生に向けて』（笹川紀勝・金勝一との共編著、風行社、2010年）

木幡文徳（こはた・ぶんとく）
1945年生まれ
専修大学大学院法学研究科民事法専攻修了
現在、専修大学法学部教授
主な業績：「アメリカにおける子の監護権――テンダー・イヤードクトリンからジョイント・カストディへ」（『専修法学論集』第44号、1986年）、「民事法的観点からの児童虐待防止法の検討」（岩井宜子・中谷瑾子・中谷真樹編『児童虐待と現代の家族』信山社、2003年）

渡名喜守太（となき・もりた）
1964年生まれ
東洋大学大学院博士課程中退（歴史学専攻）
現在、沖縄国際大学非常勤講師（平和学担当）
主な業績：『ピース・ナウ沖縄戦――無戦世界のための再定位』（共著、法律文化社、2011年）

樋口　淳（ひぐち・あつし）
1946年生まれ
ルーヴァン大学（ベルギー）ロマンス語文献学研究科博士課程中退
現在、専修大学文学部教授
主な業績：『フランスをつくった王』（悠書館、2011年）、『民話の森の歩きかた』（春風社、2011年）

丸山茂樹（まるやま・しげき）
1937年生まれ
1999～2001年、国立ソウル大学へ留学。韓国聖公会大学大学院講師
現在、参加型システム研究所・日本協同組合総合研究所（JC総研）客員研究員
主な業績：『協同組合の基本的価値』（共著、家の光協会、1990年）、『The Emergence of Global Citizenship』（共著、Robert Owen Association of Japan, 2005）、ポール・エキンズ編『生命系の経済学』（共訳、御茶の水書房、1987年）

【編者略歴】

古川　純（ふるかわ・あつし）
　　1941年生まれ
　　東京大学法学部第2類（公法コース）卒業
　　現在、専修大学名誉教授；NPO現代の理論・社会フォーラム理事長
　　主な業績：『日本国憲法の基本原理』（学陽書房、1993年）、編著書『東北アジアの法と政治』（専修大学出版局、2005年）。

「市民社会」と共生——東アジアに生きる——

2012年5月26日　第1刷発行　　　　定価（本体3000円＋税）

編　者　　古　川　　　純
発行者　　栗　原　哲　也
　　　　　　　　発行所　㈱　日本経済評論社
　　　　　　〒101-0051　東京都千代田区神田神保町3-2
　　　　　　　電話　03-3230-1661　FAX　03-3265-2993
　　　　　　　　　　　　info8188@nikkeihyo.co.jp
　　　　　　　　　URL：http://www.nikkeihyo.co.jp
装幀＊渡辺美知子　　　　印刷＊文昇堂・製本＊高地製本所

乱丁・落丁本はお取替えいたします。　　　　Printed in Japan
Ⓒ FURUKAWA Atsushi 2012　　　　ISBN978-4-8188-2215-3

・本書の複製権・翻訳権・上映権・譲渡権・公衆送信権（送信可能化権を含む）は、
　㈱日本経済評論社が保有します。
・JCOPY　〈㈳出版者著作権管理機構　委託出版物〉
　本書の無断複写は著作権法上での例外を除き禁じられています。複写される場合は、
　そのつど事前に、㈳出版者著作権管理機構（電話03-3513-6969、FAX03-3513-6979、
　e-mail: info@jcopy.or.jp）の許諾を得てください。